BASTEI
LÜBBE
TASCHENBUCH

Über die Autorin:

Juliana Darling ist der Künstlername der Autorin. Sie lebte in Hamburg, bevor sie zum Studium nach London zog. Nachdem sie es dort, finanziert durch ihren Tanzjob, abschloss, machte sie eine Weltreise. Nach einem längeren Aufenthalt in Australien ging sie zurück nach Hamburg. Dort lebt sie heute mit ihrem Mann und arbeitet im Vertrieb.

Juliana Darling

SHOWGIRL

Zwischen Studium und Strip-Club

BASTEI LÜBBE
TASCHENBUCH

BASTEI LÜBBE TASCHENBUCH
Band 60773

1. Auflage: Februar 2014

Dieser Titel ist auch als E-Book erschienen.

Originalausgabe

Textredaktion: Lisa Bitzer, Landau
Titelillustration: © shutterstock/Kraska, © shutterstock/debra hughes
Umschlaggestaltung: Manuela Städele
Satz: hanseatenSatz-bremen, Bremen
Gesetzt aus der Weiss Std
Druck und Verarbeitung: CPI books Ebner & Spiegel, Ulm
Printed in Germany
ISBN 978-3-404-60773-0

Sie finden uns im Internet unter
www. luebbe.de
Bitte beachten Sie auch: www.lesejury.de

Für alle tollen Frauen, meine Mamku und den Experten

Prolog

»Juliana, on stage – Juliana, bitte!«

Ich stehe hinter der Bühne und warte auf meinen Einsatz. Roxy rekelt ihren grazilen Körper zu den letzten Klängen ihres Songs, als ich endlich die ersten Takte von Ginuwines »Pony« vernehme. Mein Lied. Mein Auftritt.

»Bitte einen kräftigen Applaus, meine Herren, für unsere wunderbare Roxy! Und als Nächstes kommt … Julianaaaaaaa!«

Wie bei einer Boxansage ruft der DJ meinen Namen. Mein Puls beschleunigt sich. Mein Atem wird flacher. Die Aufregung steigt.

Roxy stolziert mit nacktem Busen und breitem Grinsen im Gesicht an mir vorbei und hält mir die Hand zum High five hin. In ihrem Strumpfband stecken etliche Scheine, ein sicheres Zeichen dafür, dass ihre Show ein Erfolg gewesen ist. Ich überprüfe hastig, ob der G-String unter meinem Kleid richtig sitzt und ob meine Brüste gut verpackt sind. Es muss alles perfekt sein, wenn die Kasse klingeln soll.

Mein Herz schlägt immer schneller. Ich schließe die Augen und versuche mit ein paar tiefen Atemzügen, meine Nervosität in den Griff zu bekommen. So oft habe ich das nun schon getan, aber in den Sekunden, bevor ich die Bühne betrete, bin ich auch nach all den Jahren immer noch so aufgeregt wie beim ersten Mal.

Ganz ruhig, Kathi. Du kannst das. Das weißt du!

Ich schließe die Augen. Die grellen Lichter verschwimmen.

Alle Geräusche, die von vorne aus dem Publikum hinter die Bühne dringen, blende ich aus. Der Applaus wird leiser, die Musik kommt nur noch wie aus weiter Ferne, als hätte der DJ am Lautstärkeregler gedreht. Ich höre nichts mehr, außer meinem eigenen Herzschlag, der rhythmisch gegen meine Brust donnert. Das Blut rauscht in meinen Ohren.

Lampenfieber.

Ein letzter tiefer Atemzug.

Und jetzt los, Kathi!

Ich atme tief aus und straffe die Schultern, öffne die Augen und setze ein verführerisches Lächeln auf – dann trete ich hinaus in das schummrige Scheinwerferlicht.

Mit lasziven Schritten laufe ich hinein in die rotblau-getönten Schlaglichter, in denen der Bühnennebel und der Zigarettenrauch der Gäste zu tanzen scheinen, begleitet von den schweren Beats der Musik. Mit der rechten Hand umgreife ich die Metallstange, die mitten auf der Bühne befestigt ist, und werfe mein schönstes Lächeln in die Dunkelheit.

Ich werde oft gefragt, ob ich keine Angst davor habe, so freizügig vor anderen Menschen zu tanzen. Ich muss dies stets verneinen, denn man sieht die Augen der Zuschauer nicht, wenn man auf der Bühne steht und sich auszieht – man spürt sie auf seinem Körper, man fühlt, wie sie jeden Quadratzentimeter der nackten Haut mit ihren Blicken berühren, aber das ist kein beängstigendes, sondern ein verdammt heißes Gefühl.

Ich beginne, meine Hüften im Takt der Musik zu wiegen, und schmiege meinen Oberkörper eng an das kalte Metall der Stange. Während ich mich langsam um sie drehe, liebevoll, wie mit einem Mann eng umschlungen tanzend, setzt sich auch schon mein erster Bewunderer an den Bühnenrand. Ein junger Mann um die dreißig, der ein Bündel Scheine in der Hand hält.

Nicht so schnell, Darling.

Ich suche seinen Blick und lehne mich mit dem Rücken an die Stange – dann lasse ich mich mit gespreizten Beinen langsam in die Hocke sinken. Dabei halte ich ein Bein gestreckt, das in seine Richtung zeigt.

Ja, genau, Sweetheart. Dich will ich!

Als ich auf dem Bühnenboden angekommen bin, beuge ich mich nach vorne auf meine Knie und schleiche wie eine Raubkatze auf allen vieren in seine Richtung. Mit gierigen Augen starre ich ihn an. Der Refrain setzt ein: *If you're horny, let's do it, ride it, my pony …* Während ich auf den Mann am Bühnenrand zukrieche, drücke ich meine Wirbelsäule durch und recke den Po in die Höhe.

Oh ja, ich will dich. Wirklich!

Als ich am Bühnenrand angekommen bin, werden mir schon die ersten Zehn-Pfund-Noten entgegengestreckt, die ich mit den Fingerspitzen aus der Hand meines Bewunderers zupfe und seitlich in meinen Ausschnitt stecke. Dann richte ich mich langsam auf. Ich stehe direkt vor ihm, nur wenige Zentimeter trennen uns. Ich rieche sein Aftershave. Er kann seinen Blick nicht von mir wenden. Spielerisch ziehe ich meinen Rocksaum ein Stück weit nach oben und erlaube ihm so einen kurzen Blick auf meinen rechten Oberschenkel. Danach drehe ich mich um und stolziere mit wiegenden Hüften wieder zurück zur Stange. Ich umarme sie erneut, vollführe mit ihr eine Art Tango und öffne schließlich den Reißverschluss meines Kleides. Wie eine sich häutende Schlange winde ich mich mit sinnlichen Bewegungen aus dem Stoff und stehe plötzlich in nicht mehr als einem über und über mit Pailletten bestickten Bikini da. Das auf dem Boden liegende Kleid schubse ich mit meinem Stiletto in Richtung Bühnenausgang und konzentriere mich sofort wieder auf den einsamen Mann am Bühnenrand, der erneut mit einigen Scheinen wedelt.

Keine Sorge, Süßer, ich hab dich nicht vergessen.

Ich schwinge meine Hüften in Zeitlupe von links nach rechts und nähere mich ihm dann mit einigen schnellen, ausladenden Schritten. Bei ihm angekommen, sinke ich in den Spagat, während ich mit den Händen verführerisch an meinem knappen Oberteil spiele. Ich drehe den Kopf lasziv zur Seite und lasse meine langen dunklen Haare über meine Schultern fallen. Dabei verliere ich den Mann am Bühnenrand keine Sekunde aus den Augen.

Die Musik ist laut und sinnlich zugleich. Im Hintergrund kann ich die roten, mit Samt bespannten Wände des Klubs und die anderen Besucher erkennen. Neben der Bühne sehe ich nackte Brüste, die im Takt der Musik wackeln – Roxy gibt gerade an einem der Tische einen Tabledance zum Besten.

Das Lied von Ginuwine verklingt, es wird von einem schweren, langsamen Beat abgelöst – mein Zeichen, mich weiter auszuziehen. Jede Tänzerin muss bei ihrer Bühnenshow zwei Songs tanzen und sich die Zeit möglichst geschickt einteilen, um nicht sofort splitterfasernackt auf der Bühne zu stehen.

Ich nehme eine weitere Banknote von meinem Bewunderer entgegen und sehe, dass er lächelt.

Gefällt dir, was du siehst?

Ich schicke ihm einen Luftkuss und bewege mich zurück zur Stange. Als ich sie erreicht habe, ziehe ich mich etwa zwei Meter weit an ihr hoch, umklammere sie dann fest mit meinen Beinen und lasse meinen Oberkörper nach hinten fallen, sodass ich meinem Bewunderer kopfüber gegenüberhänge. Ich höre die ersten anerkennenden Pfiffe aus dem Publikum. Ich lächele und öffne gleichzeitig das Oberteil meines Bikinis. Mit einem leisen Rascheln der Pailletten fällt es auf den Boden, und ich hänge oben ohne an der Stange, nur gehalten von der Kraft meiner Oberschenkel, wie ich es schon tausend Mal getan habe.

Der gesamte Klub klatscht Beifall.

Ich spanne meine Bauchmuskeln an und ziehe mich wieder nach oben, rutsche anschließend verführerisch die Stange hinunter. Das Adrenalin jagt durch meine Adern, ich fühle mich großartig. Weiblich und sehr sexy.

»Gentlemen, das war Juliana! Bitte einen großen Applaus für unsere wunderbare Juliana!«

Der Mann am Bühnenrand gibt mir ein Zeichen, dass ich gleich zu ihm kommen soll, um an seinem Tisch zu tanzen. Nur für ihn. Ich lächele ihn an. Heute wird ein lukrativer Abend werden. Ganz bestimmt. Wie immer.

1

You Can Leave Your Hat On

Joe Cocker

Als ich die Augen aufschlug, traf mich die Erinnerung wie ein Schlag.

O mein Gott! Was zum Teufel ist passiert? Warum bin ich so verkatert? Sind die Bilder von letzter Nacht real, oder habe ich das alles nur geträumt? Habe ich wirklich halb nackt an einer Stange getanzt? In einem Klub voller Menschen in einer fremden Stadt? In einem fremden Land?

Nein, nein, sicherlich waren das nur Halluzinationen, die Nebenwirkungen von zu viel Alkohol … oder etwa doch nicht?

Ich wagte es nicht, die Augen zu öffnen, und wehrte mich gegen die immer wiederkehrenden Bilder von mir im gedämpften Scheinwerferlicht auf einer Bühne, nicht mehr als meine auberginefarbene Unterwäsche tragend.

Darling, so etwas würdest du doch niemals tun! Dich auf einer Bühne ausziehen … vor Fremden? Aber warum tut mein Oberschenkel dann so weh? Könnte das ein blauer Fleck sein? Entstanden, als ich mein Bein gegen das kalte Metall der Stange gedrückt habe?

»Eine Stripperstange?! Scheiße!«

Während ich versuchte, die Bilder des vorangegangenen Abends aus meinem Kopf zu verscheuchen, klopfte es auch schon an der Tür meines WG-Zimmers im Londoner Norden. Nevada wartete erst gar nicht auf ein »Herein« und brüllte freudestrahlend: »Kathi, Darling, du warst so wunderbar! Also, wie du die Stange bearbeitet hast, genau wie eine professionelle Stripperin! Fucking fantastic!«

Stange? Bearbeitet? Stripperin? O Gott, wovon redet sie?!

Ich richtete mich auf und schwang mühsam die Beine aus dem Bett. Dabei stieß ich mit dem Oberschenkel an die Bettkante.

»Aua!«

Ich spürte einen stechenden Schmerz. Der blaue Fleck! An der Innenseite meines rechten Oberschenkels.

Nie wieder Alkohol! Und nie wieder halb nackt auf einer Bühne stehen!

»Darling, es bringt nichts, so zu tun, als wäre nichts gewesen. Wieso auch? Du warst absolutely fabulous. So … *o là là*! Hätte ich die Nacht so heiß getanzt wie du, hätte ich vor Aufregung kein Auge zubekommen. Also hör endlich auf zu schmollen!«

Ich gab mir die größte Mühe, Nevadas Begeisterung von mir abzuschütteln, während ich mich unter einiger Anstrengung aus dem Bett quälte und wackelig auf meinen nackten Füßen zum Stehen kam.

»Ich weiß immer noch nicht, wovon du sprichst.«

Während ich das sagte, bemerkte ich einen weiteren stechenden Schmerz, diesmal in meinem Kopf.

»Okay, okay, ich sehe, du bist zu diesem Zeitpunkt noch nicht wirklich kooperativ. Hier ist dein Kaffee, Schatz. Frühstück ist in einer Viertelstunde fertig. Und geh duschen! Das bringt deinen Kreislauf wieder in Schwung. Ich kann es kaum erwarten, noch mal alle Details der letzten Nacht mit dir zu besprechen«, sagte sie mit einem mädchenhaften Kichern.

Wenn ich mir die Decke über den Kopf ziehe, hört sie dann auf, zu reden, und verblassen dann auch meine Erinnerungen an letzte Nacht?

»Du warst so *amazing*!« Nevada sandte mir ein paar Luftküsse zu, bevor sie mein Zimmer verließ.

Es war also wirklich passiert. Ich hatte nackt auf einer Bühne getanzt. Mitten im Londoner Nachtleben!

Na dann: Guten Morgen!

Unter der Dusche war mir eiskalt. Und das lag nicht am wohltemperierten Wasser, das auf meine Haut prasselte, sondern vor allem an dem Gefühl der Scham, das sich langsam in mir ausbreitete. Je länger ich unter dem Wasserstrahl stand, desto mehr Bilder vom gestrigen Abend kamen mir in den Sinn. Eine große Bühne, rote Samtwände, heiße Musik. Eine sinnliche Atmosphäre, unzählige spärlich bekleidete Frauen mit nackten und wunderschönen Brüsten, das Kribbeln auf meiner Haut, das Adrenalin in meinem Blut, die vielen Anzugträger, der Klubbesitzer mit dem schmierigen Zopf, der Geschmack von dem viel zu süßen Sekt noch immer klebrig auf meinen Lippen …

O Mann. Während ich eine halbe Tube Duschgel auf meinem Körper verteilte, musste ich lachen. Diese Geschichte könnte eine prima Anekdote bei der nächsten Weihnachtsfeier mit meiner Familie werden. Wobei, wenn ich so darüber nachdachte … was würden meine Eltern wohl von mir denken, wenn sie erfuhren, was ich getan hatte? Mein Lächeln schwamm zusammen mit dem Schaum den Abfluss hinunter.

»Es ist also wirklich passiert«, murmelte ich fassungslos, als ich das Wasser abgestellt und mich in ein Handtuch eingewickelt hatte. Ich zog den Duschvorhang zur Seite.

»Was ist wirklich passiert?«

Big T, mein Mitbewohner, war einfach ins Badezimmer gekommen und bedachte mich nun mit seinem breitesten Grinsen.

»Äh, gar nichts. Und jetzt hau ab, ich will mich anziehen, ohne dass du mich hier vollsabberst!«

»Sie hatte eine Audition als Tabledancerin in einem Stripklub im West End. Und sie hat den Job bekommen!«, rief Nevada, die unsere Konversation natürlich mitbekommen hatte, aufgeregt aus der Küche.

»Oh, wow! Herzlichen Glückwunsch. Wann kann ich kommen und dich sehen?«

Big T duckte sich gerade noch rechtzeitig, um dem nassen Schwamm auszuweichen, den ich nach ihm schmiss.

»Raus! Verdammt!«

Ich schaffte es, einigermaßen behände aus der Dusche herauszuspringen und die Tür vor seiner allzu neugierigen Nase zu verschließen. Schlimm genug, dass mich Dutzende Wildfremde gesehen hatten – splitterfasernackt!

O Gott, mir wird schon wieder schlecht ...

Während ich die Momente der Ruhe im Badezimmer genoss und das Dröhnen in meinem Schädel langsam nachließ, nahm ich mir Zeit, um meinen blauen Fleck etwas genauer unter die Lupe zu nehmen. Ja, das war ohne Zweifel ein Stripperfleck. Ein Bluterguss, der entsteht, wenn man mit seinem Bein zu fest gegen die Pole-Dance-Stange drückt. Gerade am Anfang, das hatte mir eine der anderen Tänzerinnen erklärt, hat man noch nicht genügend Muskeln in diesem Bereich entwickelt, sodass es eben schnell zu blauen Flecken kommen kann. Später sollte ich aus eigener Erfahrung wissen, dass es viel Make-up und kosmetisches Geschick benötigt, um die Stripperflecke verschwinden zu lassen. Denn gerade im Rampenlicht muss man auf sein Äußeres besonders achten.

Nein, ich konnte es nicht verleugnen – dies war ein Stripperfleck! Das beste Indiz, dass das, was ich für einen verrückten Traum gehalten hatte, wirklich stattgefunden hatte. Tiefblau, mit etwa fünf Zentimetern Durchmesser und verdammt schmerzhaft schmückte er die Innenseite meines Oberschenkels.

Aua! Verdammt!

In diesem Moment in meinem Leben war mir noch nicht klar, dass diese Art von blauen Flecken bald zu meinem Alltag werden würde.

2

After Dark

Tito & Tarantula

Während ich mich anzog, stieg mir der verlockende Duft der kulinarischen Köstlichkeiten, die in der Küche auf mich warteten, in die Nase: Rühreier mit scharfer Chilisoße, gebratenes Gemüse und Pfannkuchen. Mein Lieblingsfrühstück. Ich schlüpfte in meine Jogginghose und machte mich auf den Weg in die Küche, wo meine lieben Mitbewohner schon schelmisch grinsend auf mich warteten.

Nevada war eine dunkelhaarige Schönheit, deren angebliche Herkunft wechselte wie die Farbe ihrer Unterwäsche. Manchmal behauptete sie, ihre Mutter käme aus Brasilien und ihr Vater aus Syrien, mal war sie europäisch mit einem kleinen französischen Einschlag (natürlich inklusive täuschend echtem Akzent), manchmal kam sie aus Südamerika, und am häufigsten behauptete sie ganz einfach: »Ich komme aus dem Paradies.« Es vergingen Jahre, ehe sie mir von ihrem dunklen Geheimnis erzählte. Nevada war, bevor es sie nach London verschlagen hatte, mit zehn Jahren nach Deutschland gekommen. Ursprünglich stammte sie aus einem Land, das die Schlagzeilen durch seinen fanatisch geführten blutigen Bürgerkrieg und dessen unzählige Opfer in der internationalen Presse unentwegt beherrschte. Verständlich also, dass sie nicht mit jedem darüber sprechen wollte, denn auf das Mitleid in den Augen ihres Gegenübers konnte sie gut und gerne verzichten. Aber auch wenn ich der Überzeugung bin, dass diese Erklärung der Wahrheit entsprach, so vermutete ich stets, dass es auch noch eine andere Komponente gab, die Nevada gefiel: Eine exotische Herkunft aus fremden Welten klang einfach viel aufregender – vor allem beim anderen Geschlecht.

»Wo kommst du her, Schönheit?«

»Ich komme aus dem Parrrradies.«

Punkt. Keine weiteren Worte waren mehr erforderlich, um die Männer reihenweise in den Schockzustand zu versetzen. Und seien wir ehrlich, im Grunde war es ihnen auch egal, woher Nevada denn nun *wirklich* stammte, solange sie in ihrer Nähe bleiben durften. Ja, meine Mitbewohnerin hatte diesen Effekt auf Männer, und wir hatten immer unser größtes Vergnügen dabei, wenn sie von jemandem angesprochen wurde, der schon vor der paradiesischen Antwort leicht glänzende Augen bekam. Mal ganz unter uns: Bei Männern finde ich es seit jeher lustig, dass man immer ganz genau weiß, wann sie erregt sind. Wenn das ganze Blut aus dem Gehirn in andere Kanäle fließt, wird auch der Blick glasig, und in ganz schlimmen Fällen verschlägt es ihnen geradezu die Sprache. Einfach nur komisch!

Nevada brachte ihre kleine süße Lüge stets mit rauchiger Stimme und viel rosa Gloss auf den vollen Lippen vor. Und egal, wie dumm es klingen mag, die Männer fielen jedes Mal darauf rein. Sie liebten es einfach! Auf unserer Jagd durch die schicksten Klubs und Bars in London haben wir nie einen Mann getroffen, der Nevadas Antwort auch nur im Ansatz für fragwürdig oder albern gehalten hätte.

Wie ich viel später erfahren sollte, ist dies die erste und vielleicht die wichtigste Lektion einer Tabledancerin: Männer sind süchtig danach, angelogen zu werden. Es hat schon einen Grund, warum es Lieder mit einem Refrain wie »Tell me lies, tell me sweet little lies« gibt … Dabei ist es egal, wie absurd die Lügen klingen. Männer lieben sie! Warum? Weil Männer Fantasien lieben. Deshalb rennen sie auch so gerne in Stripklubs. In Deutschland mag dies zum Teil noch einen billigen Beigeschmack haben, in London und den USA ist es gang und gäbe, dass man Frauen beim professionellen Ausziehen zuschaut, egal ob mit seinen Freunden oder seinen Businesspartnern. Das ist übrigens auch der Grund, warum es im englischsprachigen Raum so viele verschiedene Klubs für unterschiedliche Klientel gibt. Es geht bei dem Besuch eines Stripklubs nicht nur um nackte Haut, Champagner und verprasstes Geld, es geht vor allem um den ganz eigenen Film im Kopf der Herrschaften, den sogenannten »headfuck« oder »Mentalen Fick«. Kein Anfassen, kein Sex, nur Gucken. Und, gerade für die Akteurin wichtig: Zuhören. Niemand Geringeres als Sigmund Freud hat uns gelehrt, dass richtig guter Sex im Kopf beginnt. Daher habe ich mich später auch lieber »Babysitterin« oder »böse Manipulatorin« genannt anstatt Stripperin.

Als ich am Fuße der Treppe unseres gemeinsamen Hauses in Nord London ankam, hörte ich schon das Gekicher in der Küche: »Mann, du hättest sie sehen sollen! Sie war unglaublich. Als hätte sie nie etwas anderes gemacht!«

Ich blieb stehen und lugte um die Ecke in die Küche hinein.

Nevada stand am Herd und schleuderte ihre berühmt-berüchtigten Pfannkuchen durch die Luft. Sie war knapp eins siebzig groß, mit karamellfarbener Haut, einem wunderschönen Gesicht und zwei tropfenförmigen Brüsten in Körbchengröße DD, für die so manch eine ihr Leben oder zumindest ein paar Monatsgehälter bei den besten Chirurgen der Welt geben würde. Sie war perfekt, und sie wusste es. Neben ihrer Schönheit besaß sie eine entspannte und furchtlose Art, welche sie zu einer gefährlichen Sirene im Londoner Nachtleben machte. Nevada hatte vor nichts und niemanden Angst, und genau diese Ausstrahlung brachte uns oft in nervenzerreißende Situationen.

Sie zog immer ganz besondere Männer an – meist Typen, die auf der falschen Seite des Gesetzes standen. An einem Abend lernte sie einmal einen Diplomaten aus Nigeria kennen, der nebenbei Waffen schmuggelte. So kam es, dass wir eine komplette Samstagnacht in einer schicken Wohnung in West Kensington verbrachten, Tür an Tür zu einem Raum voller illegaler Pistolen, AK-47er und Maschinengewehren. Ich habe mir vor Angst fast in die Hose gemacht, aber Nevadas Schönheit, ihr Charme und ihr Mut verschafften uns eine interessante Nacht und eine sichere Fahrt mit dem Taxi zurück nach Hause. Obiama, unser Gastgeber, war fasziniert von ihr, und so kam es weder an diesem Abend noch an allen anderen, die folgen sollten, zu Zwischenfällen – auch wenn wir es nach unserem ersten Treffen vermieden, unseren nigerianischen Bekannten bei sich in der Wohnung zu besuchen. Regelmäßige Einladungen zum Essen in Mayfair genügten uns vollkommen. Ich bin mir sicher, Nevada traf sich noch öfter mit Obiama und ließ sich die verschiedenen Waffentypen erklären und demonstrieren. *Just for fun* versteht sich.

Doch trotz ihres dominanten und manchmal einschüchternden Charakters war Nevada vor allem eines: eine gute und fürsorgliche Freundin und eine großartige Köchin.

Big T leckte sich schon die Finger nach dem ersten Pfannkuchen. Ich stand noch immer an der Treppe und lauschte Nevada, die die letzte Nacht in allen Details zum Besten gab.

Big T trug seinen Namen nicht ohne Grund. Er war wirklich BIG. Über eins neunzig und mit ein paar Kilos zu viel auf den karibischen Rippen. Seine Haut hatte die Farbe von Zartbitterschokolade und schmeckte seiner Meinung nach auch genauso. Bestätigen kann ich das nicht, aber sie roch stets wunderbar nach

Kokosnuss … ganz offensichtlich bediente er sich an Nevadas Kosmetikvorräten, was sie jedoch nicht störte.

Sein Lieblingsspruch war: »Wieso fahren schwarze Männer nie Porsche? Weil ihre Füße zu groß sind für das Gaspedal!« Und um ehrlich zu sein, da war etwas dran. Seine Füße waren wirklich riesig, und dem entzückten Gestöhne der zahlreichen Mädchen nach zu urteilen, die sein Bett frequentierten, waren sie nicht das Einzige, was riesig war. Wie sagte meine Großmutter immer so schön? Auf die Hände und Füße kommt es beim Mann an, dann stimmt auch der Rest. Big Ts überdimensionale Proportionen müssen sich auch auf seinen sexuellen Appetit übertragen haben, denn das Erste, was er tat, als er bei uns einzog, war, eine Satellitenschüssel zu installieren, die Hunderte von Pornokanälen empfangen konnte. Dies war der Grund, warum es bei uns den ganzen Tag lang stöhnte und ächzte. Big Ts einziger Kommentar, als wir ihn fragten, ob das *wirklich* nötig sei, war, dass er sich beim Anblick leichtbekleideter Frauen besser konzentrieren könne, außerdem handele es sich dabei um eine besondere Form der Völkerverständigung: »Ein Land kann man nach seiner Art von Porno beurteilen, Darling.«

Seine Lieblingspornos kamen aus Deutschland und der Tschechei. Ob das daran lag, dass dort die schönsten Frauen gezeigt wurden, oder doch eher an der sehr freizügigen Art und Weise, wie es die Beteiligten in diesen Filmchen trieben, vermag ich nicht zu beurteilen. Seine Augen waren jedoch immer enorm glasig bei den Gedanken an die Tschechei. Naja. Ihr erinnert euch vielleicht daran, was ich über glasige Augen und männliche Erregung gesagt habe …

Doch ganz gleich, wie anzüglich Big T von Zeit zu Zeit auch war, es bedeutete immer einen großen Spaß, Zeit mit ihm zu verbringen. Neben seiner Leidenschaft für Pornos und nackte

Frauen war er ein exzellenter Musikproduzent, der es verstand, seine Projekte geheim zu halten, anstatt mit ihnen zu prahlen, wie so viele Möchtegern-Produzenten in London das tun. Nach einigen beruflichen Tief- und persönlichen Schicksalsschlägen wusste er genau, was er tat und mit wem er sich umgeben wollte. Er wurde so zu einem zwar von Kopf bis Fuß versauten, aber unverzichtbaren Berater und Freund für uns.

»Guten Morgen«, flüsterte ich zaghaft, als ich die Küche betrat und mich an das hinterste Ende unseres Küchentischs setzte.

Big T grinste mich breit an. »Ich wusste schon immer, dass du es in dir hast!«

Ich spürte, wie mir die Röte ins Gesicht stieg. Nevada platzierte zwinkernd einen heißen Pfannkuchen auf meinen Teller.

»Wovon sprecht ihr eigentlich?«, versuchte ich mich dumm zu stellen.

»Och, Mensch, sei nicht so verdammt prüde, nur weil du mittlerweile wieder nüchtern bist! Das war doch superlustig gestern Nacht. Und dein Tanzen … heisssssssss!« Nevada wackelte mit ihren Brüsten und grinste lasziv.

Ich schwieg, und während ich mich auf den Pfannkuchen stürzte, stieß ich mit meinem Oberschenkel gegen das Tischbein und genau gegen meinen blauen Fleck. »Autsch! Verdammt noch mal!« Der Schmerz schoss direkt in meinen Kopf und erinnerte mich unangenehm an meine erste Nacht auf der Bühne.

Es hatte keinen Sinn. Ich musste mich endlich mit der Wahrheit auseinandersetzen.

Der erschreckend nackten Wahrheit …

3
Get It On Tonight
Montell Jordan

Der Tag, an dem ich zum ersten Mal als Stripperin arbeitete, war ein Tag wie jeder andere. Ja, natürlich war ich jung, pleite und brauchte das Geld. Dennoch glaube ich, zumindest zu Beginn, dass ich einem Instinkt folgte, einer Neugier, die tief in mir verwurzelt war, sich wie ein ständiges Pulsieren durch meinen Körper zog und mich letztendlich dazu bewog, an der Stange zu stehen und mich lasziv auszuziehen.

Die meisten Frauen, mit denen ich gesprochen habe und auch heute noch spreche, bestätigen mir, dass das Strippen neben der Arbeit als Escortdame eine unglaubliche Faszination ausübt. Letzteres hat mich nie sonderlich gereizt, da ich es vorziehe, eher passiv als aktiv zu agieren. Man kann sich natürlich darüber streiten, ob ein Lapdance oder eine erotische Bühnenshow wirklich als passiv zu bezeichnen sind. In gewisser Weise sind sie das aber schon. Ich behalte die Kontrolle, ich bestimme, was passiert, und am wichtigsten: Ich werde nicht berührt. Bis heute bin ich ungern in der Nähe von Fremden, bewahre mir in dichtem Gedränge einen gewissen Aktionsradius und scheue Berührungen mit Menschen, die mir fremd oder unsympathisch sind.

Das Tanzen für einen Fremden ist eine sinnliche Erfahrung, die sich hauptsächlich im Kopf abspielt. Mit jedem Tanz und jedem Blick der Bewunderung nehme ich etwas von meinem Gegenüber, wohingegen mir der sexuelle Akt schon immer das Gefühl gegeben hat, dass ich etwas von mir gebe. Daher betrachte ich das Strippen nach wie vor als herrlich passiv. Ich bin der Überzeugung, die meisten Frauen genießen das Gefühl, sexy zu sein, die Kontrolle über sich und ihren Körper zu behalten – und vor allem über Männer. Aber hätte mich das alleine zum Tanzen bewogen? Vermutlich nicht. Viele Fantasien bleiben Fantasien, und manchmal ist das vielleicht auch besser so. In meinem Fall überschlugen sich jedoch die Ereignisse, und in einer ganz und gar unschuldigen Art landete ich in einem keinesfalls unschuldigen Milieu.

Nach meinem Abitur, zwei orientierungslosen Jahren an der Universität von Hamburg und mehreren Jobs als unterbezahlte Kellnerin in diversen Restaurants beschloss ich, nach London zu gehen, meiner Traumstadt, um dort Medienwissenschaften zu studieren. Ich wollte endlich frei sein. Frei von der deutschen Gesellschaft, frei von meiner Familie, von Kathi, einfach frei! Und ganz weit weg von allem, das mir vertraut war. Ich war also eine ganz normale Zwanzigjährige voller Ideale, Träume und innerer Rebellion.

Einmal angekommen in der großen Metropole, kam natürlich vieles anders als gedacht. London ist nicht nur eine große Stadt voller Eindrücke und vieler spannender Menschen, sondern vor allem unvorstellbar teuer. Hier hat das Wort »überleben« noch eine ganz andere Bedeutung, und vermutlich war das ein weiterer Anstupser, der dafür sorgte, dass ich mit mehr Glück als Verstand auf die Bretter stolperte, die vielleicht nicht die Welt, zumindest aber das nötige Kleingeld bedeuteten, um in einer Stadt wie London über die Runden zu kommen.

Das Bild der Stripperin ist bis heute ein schlechtes. Ich komme aus Hamburg, und da fallen mir natürlich die kleinen dunklen Kaschemmen auf der Reeperbahn ein, in denen Frauen sitzen, die nicht nur ihre Nacktheit anbieten, sondern vor allem ihre Körper. Ich denke an dickbäuchige Männer aus Süd- und Ostdeutschland mit fettigen Schnurrbärten und schmutzigen Gedanken und betrachte die Frauen als Opfer. Natürlich sind in meiner Vorstellung – Klischee sei Dank! – alle Stripperinnen aus Osteuropa, dumm, aus zerrütteten Familien, traumatisiert, blond gefärbt und mit falschen, schlecht gemachten Brüsten. Frauen, die keinen Respekt vor sich und anderen haben, die für Geld alles machen.

Warum jedoch bezeichne ich dann, wie so viele andere Frauen, das Strippen als Fantasie? Genau wie bei der Prostitution gibt es zwei Arten davon, einmal das typische Milieu und einmal die Highclass-Variante. Wir Frauen träumen natürlich immer von der Traumwelt, vom Glitzer und Glamour. Vielleicht auch darum, weil wir tief in uns spüren, dass wir im Grunde Exhibitionistinnen sind, die Bewunderung genießen und dieses Gefühl genauso brauchen wie ein Mann den Anblick eines schönen weiblichen Körpers. Eigentlich ist das doch die perfekte Symbiose. Warum existieren dann dennoch so viele Vorurteile?

Es gibt viele Motive, warum man als Stripperin arbeiten will, und bei mir waren es die Neugier und natürlich die Aussicht auf ein überdurchschnittliches Taschengeld. Meine Mitbewohnerin Nevada und ich studierten in der britischen Hauptstadt und arbeiteten nebenbei in einem Callcenter für Marktforschung. Der Job war schrecklich langweilig und hatte nur einen einzigen Vorteil, nämlich dass man hier in deutscher Sprache telefonierte und dadurch einen etwas höheren Stundenlohn bekam als bei anderen Jobs. Praktisch war außerdem, dass man auch am Wochenende arbeiten konnte, ohne sich die Nächte um die Ohren schlagen zu müssen. Nur so ist es zu erklären, warum die meisten ausländischen Studenten in London in Callcentern arbeiten.

Man könnte nun vielleicht denken, dass das doch eigentlich eine super Arbeit sei: Man hat flexible Arbeitszeiten und lernt viele Menschen aus verschiedenen Ländern kennen. Das mag schon sein. Dumm ist nur, dass die deutschen Tugenden anscheinend vor allem von im Ausland arbeitenden deutschen Mitarbeitern gefordert werden! Unglücklicherweise wurde unsere Abteilung von einem Parade-Deutschen, Stefan, geleitet. Unbarmherzige Disziplin und eine regelrechte Sucht nach Regelbeachtung waren bei ihm an der Tagesordnung, und es wurde kein Funken Spaß bei der Arbeit geduldet. Wir waren hier schließlich bei der Arbeit und nicht auf dem Kindergeburtstag!

Unser Supervisor war ein kleiner Machtmensch, der seinen Job viel zu ernst nahm. Stefan hatte sein Studium bereits beendet und war wie viele andere in der Marktforschungsfirma kleben geblieben. Er bekam ein paar Pfund mehr die Stunde als wir, und seine Aufgabe war es, zu überprüfen, wie wir unsere Gespräche am Telefon führten. Sein liebstes Hobby war außerdem, zu kontrollieren, wie lange und wie oft wir die Toilette frequentierten. Nevada und ich hatten endlose Diskussionen mit ihm darüber, wie lange man denn nun für kleine Geschäfte, große Geschäfte und besondere Geschäfte an gewissen Tagen im Monat oder nach zu viel indischem Curry brauchte. Zwei Minuten? Drei Minuten? Und wie viel zusätzliche Zeit zum Händewaschen? Oder sollte man das lieber weglassen? Igitt! Ich hatte schon einmal darüber nachgedacht, eine Statistik zu erheben und alle europäischen Teams des Callcenters diesbezüglich einzeln zu befragen. Aber zu viel Information war ohnehin unser Geschäft, daher beließ ich es bei unverständlichem Kopfschütteln und resigniertem Schweigen.

Unsere Aufgabe bestand darin, Menschen in Deutschland (und je nach Auftragslage und Sprachenkenntnissen in einem anderen europäischen Land) nach ihren Gewohnheiten in Bezug auf Gesundheit, Geld und Partnerschaft (manchmal sogar Sex!) zu befragen, manchmal auch nach Erfahrungen mit bestimmten Produkten oder Präparaten:

»Verursachte das Medikament XY bei Ihnen …

1) sehr starke Bauchkrämpfe,

2) mittelmäßige Bauchkrämpfe,

3) etwas Bauchkrämpfe,

4) keine Bauchkrämpfe,

5) überhaupt keine Bauchkrämpfe oder

6) von allem etwas?«

»Äh – wie meinen Sie das?«

»Frau Müller, seien Sie doch bitte präzise! Hatten Sie nun mittelmäßige oder nur etwas Bauchkrämpfe?«

»Äh …«

»Ein wenig? Also etwas Bauchkrämpfe?«

Und genau hier kam Stefan ins Spiel, der uns mit Argusaugen bei unserer Arbeit beobachtete. Frau Müller musste schon die Formulierung »etwas Bauchkrämpfe« wiederholen, damit wir eine wertvolle Aussage bekamen, die für die Analyse verwendet werden konnte. »Ein wenig« stand schließlich nicht auf der Liste und konnte somit nicht berücksichtigt werden. Mit derlei blöden Fragen und Telefonaten musste ich mich mindestens viermal in der Woche herumschlagen, aber zu meinem größten Bedauern hatte ich keine andere Wahl.

Wenn man als Deutscher in England studiert, bekommt man kein BAföG und ist auf sich selbst gestellt. Und London ist teuer. Verdammt teuer. Um den armen Studenten unter die Arme zu greifen, sind die englischen Banken bei der Vergabe von Dispos und Kreditkarten besonders großzügig, und so ist eigentlich jeder Student, der zumindest ein wenig Spaß haben will, spätestens nach seinem ersten Jahr verschuldet und hechelt der Tilgung der hohen Zinsen hinterher. Ich muss wohl nicht erwähnen, dass es mir nicht anders erging. Also ertrug ich mein Schicksal im Callcenter mehr oder weniger sehr stark, stark, weniger stark, etwas oder überhaupt nicht gelassen, und an manchen Tagen sogar kommentarlos.

An einem besonders nervigen Tag in der Marktforschungsfirma machten Nevada und ich zusammen Mittagspause und steuerten zielstrebig auf den kleinen pakistanischen Kiosk eine Straße weiter zu. Neben Schokoriegeln und Cola light kauften wir das »The Stage«-Magazin, eine Zeitung für junge Leute, die in der Schauspiel-, Tanz- oder Musikbranche einen Fuß in die Tür kriegen wollten. Es musste einfach einen besseren Job geben, als Menschen am Wochenende über ihre Magen-Darm-Probleme zu interviewen. (Vielleicht erinnert sich der eine oder andere von euch an die lästigen Anrufe am Sonntagnachmittag vor einigen Jahren. Das könnten Nevada und ich gewesen sein. Sorry. Es war nicht wirklich freiwillig. Ich schwöre! Stripper-Ehrenwort.) Nein, es musste einfach noch mehr Möglichkeiten für zwei junge, attraktive Frauen in einer Metropole wie London geben, an Geld zu kommen.

Und da war sie plötzlich, die Anzeige, nach der wir gesucht hatten:

BEAUTIFUL LADIES WELCOME
NICE WORKING ENVIRONMENT IN MAYFAIR.
NO PREVIOUS EXPERIENCE NEEDED!
GREAT EARNING POTENTIAL.
IF YOU CAN DRESS AND ACT LIKE A LADY
THEN YOU WILL DO VERY WELL!
CALL FOR AN APPOINTMENT WITH GILES ON
171-0207-1234567

Nette Arbeitsatmosphäre, keine erforderlichen Vorkenntnisse und großes Verdienstpotenzial? Oh ja, das klang schon viel besser, als endlose Fragebögen auszufüllen und darüber zu diskutieren, wie viel Zeit man für welche Aktivität auf dem stillen Örtchen benötigte! Und natürlich hatten wir zu diesem Zeitpunkt unseres Lebens noch nie das Zitat von Michael Forbes gehört: »If something sounds too good to be true, it probably is.« Die Aufregung, endlich einen lukrativen Job zu finden, war größer als die Vernunft, die bei so einer Anzeige laut »Stopp!« rufen sollte. Natürlich war uns klar, dass es sich hierbei um etwas Schlüpfriges handeln musste. In London gab es viele Möglichkeiten, mit seinen Reizen Geld zu verdienen, vom Escort über Striptease zum Hostessenklub. Und auf ein Etablissement der letzteren Art steuerten wir gedanklich bereits zu: mit einsamen Geschäftsleuten auf der Durchreise Champagner trinken und dabei Geld kassieren – das klang vielversprechend!

»Lass uns diesen Giles sofort anrufen, Darling!«, schrie Nevada voller Vorfreude.

Ich ließ mich nicht zweimal bitten und schaffte es gerade noch, mein Handy so umzustellen, dass meine Nummer nicht angezeigt wurde. Etwas Vernunft war in der ganzen Euphorie wohl doch durchgesickert.

»Hello?«, fragte eine männliche Stimme mit einem starken Londoner Akzent am anderen Ende der Leitung.

»Äh, hallo, mein Name ist Kathi.«

Stille.

»Ja. Und nun?«

»Äh, ich habe Ihre Anzeige im Stage-Magazin gesehen, dass Sie eine Lady, äh, Ladys suchen.«

Während ich die Wörter aus mir herauspresste, wurde mir

klar, dass ich dümmer klingen musste als Stefan aus dem Callcenter, der mahnend auf die Uhr zeigte, wenn eine von uns mal wieder zu lange auf der Toilette verbracht hatte.

»Ach so, hello, Darling!« Giles dachte offensichtlich weniger an Stefan und eher daran, dass ich eine mögliche Kandidatin für sein geheimnisvolles Unterfangen war. Seine Stimme senkte sich um eine Oktave nach unten.

»Hast du schon mal als Hostess gearbeitet, Sweety?«

»Äh – nö.«

»Kein Problem. In unserem Business ist es ohnehin besser, wenn man noch nicht so viel Erfahrung gemacht hat, wenn man also jung und frisch ist. Du weißt schon, was ich meine!« Er kicherte anzüglich.

Nein, das wusste ich bis dato noch nicht, aber ich entschloss mich aus Gründen der Höflichkeit, mitzulachen.

Nach weiteren zwei Minuten schlüpfriger Andeutungen, zweideutiger Witze und der Wegbeschreibung verabredeten wir uns zum Vorstellungsgespräch am gleichen Tag um acht Uhr abends. Giles wiederholte die Zeit und die Adresse mehrmals – er musste mich offenbar doch für ein wenig dämlich halten.

Unser Date für den Abend stand also fest: zur Primetime in der Nähe vom Piccadilly Circus in einer Straße, die den treffenden Namen Swallow Street trug, Schluckstraße. Na, wenn das nicht erfolgsversprechend klang …

Zurück im Callcenter hatten Nevada und ich Schwierigkeiten, uns zusammenzureißen. Wir riskierten eine Standpauke von Stefan, konnten uns aber überhaupt nicht beherrschen. Also kicherten wir vor Aufregung den gesamten Nachmittag über und wurden schließlich mit einer Verwarnung nach Hause geschickt. Das

Callcenter-Business verstand keinen Spaß. Erst recht nicht im deutschen Team. Arbeit, Arbeit, Arbeit!

Uns war alles egal. Wir wollten einen neuen Job und sprachen den ganzen Nachhauseweg darüber, was wir anziehen sollten, wie Giles aussah und wie viel Geld wir verdienen konnten. Im Norden Londons angekommen stürmten wir gleich die High Street und suchten nach passenden Outfits. Leider war die Gegend, in der wir wohnten, nur spärlich mit Klamottenläden gespickt. Unsere Nachbarschaft bestand eigentlich nur aus Kebabläden, und jede Woche kamen neue dazu. Ich habe Jahre gebraucht, bis ich verstanden habe, dass viele dieser Läden nur als Fassade für Geldwäsche, Drogengeschäfte und Frauenhandel dienen. Ich lebte nun mal in London, einer Stadt, die man niemals unterschätzen sollte. Kein Wunder, dass es hier so viele Ratten und Mäuse gab. Sie wurden alle von dem Dreck angezogen, den Londons Einwohner in ihren Seelen trugen.

Lange nachdem ich aus England weggezogen war, las ich einen Artikel über die Nachbarschaft, in der ich viele Jahre lang gelebt hatte. Es ging um illegale Prostitution und darum, wie Frauen aus Osteuropa mit Versprechungen auf gute Arbeit in privaten Bordellen landeten. Eines dieser Bordelle war nicht einmal hundert Meter von unserem damaligen Haus entfernt, und in all der Zeit, in der wir dort wohnten, ist uns nie etwas aufgefallen. Um ehrlich zu sein, sah man in dieser Gegend ohnehin nur selten Frauen auf der Straße. Noch heute läuft mir ein Schauer über den Rücken, wenn ich daran denke.

Nach den frustrierenden Erlebnissen auf der High Street disponierten wir um und machten uns auf den Weg nach Hause. Anstatt einem Haufen neuer Fummel hatten wir einen Plan B in der Tasche! Nämlich alle unsere Klamotten zu Hause auszuprobieren, um zu sehen, was am meisten »ladylike« aussah. Schließlich steuerten wir schnurstracks auf eine neue Zukunft zu, und auf unserem Weg ließen wir uns von nichts und niemandem aufhalten – vor allem nicht von einer unendlichen Ansammlung von Kebabläden!

4
Lady Marmalade

Christina Aguilera, Lil' Kim, Mya, Pink

Ausgestattet mit den höchsten High Heels, auf denen wir gerade noch laufen konnten, eng anliegenden Hosen und bunten, weit ausgeschnittenen Oberteilen sprangen wir in die Londoner U-Bahn, bereits leicht beschwipst von zahlreichen Gläsern billigem Schampus. Etwas Teures konnten wir uns zu dem Zeitpunkt noch nicht leisten, und die Zeit von Dom Perignon und Cristal sollte erst noch kommen.

Die Bahn war voll mit jungen Menschen, alle auf dem Weg ins Londoner Nachtleben. Es war ein ganz normaler Donnerstagabend in einer der spannendsten Städte Europas. Als wir die King Cross Station passierten, fühlte ich, wie sich mein Magen immer mehr zusammenzog. War ich nervös? Ich musste an Big T denken, der immer sagte: »Zur Hölle, ja!«

Viel früher, als es mir lieb war, erreichten wir den Piccadilly Circus und machten uns auf den Weg in die Swallow Street. Doch an Schlucken war in diesem Moment nicht zu denken, so schlecht war mir vor Aufregung.

Und da war sie auch schon, die unanständige Straße. So übel mir auch war, so schnell verging dieses Gefühl, als ich die wunderschönen Altbauten sah, das alte, schiefe Kopfsteinpflaster, die prachtvollen Rundbögen. Genau das ist es, was mich an London schon immer fasziniert hat, diese wahnsinnig schönen Fassaden, die kleinen Gassen, die sich wie ein Labyrinth durch eine der wunderbarsten Städte der Welt ziehen. Wenn man die Augen schließt, kann man beinahe die Hufe der Kutschpferde hören, die einst durch die Straßen jagten. Die Swallow Street war eine kleine Abzweigung von der Regent Street, einer der schönsten Straßen, die London zu bieten hat. Ich habe mir oft vorgestellt, wie es wäre, wenn alte Gemäuer und Steine sprechen könnten, welche unglaublichen Geschichten sie erzählen würden. Aber nun war es Zeit, hier in London meine eigene Geschichte zu schreiben.

Nevada und ich hielten Ausschau nach der Hausnummer 23, die Giles uns am Telefon mehrfach genannt hatte. Mein Magen hatte sich etwas beruhigt, obwohl ich weit davon entfernt war, eine Vorstellung davon zu haben, was mich hinter einer dieser Türen erwarten sollte. Im Nachhinein mag es nichts als Dummheit gewesen sein. Ich nenne es heute Naivität. Ich hatte zu diesem Zeitpunkt noch nicht sehr lange in London gelebt und noch nicht diese typische Abgebrühtheit der Großstädter entwickelt. Ich konnte mich noch nicht »street smart« nennen, das kam erst viel später.

Wir mussten mindestens zweimal an dem Klub vorbeigegangen sein, und nach wie vor war ich der Meinung, dass es sich hierbei um eine Art Restaurant handelte, in das Businessleute zum Essen kamen und in dem ihnen ein paar hübsche Mädchen Gesellschaft leisteten. Während wir ratlos in der Mitte der Straße standen, beobachteten wir, wie eine junge Frau schräg gegenüber an einer Tür klopfte. Und dann sahen wir es auch endlich: Die 23 leuchtete in großen roten Neonziffern direkt vor unseren Augen.

Wir schafften es gerade noch, die Tür zu erreichen, bevor sie vor uns wieder ins Schloss fiel.

»Hi! Seid ihr neu?«

Das Mädchen, das vor uns in das Haus gegangen war, war Mitte zwanzig, mit dunklen Haaren und einem ausländischen

Akzent. Ich tippte auf Griechisch oder Albanisch. Woher ich mir so sicher war? Zum einen habe ich, seit ich denken kann, ein gutes Gehör für Sprachen und Dialekte, zum anderen ging ich auf eine Universität, in der die Hälfte aller Auslandsstudenten aus Griechenland stammte. Man konnte nie aus einem Hörsaal gehen, ohne zu hören: »Malaka, skata na fas kai euxaristo!« (Wichser! Friss Scheiße und danke!) Wirklich ein charmantes Volk.

»Wir haben gleich eine Audition bei Giles«, sagte ich.

»Okay, ich bin Angelina. Der Job ist ganz in Ordnung. Lasst euch nicht zu sehr von Giles vollschleimen. Er kriegt nicht genug Sex, wenn ihr wisst, was ich meine. Ich sag ihm Bescheid, dass ihr da seid.«

Sie zwinkerte uns zu, und ich fand sie auf Anhieb sympathisch. Sie war ein gutes Beispiel für die Frauen, die in dieser Art Klub arbeiteten. Es gibt das Vorurteil, dass Frauen sich gegenseitig bekriegen und eifersüchtig sind – gerade in diesem Gewerbe. Das trifft auch sicherlich in einigen Fällen zu, aber im Großen und Ganzen herrschte in der Londoner Stripszene eine warmherzige und vor allem loyale Atmosphäre unter den Frauen, die ich bis heute vermisse.

Während wir warteten, nutzten wir die Möglichkeit, uns umzugucken. Wir standen in einer Art Vorraum. Gegenüber war ein Tresen, der wohl als Rezeption dienen sollte, links und rechts gingen jeweils zwei Türen ab. Insgesamt hatte der Raum vier Türen und war ein Albtraum für jeden Inneneinrichter. Die Tapeten waren alt, und je länger ich sie betrachtete, desto mehr staubige Vergangenheit schien ihnen zu entweichen. Und auch das war typisch London: majestätische Fassade und ziemlich heruntergekommenes Innenleben. Außen hui, innen … na ja.

»Hallo Ladys. Willkommen in unserem Klub! Ich bin Giles.«

Vor uns stand unser neuer Möchtegernboss. Dunkle kurze

Haare und eine nach zu vielen Zigaretten und schlaflosen Nächten grau gewordene Gesichtsfarbe. Er war eher klein, kaum einen Kopf größer als ich, und ich bin schon von der kurzen Sorte. Sein Anzug war von der Stange und hatte mit Sicherheit nie wirklich bessere Zeiten gesehen, außer vielleicht beim Kauf. Giles widmete mir sofort seine ganze Aufmerksamkeit und glotzte mir unverschämt in den Ausschnitt.

Ich bin zwar selbst keine Riesin, aber kleine Männer haben mich nie interessiert, obwohl sie immer glauben, bei mir gute Chancen zu haben, ganz nach dem Motto: »Wir haben etwas gemeinsam.« Sorry, ich stand schon immer auf die größeren Herren der Schöpfung! Das liegt bestimmt in den Genen. Kleine Frauen wollen sich selten mit einem Partner ihrer Größe fortpflanzen, um so die perfekten Maße ihrer Kinder zu gewährleisten. Also bitte, versuch es erst gar nicht!

»Ihr seid also Kathi und …?«

Pause.

»Nevada. Nenn mich Nevada, Darling.«

Meine Freundin setzte ihre Raubtierstimme ein und hauchte ihren Namen lustvoll in den Raum. War es vorher angenehm kühl gewesen, fühlte ich mit einem Mal die Hitze, die von ihr ausging.

Giles fing sofort Feuer und strahlte übers ganze Gesicht. »Na, dann kommt mal mit. Ich zeige euch den Klub!«

Er ging vor uns durch eine der Türen, und ich hörte das Klacken, das seine Lederschuhe auf dem Parkett verursachten. Der Typ trug doch tatsächlich Absätze!

Widerlich! Da muss man sich doch fragen, was sonst noch klein ist … Igitt! Schluss jetzt!

Hinter der nächsten Tür fanden wir den sogenannten Klub. Ein großer, trostloser Raum mit Spiegeln an Decken und Wänden, mit der Folge, dass der Klub größer wirkte, als er tatsächlich war. Insgesamt gab es fünfzehn runde Tische mit weißen Bänken drum herum. Alle Bänke waren mit Plastik überzogen.

Wofür soll das gut sein? Vielleicht, um das weiße Inventar vor einer ungeschickten Kellnerin zu schützen? Oder vielleicht, damit man Flüssiges besser abwischen kann … O shit!

Als der Groschen bei mir fiel, musste ich mir ein Schmunzeln verkneifen. Dieser Laden mit seinen Plastiküberzügen, den Spiegeln und Petit Napoleon als Anführer war einfach nur grotesk.

»Setzt euch doch, Mädels. Was darf es zu trinken sein? Ein Glas Sekt? Irina, bring doch mal zwei Gläschen hier für die Süßen.«

Klar, hol erst mal den Alkohol! Im beschwipsten Zustand kann man diese Art der Arbeit gleich viel besser erklären.

Ich mochte mich auf keinen Fall auf die widerlichen Plastikbezüge setzen und strengte mich an, mein Gewicht auf den Füßen zu halten, um möglichst wenig Hintern auf den Sitzen zu platzieren.

Ich hoffe, die haben hier richtig geputzt. Ekelhaft!

Der Raum war dunkel und ungemütlich. Auf einer Seite gab es ein kleines Podium mit einer Stange, auf der die Mädchen am Abend ihre Tanzeinlagen vorführten. Nach und nach kamen stark geschminkte und wenig bekleidete Frauen in den Raum und setzten sich an einen der hintersten Tische. Unter ihnen auch Angelina. Sie war kaum wiederzuerkennen, denn sie trug ein weißes Minikleid und viel zu viel Make-up. Sie sah aus, wie … na ja, wie eine Hure. Und vielleicht war sie das ja auch. Die anderen hätten auch problemlos in einem Kabarett für Travestie mitmachen können. Von Weitem war nicht bei jeder der Damen klar, ob es sich um eine Frau oder einen zu stark geschminkten Typen handelte. Von wegen Champagnerschlürfen mit reichen Businesstypen ... Ich schlug mir innerlich gegen die Stirn, als ich mir vor Augen hielt, wie naiv ich doch gewesen war.

Unsere Gläser kamen, und ich nahm einen kräftigen Schluck.

»Ah, wie ich sehe, schmeckt es dir. Das ist gut. In eurem Job geht es darum, möglichst viele Flaschen Champagner zu verkaufen. Also müsst ihr auch ordentlich trinken.« Er grinste anzüglich, und mir dämmerte es langsam.

Ich wollte weg. Das war der ekelhafteste, widerlichste Klub, den ich jemals besucht hatte! Und dabei war noch nicht einmal Publikum anwesend, sondern nur ein paar Mädchen in eindeutig zu freizügiger Kleidung! Was tat ich hier eigentlich? Und wer war auf die bescheuerte Idee gekommen, bei diesem schmierigen Giles anzurufen? Alles in mir schrie danach, so schnell wie möglich von hier zu verschwinden.

Nevada sah das aber ganz anders und nutzte das Gespräch mit Giles als weitere Chance, ihre Darstellung der Paradiesschönheit zu perfektionieren. Sie flirtete hemmungslos mit ihm, während er erklärte, was die einzelnen Champagnersorten kosteten und wie viel Prozent wir auf die jeweiligen Flaschen bekämen. Die Preise waren selbstverständlich völlig utopisch, und ich ahnte, dass hier nicht nur für den Alkohol gezahlt wurde.

»Was ihr sonst noch mit den Kunden treibt, ist ganz und gar eure Sache. Sex im Klub ist nicht erlaubt. Zumindest nicht offiziell. Was ich nicht sehe, sehe ich nicht. Kapiert?«

Wieder dieses schmierige Grinsen.

Das Ganze stank so offensichtlich nach Dreck und Prostitution, dass mir erneut schlecht wurde. Damit wollte ich nichts zu tun haben! Es war vollkommen klar, dass es hier keinesfalls nur darum ging, Männer zu unterhalten und überteuerten Champagner zu verkaufen. Mir taten die Typen fast schon leid, die es nötig hatten, einen solch widerlichen Schuppen aufzusuchen. Hier war rein gar nichts sexy – weder der Klub noch die Frauen. Und das Ganze war noch nicht mal billig! Eine Flasche schlechter Champagner startete bei 200 Pfund und war schnell getrunken. Laut Giles durfte ein Kunde nie länger als eine Stunde an einer Flasche trinken. Entweder er bestellte mehr, oder er wurde aufgefordert zu gehen. Absurd! Doch weil sich Nevada von meinen auffordernden Blicken, nun endlich zu gehen, nicht beeindrucken ließ, schaltete ich auf Autopilot und überließ ihr die Führung.

Immer mehr Frauen kamen in den Klub. Sie sahen alle sehr unterschiedlich aus. Blonde Haare, dunkle Haare, rote Haare, groß, klein, dünn, stämmig, echte Brüste, falsche Brüste, wenig Brüste. Eines hatten jedoch alle gemeinsam: Sie trugen billige Kleider und ihr Make-up vermutlich mit einem Spachtel auf und boten allesamt einen eher trostlosen Anblick. Natürlich wurde hier und da gekichert, allerdings sah ich wenig echte Freude. Vielleicht änderte sich das ja, wenn die ersten Tropfen Champagner flossen und die Männer kamen. Aber so lange wollte ich auf keinen Fall warten.

»Okay, dann morgen Abend um acht Uhr. Und bringt schöne Kleider mit!«

Na sicher doch, Darling. Sonst noch was?! Sorry, Giles, dieses Mal kein Frischfleisch aus Nord-London für dich!

»Alles klar, Giles!«

Nevada schnurrte in seine Richtung, und ich konnte es nicht lassen, ihr einmal gegen das Schienbein zu treten. Vor Schreck verschüttete sie den Inhalt ihres Glases auf den Sitzen.

»Ach, kein Problem«, kicherte Giles. »Dafür sind doch die Plastikbezüge da, für den Fall, dass ihr euch gewundert habt.«

Er zwinkerte, und ich bedachte ihn mit nichts mehr als einer hochgezogenen Augenbraue.

Als wir auf die Straße traten, fühlte ich mich schmutzig und verloren. Was hatte ich denn bei so einer Anzeige erwartet? Da war die Hoffnung mal wieder größer gewesen als die Vernunft, und mir wurde klar, dass ich Opfer meiner eigenen Blauäugigkeit geworden war. Stefan kam mir in den Sinn, wie er uns am nächsten Morgen gewiss feuern oder zumindest mit einem Tag ohne eine einzige Toilettenpause bestrafen würde. Und ich dachte an das Minus auf meinem Konto, das mir nicht erlaubte, waghalsige Entscheidungen zu treffen. Kurz und gut: Ich hatte schlechte Laune und brauchte dringend mehr zu trinken.

Doch Nevada sah das alles natürlich ganz anders. Das Erlebnis in dem billigen Klub schien sie geradezu beflügelt zu haben. »Zieh nicht so ein Gesicht! Wir finden schon einen neuen Job. Jetzt wird erst mal gefeiert!«

5
Everybody Here Wants You
Jeff Buckley

Wir betraten eine Bar ein paar Meter weiter, und ich fühlte mich gleich etwas besser. Hier spielte Geld eine große oder eben keine Rolle. Wir waren schließlich auch in Mayfair, einer der teuersten Ecken Londons. Das edle, wenn auch konservative Dekor bestand aus viel dunklem Holz und beigefarben gestrichenen Wänden. Ich entspannte mich.

Als wir unsere Mäntel ausgezogen hatten, kam ein gut gekleideter, attraktiver dunkelhäutiger Mann auf uns zu.

»Guten Abend, und entschuldigt bitte die Störung. Ich habe gesehen, dass ihr aus dem Klub gegenüber gekommen seid. Da wir selbst gerade dieses Etablissement aufsuchen wollten, würden wir gerne eure Meinung darüber wissen. Wäre das möglich?«

Holy Shit! Der Typ sah nicht nur blendend aus, er sprach auch wie jemand aus einem historischen Film. Sein britisches Englisch war lupenrein, und nicht nur sein Anzug verriet, dass er aus reichem Hause stammen musste. Ich tippte auf privates Internat mit anschließender Karriere als Banker oder Stockbroker.

Erneut nahm Nevada die Zügel in die Hand.

»Selbstverständlich können wir uns unterhalten! Wir waren gerade dabei, uns etwas zu trinken zu bestellen. Ein Glas Gin Tonic für meine Freundin und ein Glas Champagner für mich.« Sie ließ die Wimpern klimpern und bedachte ihr Gegenüber mit einem strahlenden Lächeln.

Ich bewunderte in diesem Augenblick, wie selbstbewusst und

fast schon frech sie war. Unser neuer Begleiter schmolz sofort wie Butter in der Sonne.

»Oh, Verzeihung. Natürlich!« Er wandte sich an den Kellner: »Bitte bringen Sie die Drinks an unseren Tisch.« Dann drehte er sich abermals zu Nevada um: »Darf ich euch zu uns bitten? Ich bin übrigens James.«

Und das war es, was ich am Leben so liebte: Vor wenigen Sekunden hatten wir uns noch in einem widerlichen Loch befunden, und nur Augenblicke später schien der Abend schon wieder eine ganz andere Wendung zu nehmen.

Ich stellte uns vor. »Ich bin Juliana, Darling, und das ist Nevada. Nice to meet you!«

Dann folgten wir dem schönen James zu seinem Tisch.

Nevada kicherte in mein Ohr: »Juliana? Hahaha!«

Inspiriert von Nevadas paradiesischer Herkunft hatte ich spontan einen anderen Namen für mich gewählt, als ich uns James vorgestellt hatte. Schon häufiger hatte ich mich auf Partys als Juliana ausgegeben, wenn ich Lust auf eine ordentliche Portion Anonymität und noch mehr Spaß hatte. Außerdem saß mir unsere Episode in dem Hostessenklub noch ein wenig in den Knochen, sodass ich es vorzog, mich in diesem Moment von Kathi zu distanzieren und in der Rolle der Juliana aufzublühen.

Am Tisch von James angekommen, lernten wir seine Begleiter kennen, allesamt Banker und Arbeitskollegen, die aus einer Filiale auf dem europäischen Festland zu Gast waren. James arbeitete im Headoffice in London und war heute für die Unterhaltung zuständig. Ich hatte mit meiner Vermutung, dass es sich bei den Jungs um Banker handelte, also richtiggelegen. In London war und ist es üblich, dass Businessleute in Stripklubs oder Hostessenklubs gehen, um sich zu amüsieren.

In meiner Zeit als professionelle Tänzerin (die Frauen in den besseren Klubs würden sich nie als Stripperinnen bezeichnen, denn mit dem Tanzen und nichts anderem verdienten wir unser Geld, auch wenn wir uns dabei unserer spärlichen Kleidung entledigten) habe ich viele solcher Arbeitsausflüge beobachtet und manchmal auch daran teilgenommen. Gezahlt wurde natürlich immer mit der Firmenkreditkarte, und natürlich stand auf der Rechnung nie, wo das Geld *wirklich* verprasst wurde. Aus dem Windmill Stripklub wurde in null Komma nichts das Windmill Restaurant, und aus den Tanzgutscheinen, die in jedem Klub mit der Kreditkarte gekauft werden konnten, sobald sich das Cash dem Ende neigte, wurden schnell »Allgemeine Ausgaben« wie beispielsweise eine zusätzliche Flasche vom feinsten Whiskey zu horrenden Preisen. Jeder wusste über die Handhabung in den Klubs Bescheid. Die Bosse, die Firmenbuchhaltung und sicherlich auch das britische Finanzamt. Niemals flog etwas auf. Ich bin mir sicher, die halbe Regierung Englands besuchte diese Einrichtungen, aber es wurde nie darüber geredet, und so waren alle glücklich: die Herren, die in den Genuss eines solchen Abends kamen, die Klubs, die sich daran ein paar Pfund extra verdienten, und natürlich wir Mädchen, denn sobald die Kreditkarte gezückt wurde, war klar, dass es kaum ein Limit mehr gab.

Nachdem wir jedem von James' Freunden die Hand geschüttelt hatten und endlich unsere Drinks gebracht wurden, nahm ich einen tiefen, nicht wirklich damenhaften Schluck.

Scheiß' auf die Lady!

Der Alkohol wanderte schnurstracks in mein Blut, und ich fühlte mich gleich etwas ruhiger und entspannter.

James lächelte mich an.

»Es scheint, als hättest du diesen Drink gebraucht.«

»Ganz ehrlich? Ja, total. Das war doch alles etwas seltsam in dem Laden«, gab ich zurück.

»Na komm, noch einen Gin Tonic oder vielleicht doch lieber eine Flasche Dom Perignon? Schließlich wollen wir uns heute Abend entspannen.«

Was für eine Frage! Wann kam man schon mal in den Genuss eines so edlen Tropfens?

»Rosé, natürlich!«

»Natürlich!«

Sobald die Flasche an unseren Tisch gebracht worden war und alle Gläser gefüllt waren, stießen wir an.

»Auf unseren Abend in London mit zwei hübschen Frauen in unserer Begleitung. Cheers!«

Mit mehr Alkohol kam mehr Ruhe in meinen Kopf.

Ach, so schlimm war das doch alles gar nicht, oder? Egal.

James saß mir gegenüber und flirtete mit mir. Es war herrlich, sein exzellentes und höfliches Englisch klang wie Musik in meinen Ohren, und ich ließ mich von seinem charmanten Lächeln einwickeln. Er mochte vielleicht einer dieser typisch oberflächlichen City Boys (wie die Londoner die Banker und Stockbroker aus der City nennen) sein: Männer in ihren besten Jahren, in ihrer Karriere und ihrem Leben ständig auf der Überholspur, und sicherlich wollte er sich auch in einem dieser Klubs amüsieren, die ich nach dem Erlebnis von gerade eben so verabscheute, aber trotzdem hatte er etwas sehr Interessantes und Warmherziges an sich. Natürlich war er auch an unserem kleinen Ausflug in die Unterwelt interessiert, und schon nach kurzer Zeit ging es nur noch um die verschiedenen Etablissements in London.

Nevada war in ihrem Element und erzählte jedes Detail, angefangen von unserem spontanen Anruf bis hin zum quietschenden Geräusch, das unsere Hosen auf den Plastiküberzügen der Sitzbänke gemacht hatten. Die Story an sich war lustig, und die Art und Weise, wie sie Giles mit ihren komischen Grimassen und wilden Gesten darstellte, ließ uns allen die Tränen in die Augen schießen.

»O Mann«, keuchte James schließlich, »das klingt so furchtbar, das muss ich unbedingt mit eigenen Augen sehen!« Er warf einen Blick in die Runde. »Wie schaut's aus? Hat jemand von euch Lust?«

Die anderen Jungs nickten zustimmend, und selbst Nevada und ich konnten nicht abstreiten, dass ein Besuch eines Stripklubs, sofern es nicht der von Giles war, eine aufregende Nacht versprach. Wir grinsten uns alle an, und eine leicht erregte Stimmung machte sich unter den Männern breit.

Hast du Zweifel, Kathi? Ach, komm schon, so schlimm kann es nicht werden. Let's go!

Die Gläser waren schnell geleert, und auf Londons Straßen findet sich immer ein leeres Taxi. Wir wussten nicht genau, wo wir hin wollten, also überließen wir dem Fahrer die Auswahl des Klubs. Wir waren alle schon gut angetrunken, und so riefen wir ihm zu, was wir von unserem Trip erwarteten: hübsche Frauen, guten Champagner und ein edles Ambiente! Ich bin mir sicher, unser typischer Londoner Cabbie hat nicht nur innerlich die Augen verdreht und fuhr uns schnurstracks durchs Westend und in Richtung Bond Street.

Eine Viertelstunde später wurden wir von einem Türsteher begrüßt. Glatze, Bodybuilderstatur, schwarzer langer Mantel und schiefe Zähne. Mehr Klischee ging nicht.

»Good evening ladies and gentlemen. Welcome to our beautiful Golden Girls Club!«

Während James den Taxifahrer bezahlte, liefen Nevada und ich schon hinein. Die Rezeption befand sich gleich hinter dem Eingang. Eine junge hübsche Frau in einer Daunenjacke grinste uns an.

»Hallo Mädels, das wären dann 20 Pfund Eintritt für jede von euch.«

»Um ehrlich zu sein, wir sind hier für eine Audition!«, platzte es aus Nevada heraus.

Ach, sind wir das? Darling – du bist unglaublich!

»Ach so, na dann könnt ihr natürlich so runter. Ich sage Sam, dem Manager, Bescheid, dass er sich um euch kümmern soll. Viel Glück!«

Und bevor ich irgendetwas sagen konnte, nahm mich Nevada schon bei der Hand und schleifte mich die Treppe runter, die neben der Rezeption in die Tiefe führte.

Unten angekommen wurde es dann richtig interessant. Am Ende der Treppe ging es nach rechts durch einen engen Flur und auf eine schwarze Tür mit Fenster zu. Dahinter schien das Herz des Klubs, der Gastraum, zu liegen, aus dem laute R'n'B-Musik dröhnte. Die Wände des Flurs waren mit dunkelrotem Samt tapeziert. In Verbindung mit dem gedimmten Licht verlieh das dem Raum die Atmosphäre eines alten Boudoirs. Klischee Nummer 2 – bestellt und geliefert!

Im Golden Girls war es so, wie ich es mir immer im Moulin Rouge in Paris vorgestellt hatte. Rot, dunkel, warm – wie die Gebärmutter einer Frau. Vermutlich ist es das, was die Männer in solche Orte zieht. Die Rückkehr zur Mutter? Der Gedanke ließ mich schmunzeln. Doch überraschenderweise fühlte auch ich mich relativ wohl.

Wir marschierten durch die Tür und hinein ins männliche Paradies. Hier war alles größer als erwartet. Es handelte sich nicht im herkömmlichen Sinn um einen Keller, sondern vielmehr um einen Saal mit meterhohen Decken und einer großen Bühne. In der Mitte des Raums war eine Art Catwalk und an dessen Ende die obligatorische Stange. Eine hübsche dunkelhaarige Frau hing kopfüber daran fest und zog sich langsam das glitzernde Oberteil aus. Links und rechts neben der Bühne standen kleine Tische, an denen eine Handvoll junger bis mittelalter Männer in Anzügen Platz genommen hatte. Neben den meisten Tischen tanzten weitere Frauen oben ohne, mit nichts als winzigen G-Strings bekleidet.

Nevada und ich starrten wie gebannt auf das Schauspiel. Es sah alles so gut aus! Die Frauen waren schön und furchtbar sinnlich in ihren Bewegungen. Obwohl es an diesem Ort viel nackte Haut zu sehen gab, empfand ich es komischerweise nicht als schmutzig – ganz im Gegenteil. Die Tänzerinnen sahen wie grazile Göttinnen aus und hatten nichts mit meinem Vorurteil gegenüber Stripperinnen zu tun, das ich mir bei meinem ersten Stripklubbesuch in Amsterdam, in dem eine barbusige Blondine eine Dildoshow vorführte, gebildet hatte. Es ist nicht übertrieben, wenn ich dieses Erlebnis als leicht traumatisierend bezeichne …

Während wir wie angewurzelt an der Tür standen und unsere Blicke durch den Raum schweifen ließen, kam ein Glatzkopf in einem gut geschnittenen grauen Anzug auf uns zu. Im Gegensatz zu dem Türsteher von draußen hatte er sanftere Züge und dunkelbraune Augen, die ihn nicht ganz so hart aussehen ließen. Seine Stimme war tief und angenehm, und sein Akzent typisch für den Londoner Osten.

»Hi, ich bin Sam, der Manager. Ihr wollt zur Audition?«

Wie immer ergriff Nevada das Wort.

»Ja, das ist richtig. Meine Freundin hier möchte es gerne mal versuchen.«

Äh … Wie bitte?

Ich war so geschockt, dass mir in dem Moment nichts einfiel, was ich erwidern konnte. Vielleicht, weil ich im Grunde meines

Herzens fasziniert von dem Geschehen um mich herum war und, so komisch es auch klingt, gerne Teil davon sein wollte. Nevada sprach in diesem Moment aus, was meine innere Stimme leise vor sich hin flüsterte, ich aber niemals laut über die Lippen gebracht hätte.

»Okay, hast du etwas zum Umziehen mitgebracht?«

»Also, ich, äh ... ich dachte, wir fragen erst mal, und ... ich komme dann morgen wieder«, stammelte ich.

»Jetzt oder nie! Keine Sorge, wir haben noch ein paar Kleider hier rumliegen. Die kannst du anprobieren. Ich bringe sie dir gleich.«

Mein Herz schlug mir bis zum Hals, und Sam musste es bemerkt haben, denn er rief zur Bar rüber: »Carrie, gieß den beiden doch bitte zwei Gläser Sekt ein. Ich glaube, die eine hier braucht das dringend.« Und an uns gewandt fügte er hinzu: »Wartet kurz hier, ich hole die Kleider. Hohe Schuhe hast du aber selbst?«

Ich nickte.

»Okay, bis gleich.«

Meine Gesichtszüge entglitten mir, dann übernahm die Panik das Ruder. Auf gar keinen Fall würde ich hier vortanzen! Der Klub war komplett voll! Mit Tänzerinnen *und* Männern! Scheiße!

Bevor ich jedoch das Weite suchen konnte, nahm mich Nevada sanft am Arm und lotste mich zu einem der Tische, die noch frei waren und von wo aus wir eine gute Sicht auf das ganze Spektakel hatten. Und was für ein Spektakel es war! Links von mir stand eine blonde Amazone auf gefährlich hohen High Heels und tanzte für einen Gast. Dieser saß ungefähr einen Meter von ihr entfernt auf einem Stuhl und sah mir in diesem Moment vermutlich sehr ähnlich: wie ein vor Schock erstarrtes Kaninchen im Angesicht des weit aufgerissenen Schlangenmauls! Er war offensichtlich gebannt und auch verängstigt. Tatsächlich sah es so aus, als würde er den fantastischen Körper der tanzenden Frau kaum genießen können. Sie hatte ihn komplett in der Hand, oder besser gesagt: an den Eiern. Ohne ihn dabei auch nur im Geringsten zu berühren. Wow! Aber kein Wunder, sie sah auch umwerfend aus, mit endlosen Beinen, tollen langen Haaren und einer Bräune wie frisch aus der Karibik. Wie sollte ich mit meinen eins sechzig da nur mithalten können?

Die Kellnerin, die Sam mit dem Namen Carrie angesprochen hatte, unterbrach meine angsterfüllten Gedanken. Sie stellte zwei Gläser Sekt vor uns auf den Tisch und grinste. Es war offensichtlich, dass sie genau wusste, warum wir hier waren.

Nevada nahm meine Hand und sprach mir Mut zu: »Kathi, du wolltest so etwas doch immer schon mal machen! Du weißt, dass du eine fantastische Tänzerin bist. Du liebst es. Und hier kennt dich niemand, außer mir, Darling. Also, los! Das wird doch eine super Geschichte für deine Enkelkinder!«

Natürlich hatte sie recht. Doch in diesem Moment war ich wütend auf sie. Es war immer viel einfacher, jemand anderem einen Ratschlag zu geben, als ihn selbst zu befolgen!

Andererseits wusste ich, sie wollte selbst nur allzu gern die Bühne stürmen. Doch sie hatte sich bei einem Unfall in ihrer Kindheit schreckliche Narben an Beinen und Rücken zugezogen, die eine Arbeit als Tänzerin unmöglich gemacht hätten. Blieb also nur noch ich.

Ich war wie erstarrt und konnte mich kaum bewegen. Der Gedanke, einfach aufzustehen und wegzulaufen, kam mir komischerweise jedoch nicht in den Sinn.

Sam kam zurück.

»Hier sind zwei Kleider, ich denke, eines davon wird dir passen. Für heute ist das ohnehin nicht so wichtig, es geht nur darum, zu sehen, ob du dich gut bewegen kannst. Das Kleid sollte relativ schnell ausgezogen werden, danach der BH. Und bitte lass deine Unterhose an. Wir bieten keine Nackttänze auf der großen Bühne an.«

Ich nickte wortlos. Keine Nackttänze. Okay.

»Zu welchem Song möchtest du tanzen? Ich sage Mike, dem DJ, dann Bescheid.«

Nevada nannte irgendeinen R'n'B-Song, der gerade unglaublich angesagt war und von dem sie wusste, dass er mir gefiel.

»Okay«, lächelte Sam. »Die Umkleideräume sind hinter der Bühne. Viel Erfolg! Ach so, und was ist dein Bühnenname? Niemand arbeitet hier unter seinem richtigen Namen.«

»Juliana«, stotterte ich. »Ich bin Juliana.«

Ich wusste, dass dieser Name sehr gut zu mir passte, er war ja immerhin schon erprobt. Und da hier ein falscher Name ausdrücklich gewünscht war, musste ich nicht lange nachdenken.

»Okay, Juliana, Darling. Dann bis gleich.«

Sam drückte mir zwei Stofffetzen in die Hand, lächelte und machte sich auf zum DJ, Nevada, die mir das Ganze eingebrockt hatte, im Schlepptau. Ich muss zugeben, er war schon recht clever. Er wusste genau, wie ich mich fühlte, und ahnte, dass ich einen Rückzieher gemacht hätte, wäre er nicht gleich in die Offensive gegangen. Ich wäre mit hundertprozentiger Wahrscheinlichkeit am nächsten Tag nicht wiedergekommen, egal wie sehr Nevada auch gequengelt hätte. Nun hatte ich keine andere Wahl – und wenn ich ehrlich zu mir selbst war, traute ich mich auch nicht, die Sache ganz bleiben zu lassen. Ich musste an den Mann denken, den wir gerade bei der Show im Publikum gesehen hatten und der wie ein zitterndes Kaninchen ausgesehen hatte …

Ach was, so schlimm wird es schon nicht werden, oder?

Mit zittrigen Knien verdrückte ich mich auf die Damentoilette. Der Weg zu den Umkleideräumen bedeutete, an Dutzenden von Tischen vorbeigehen zu müssen, vor allem aber an James und seiner Gruppe. Die war nämlich mittlerweile auch eingetrudelt und hatte einen Platz in der Nähe der Bühne ergattert. Noch hatten sie nicht bemerkt, was auf sie zukommen würde, und ich wollte ihre Gesichter auf keinen Fall schon vorher sehen. Zum Glück war die Damentoilette auf der anderen Seite des Raums und relativ abgelegen.

Als ich in den Spiegel blickte, wusste ich nicht, ob ich lachen oder mich übergeben sollte. Hier stand ich nun, die unbescholtene »Juliana« auf dem Weg in eine neue unmoralische Welt.

Das Anprobieren der beiden Kleider lief komplett mechanisch ab. Beide Modelle waren meiner Meinung nach vollkommen untragbar, zumal sie mir nur knapp über den Po reichten. Lange schlanke Beine waren nicht meine Stärke, und ich fühlte mich nicht besonders selbstbewusst in diesem Moment. Nevada, die gerade herbeigeeilt war, um mir zu helfen, zog noch ein wenig hier und da, und tatsächlich, so schlimm sah das Resultat am Ende gar nicht aus. Das zweite Kleid hatte einen tiefen Ausschnitt und betonte meinen Busen immerhin ganz gut.

Zufälligerweise trug ich nach langer Zeit mal wieder ein komplettes Wäscheset mit passendem BH und Höschen, welches ich von einem Ex-Freund geschenkt bekommen hatte und das eigentlich in der untersten Schublade meines Kleiderschrankes ein trauriges Dasein fristete. Aber für heute war es perfekt: weinrote Spitze. Mein Outfit, fand ich, harmonierte perfekt mit den samtigen Tapeten. Außerdem trug ich bordeauxfarbene Lederstiefel mit elf Zentimeter hohen Absätzen. Seltsamerweise sah es fast so aus, als wäre mein Auftritt an diesem Abend geplant gewesen.

Oder ist es vielleicht Schicksal?

Ich begutachtete mich noch einmal im Spiegel und stürzte den Rest aus Nevadas Sektglas auf einmal hinunter.

Los geht's.

An den Weg zur Bühne kann ich mich bis heute nicht mehr erinnern. Auf einmal hörte ich den DJ ins Mikro sprechen: »Und hier haben wir eine Newcomerin, die heute zum ersten Mal für uns tanzen wird. Los, klatscht Beifall für die wundervolle Juliaaanaaaaa.«

Dann ging alles sehr schnell. Mit steifen Beinen stapfte ich den Catwalk entlang und versuchte, möglichst aufrecht zu gehen, ohne zu stolpern. An der Stange angekommen hielt ich mich zunächst an ihr fest wie ein Ertrinkender an einem Stück Holz. Montell Jordan sang lasziv »Get It On Tonight«, und langsam, sehr langsam begann ich, mich hier nicht mehr komplett verkehrt zu fühlen. Ich schloss die Augen und gab mich dem Rhythmus hin.

Von klein an habe ich gerne getanzt, und es war für mich immer ein völlig natürliches Gefühl, meinen Körper zu den Klängen der Musik zu bewegen. Auch wenn ich jetzt in einem mehr als knappen Outfit auf einer Bühne im Scheinwerferlicht stand, das Publikum spielte auf einmal keine Rolle mehr. Ich spürte nur noch mich selbst. Ich fing an, mich dem sinnlichen Beat hinzugeben, kreiste meine Hüfte und schüttelte meine Haare. Meine Hand, die sich zunächst an der kalten Stripperstange festgekrallt hatte, wurde lockerer, und ich begann, mutiger zu werden. Ich zog mein rechtes Bein nach oben und umklammerte die Stange so, wie man sich das bei einer professionellen Pole-Dancerin vorstellt. Natürlich war ich noch meilenweit davon entfernt, ein Profi zu sein. Nicht zuletzt fiel mir das mitten im Tanz auch deswegen auf, weil meine bordeauxfarbene Unterhose doch sehr viel größer war als die Mini-G-Strings der anderen Mädchen, die mich entfernt an Zahnseide erinnerten.

Nevada applaudierte frenetisch.

Aus dem Augenwinkel sah ich James und seine Entourage, die mich geschockt anstarrten und ganz offensichtlich ihren Augen kaum glauben konnten. Ich drehte mich noch einmal um die Stange und ließ dann behutsam mein Kleid zu Boden fallen. Nevada saß direkt am Bühnenrand neben einem schmierig aussehenden Mann mit Halbglatze und einer wunderschönen Blondine in einem hellblauen Glitzerkleid. Vielleicht war es der Alkohol, vielleicht war es die erotische Musik, die mich alles vergessen ließ, vielleicht stand ich auch schon kurz vorm Herzinfarkt in einem sogenannten Wachtraumzustand: Ich sank auf die Knie, lächelte Nevada zu und öffnete meinen BH, den ich ihr anschließend in den Schoß warf. In diesem Moment war mir wirklich alles egal. Ich war so gut wie nackt. Meine Brüste waren entblößt und für alle sichtbar.

Komisch, so schlimm ist das irgendwie gar nicht.

James und seine Truppe fingen an zu klatschen und zu pfeifen. Um ehrlich zu sein, schien der ganze Klub vor Beifall zu beben. Zumindest kam es mir so vor – vielleicht war es auch nur der Applaus, den ich mir innerlich spendete, weil ich es mich tatsächlich getraut hatte. Wie auch immer, in diesem Moment war es einfach nur großartig! Ich richtete mich wieder auf und bewegte mich rückwärts in Richtung Bühnenausgang.

»So, Leute, das war unsere wundervolle Juliana! Ein riesiger Applaus für Miss Juliaaaanaaaa!«

Und dann war es vorbei. Ich schnappte mein Kleid vom Boden und rannte fast von der Bühne in die Umkleideräume.

O Gott! Ich habe es wirklich getan!

Leicht außer Atem setzte ich mich auf einen der Stühle und begann panisch, meinen nackten Oberkörper zu bedecken.

»Du warst fucking fantastic!«

Typisch Nevada! Sie stürmte in die Umkleide und küsste mich direkt auf den Mund.

»Ja, das war sie wirklich.« Sam stand an der Tür und blickte nicht auf meinen nackten Körper, sondern direkt in meine Augen. »Gut gemacht, Juliana. Zieh dich um und komm dann raus. Der Chef will dich sehen, damit ihr alles Weitere besprechen könnt.«

6
Candy Shop
50 Cent

»... damit ihr alles Weitere besprechen könnt.«

Was denn bitte besprechen? Meiner Meinung nach gibt es nichts zu besprechen. Das war eine einmalige Angelegenheit, eine Art One-Night-Stand sozusagen. Du kannst mir gerne deine Nummer dalassen, aber bitte bleibt nicht zum Frühstück. Vielen Dank und tschüss!

Ich zog mich schnell um und bestellte ein weiteres Glas Sekt bei Carrie. Mein mittlerweile viertes an diesem Abend. Sam lotste mich in den VIP-Bereich, eine Art gläsernen Pavillon gegenüber der Bühne. Jeder Stripklub hat einen VIP-Bereich. Er dient dem Zweck, wohlhabende Kunden abzuschotten und eine exklusive Atmosphäre zu erschaffen. Das Glas ist in der Regel getönt, und man kann kaum hineinschauen, dafür aber umso besser nach draußen. Die Musik ist normalerweise auch wesentlich leiser als im Klub, damit man sich besser unterhalten kann. Die Kunden müssen viel Geld für den VIP-Bereich zahlen und ausschließlich Champagner oder flaschenweise Wodka oder Whiskey bestellen. Die Summen, die in einem Stripklub dafür verlangt werden, klingen für eine normal verdienende Person völlig übertrieben – und dennoch war in allen Klubs, in denen ich während meiner Karriere getanzt habe, dieser Bereich jeden Abend sehr gut gefüllt.

In meinen eigenen Klamotten fühlte ich mich wesentlich wohler als in dem winzigen Fummel, und ich ließ mich gerade erschöpft auf einen der Stühle fallen, als der Besitzer des Klubs hereintrat. Es war der Mann mit der Halbglatze, den ich am Bühnenrand mit der Blondine hatte sitzen sehen. Der obere Teil seines Kopfes war kahl, während die Seiten, an denen noch Haare wuchsen, zu einem Pferdeschwanz zusammengebunden waren. Er trug einen Anzug im Stil der Zwanzigerjahre und eine Fliege. Zwischen den Fingern seiner rechten Hand steckte ein übel riechender Zigarillo, und seine Stimme war kalt und emotionslos.

»Okay, Darling. Das war gar nicht mal so schlecht für deinen ersten Auftritt. Sieh zu, dass du dir ein richtiges Outfit und ein Paar Killerheels besorgst, so wie der Rest der Mädels hier.«

Damit meinte er wohl die fünfzehn Zentimeter hohen Glasschuhe, die, wie ich später herausfand, auch Cinderella-Schuhe genannt werden und die so typisch für Stripperinnen sind. Sie sehen extrem prollig aus, sind aber seltsamerweise unglaublich bequem und machen aus nahezu allen Frauen unbezwingbare Amazonen.

»Du hast ziemlich kurze Beine, also kauf dir diese Schuhe, damit deine Stampfer verlängert werden.«

Danke, du Arschloch! Darf ich darauf hinweisen, dass deine Frisur lächerlich und es mehr als deutlich ist, dass du deswegen Komplexe hast?

Was war eigentlich das Problem von Männern, die sich kleideten, als wären sie dem »Paten« entsprungen? Glaubten sie wirklich, dass dies einen anziehenden Effekt auf Frauen hatte? Weil sie etwas Maskulines, Gefährliches ausstrahlten? Ich wusste nicht, ob ich lachen oder verärgert sein sollte.

Ich habe schon immer autoritäre Männer gehasst, die Frauen kleinhalten, nur weil sie selbst vollkommen unansehnlich sind und deswegen Komplexe haben. Für diese Art Mann zählen nur die devoten Frauen, meist junge Mädchen, die sich nicht trauen, sich gegen das Machogehabe zur Wehr zu setzen.

Ich war jedenfalls keine von der Sorte, und er spürte es. Wir konnten uns von der ersten Sekunde an nicht besonders gut leiden.

Doch in der Stripindustrie geht es fast nie um Sympathie, sondern ausschließlich um Business. Jedes Mädchen muss sich einer Audition unterziehen, einem Vortanzen. Normalerweise geschieht das am Tage und nicht, wie in meinem spontanen Fall, wenn der Klub schon voll mit Gästen ist. Dann entscheiden meist der Manager oder die Housemum, ob das Mädchen bleiben darf. Letztere hat mit einem Hausmütterchen im wörtlichen Sinn recht wenig zu tun, sondern ist meist eine ausgediente Tänzerin, die zum Tanzen keine Lust mehr hat oder dafür zu alt geworden ist. Sie betreut die Mädchen und berät sie in allen Fragen. Von jedem Mädchen bekommt sie meist zwischen drei und fünf Pfund pro Nacht. Bei vierzig Mädchen an einem Abend ist das eine nette Summe fürs Nichtstun, es sei denn, man zählt Kettenrauchen und Alkoholtrinken zur Arbeit.

Im Fall dieses Klubs entschied der Boss selbst. Psychologisch machte das durchaus Sinn. Er war schließlich der Star der Einrichtung und hatte sogar einen Künstlernamen, den ich an dieser Stelle allerdings nicht verraten sollte. Ich nenne ihn der Einfachheit halber Goldie, das reimt sich so schön auf Oldie und passt hervorragend zu seiner falschen goldfarben schimmernden Hautfarbe. Er war der alleinige Herrscher, und wir alle waren Teil seiner Golden Girls Show. Wer sich jetzt vielleicht wundert, wieso die Geschichte im Golden Girls überhaupt weitergeht: So schmierig er auch auf den ersten Blick rüberkam, so harmlos war er im Grunde auch. Er war ein alter Romantiker, der schöne Frauen liebte. Daher hatte er sich einen samtbezogenen Klub erschaffen, um seine Vorstellung von Weiblichkeit einem größeren Publikum näherzubringen. Seine Devise war stets: Sinnlichkeit, keine Vulgarität. Nackte Haut sollte schön und niemals pornografisch sein, deshalb gab es in diesem Klub ganz besonders strikte Regeln.

Trotz allem vergaß er nie, dass er am Ende vor allem eines war: Geschäftsmann. Wir Mädchen mussten jeden Abend eine »housefee« bezahlen, eine Art Miete für die Benutzung der Bühne. Die betrug damals 60 Pfund plus Trinkgeld für die Housemum, Trinkgeld für den DJ und das Taxi zurück nach Hause. In meinem Fall waren das dann knapp 100 Pfund, die erst einmal verdient werden mussten, bevor ich mein eigenes Geld in der Tasche hatte. Und es war fast doppelt so viel, wie ich zu diesem Zeitpunkt an zwei Tagen im Callcenter verdiente.

Zu den Einnahmen hinzu kamen die Tanzgutscheine, die der Klub den Gästen zur Verfügung stellte. Ging das Bargeld aus, und das passierte relativ schnell, konnte das Publikum Gutscheine über die Kreditkarte erwerben. »Funny money« kam in Zwanzig-Pfund-Noten, der Gast zahlte bei jedem Scheinchen zwanzig Prozent extra, das heißt bei 100 Pfund »funny money« standen insgesamt 120 Pfund auf der Rechnung. Das gleiche System galt für die Tänzerinnen, nur in die umgekehrte Richtung: Uns wurden von jedem Zwanzig-Pfund-Gutschein nur 16 Pfund cash ausgezahlt. So verdiente sich der Klub immer eine ordentliche Stange Geld dazu, von den Eintrittspreisen und komplett überteuerten Champagnerflaschen mal ganz abgesehen.

Aber es sollte noch extremer kommen. Es ging ja schließlich um Business, und das Golden Girls galt zu der Zeit, in der ich dort tanzte, als einer der besten Stripklubs in ganz London. Das Management nahm nicht alle Tänzerinnen auf und schickte viele nach Hause, die entweder zu pummelig waren, Akne hatten oder zu viel tranken. Es kam oft vor, dass Tänzerinnen ausgemustert wurden, weil sie sich ein kleines Bäuchlein angefuttert hatten. Ihnen wurde dann wortlos ein Zettel mit einer Eiweißdiät in die Hand gedrückt, und sie wurden für mindestens zwei Wochen vom Dienst suspendiert. Klingt hart, machte aber Sinn. Nur so konnte der Klub das zahlungsfreudige Klientel bei der sprichwörtlichen Stange halten.

Die Besucher waren meist City Boys direkt von der Börse oder aus den verspiegelten Bankhochhäusern. Sie hatten Geld und meistens ganz passable Manieren. Das kam nicht nur dem Klub zugute, sondern war auch der Grund, warum viele der Mädchen schon einige Jahre in dem Klub tanzten, denn so ätzend Goldie auf den ersten Blick auch wirkte, er legte stets Wert auf eine angenehme Arbeitsatmosphäre. Die meisten anderen Klubs waren gierig und ließen so viele Tänzerinnen wie möglich für sie arbeiten, was dazu führte, dass die wenigsten viel Geld verdienten. Es kam daher oft zu Streitigkeiten und einer generell schlechten Stimmung. Unser Boss Goldie hingegen hatte ein Mantra: leben und leben lassen. Und dafür kann ich ihn weiß Gott nicht kritisieren.

»Das ist Tasha. Sie ist eines der Showgirls hier und wird dir zeigen, wie man richtig tanzt. Ansonsten sehe ich dich morgen um 20 Uhr für deinen ersten Abend. Ach ja, und bring deinen Pass mit, wir brauchen eine Kopie. Du bist doch legal hier, oder? Wir können hier keine Illegalen brauchen. Auch nicht, wenn sie so einen hübschen Hintern wie du haben, verstanden?«

Ja, klar, schon verstanden.

Keine Ahnung, ob ich Goldie in diesem Moment angelächelt oder mit Wut in den Augen angestarrt habe. Zum Glück verließ er den VIP-Bereich mit seinem stinkenden Zigarillo, und ich sah zu Tasha, die am Eingang stand. Sie war die hübsche Blondine in dem hellblauen Glitzerkleid, die ich vorhin am Bühnenrand gesehen hatte. Sie lächelte und setzte sich zu mir an den Tisch. Von Nahem sah sie fast noch besser aus. Ihre Zähne waren weiß und perfekt (eine Rarität in England), und ihr Körper war unglaublich muskulös, ohne dabei stämmig zu wirken. Sie hätte ohne Weiteres als Fitnessmodel arbeiten können.

»Du hast sehr gut getanzt. Man sieht dir an, dass es für dich natürlich ist. Du musst nur dein Tempo drosseln. Beim Strippen geht es um Sinnlichkeit und Verführung, und nicht um einen Wettbewerb.«

Da ich mit dem Tanzen aufgewachsen war, wusste ich, was sie meinte. Sex-Appeal war keine der Eigenschaften, die ich neu erlernen musste. Nur der Feinschliff in einer mir bis dato so fremden Welt, der fehlte. Dabei war ich mir noch nicht im Klaren darüber, ob ich wirklich wiederkommen wollte.

Wir unterhielten uns noch eine Weile, und Tasha tat ihr Bestes, dass ich mich wohlfühlte.

»Überleg's dir. Du wirst sicherlich viel Erfolg haben mit deiner Ausstrahlung, und du kannst eine Menge Geld verdienen. Unser Boss ist nicht so übel, wie du denkst. Bis morgen.«

Als ich aus dem VIP-Bereich wieder in den Klub ging, wedelten James und seine Freunde schon mit den Zwanzig-Pfund-Noten in der Luft.

»Juliana, tanz für uns! Bitte, lass mich der Erste sein!«

Männer sind wirklich unglaublich, wenn es um das erste Mal geht. Bitte, lass mich der Erste sein? O Gott!

»Ihr könnt gerne morgen kommen und all euer Geld mitbringen, dann tanze ich auf der Bühne nur für euch.« Ich schaffte es irgendwie, verführerisch zu lächeln.

Nevada grinste stolz und nahm wie immer meine Hand. »Komm, zur Feier des Tages gehen wir jetzt noch etwas trinken und essen eine Kleinigkeit in Chinatown.«

Ich war verdammt müde. Das Adrenalin hatte meinen Körper verlassen, und ich wollte nur noch nach Hause und schlafen. Mit ein bisschen Glück war das ja auch alles nur ein seltsamer Traum …

7

Buttons

The Pussycat Dolls

»Und weißt du schon, was du heute Abend anziehst?«, fragte Nevada und schlürfte ihren Milchschaum.

»Wer sagt denn, dass ich hingehe?«

Ich hatte schlechte Laune. Mein Kopf tat immer noch weh, und mein gestriger Auftritt fing an, mir peinlich zu werden.

»Ehrlich, Kathi, was ist denn so schlimm daran? Toll, du hast deine Brüste gezeigt. Na und? Du bist Europäerin, ihr liegt doch ständig nackt am Strand«, entgegnete Big T gelassen. »Also, ich gehe oft mit meinen Geschäftspartnern in die Klubs, und es ist jedes Mal total harmlos und lustig. Es ist ja nicht so, als würdest du in einem Puff arbeiten. Und das Geld ist leicht verdient, dir werden regelmäßig Drinks ausgegeben, und alles, was du tun musst, machst du jedes Wochenende in den Klubs im West End sowieso: mit deinem knackigen Hintern wackeln.«

Während er das sagte, leckte er sich fast unschuldig die Tomatensoße von den dicken Fingern.

»Wirklich, Kathi«, setzte nun auch Nevada nach. »Was ist denn schon dabei? Stell dir vor, du musst zurück zu Stefan ins Callcenter, so wie ich. Sagtest du nicht, du musst deinen Dispo noch ausgleichen?«

Und so kriegte sie mich natürlich wieder. Der Studentendispo! Ja, der musste wirklich abbezahlt werden, und noch mehr Stunden im Callcenter waren einfach nicht drin, ohne ansonsten die kompletten Vorlesungen zu verpassen.

Nun musste ich grinsen. Meine zwei Mitbewohner wussten genau, welche Knöpfe sie bei mir drücken mussten. Ich saß am Frühstückstisch vor meinem Pfannkuchen und war kurz davor, einen Job in der Sexindustrie anzunehmen, in einem Land, das mir noch immer fremd war, aber das ich im Laufe der Zeit mein Zuhause nennen würde.

Alle möglichen Gedanken schossen mir durch den Kopf wie ein Feuerwerk, und die Funken, die dabei stoben, hinterließen schmerzhafte Brandwunden. Wieso fiel es mir so schwer? Auf der einen Seite dachte ich an meine liebevolle Familie. Wie würden sie wohl reagieren, wenn sie davon jemals erfahren würden? Wären sie enttäuscht? Würden sie lachen und es genauso sehen wie ich? Auch wenn ich dieses Unterfangen als kleines Abenteuer betrachtete, hatte ich doch das Gefühl, meine Familie zu betrügen. Kurz glimmte in mir der Verdacht auf, dass ich es ihnen nie würde sagen können – oder zumindest nicht so schnell.

Auf der anderen Seite war da noch der Studentendispo, der wirklich schon ziemlich ausgereizt war und mir schon seit Langem schwer auf der Seele lag. In England war alles nun einmal wahnsinnig teuer, und ich arbeitete jetzt schon knapp vierzig Stunden die Woche in dem verhassten Callcenter, um die irrsinnig hohe Miete, den Zug zur Uni und das einfache Essen zu bezahlen. Meine Freunde aus Deutschland konnten nie ganz nachvollziehen, wie grundlegend meine Sorgen in London waren, und ich war jedes Mal genervt, wenn sie mir von ihren zum Teil lächerlichen Problemen erzählten. Ihre Eltern bezahlten die Miete, und den Rest erledigte das BAföG-Amt. Um sich einen kleinen Luxus hier oder da zu leisten, wurde am Wochenende mal kurz im Café nebenan gekellnert. Der Rest der Zeit wurde mit Party und Faulenzen verbracht.

London war da ein ganz anderes Pflaster. Ich schlug mir viele Nächte um die Ohren, um alles genau durchzurechnen. Könnte ich ein paar Pfund sparen, wenn ich einmal weniger den Zug zur Uni benutzen und mir die Unterlagen von einem Kommilitonen schicken lassen würde? Oder vielleicht ginge es auch, jeden Tag nur Reis und eine Dose Thunfisch zu essen? Erst in London habe ich gelernt, was es bedeutet, wirklich existenzielle Sorgen zu haben. Sicherlich ist auch dies Teil des Erwachsenwerdens, doch England als eines der reichsten Länder Europas entwickelt seit Jahrzehnten eine immer größer werdende Kluft zwischen Arm und Reich. Es fängt schon bei der Wohnungssuche an. Sich eine eigene Wohnung zu leisten setzt voraus, einen gut bezahlten Job zu haben. Daher wohnen die meisten in WGs, und zwar nicht nur Studenten, sondern auch Personen, die einen eher durchschnittlichen Job haben. London ist heiß begehrt und somit auch verdammt teuer.

Bezahlbarer Wohnraum ist das Eine, hinzu kommt jedoch, dass der Standard oft zu wünschen übrig lässt. So ist es in London vollkommen normal, dass die schönen, durch den Zweiten Weltkrieg nicht zerstörten Fassaden ein grottiges Innenleben aufweisen. Schimmel, Mäuse, manchmal Ratten, Läuse und die generelle Feuchtigkeit sind meistens an der Tagesordnung. Von maroden oder zum Teil nicht existenten Heizungen mal abgesehen. Ich habe mir mal ein Zimmer angeschaut, das tatsächlich keine eigene Heizung, dafür aber die in London so üblichen einfach verglasten Fenster hatte. Auf die Frage, wie ich es denn dort in der kälteren Jahreszeit aushalten solle, bekam ich nur ein Schulterzucken vom Vermieter und einen Hinweis auf portable Heizungen aus dem Baumarkt. An diesen Tagen vermisste ich meine Heimatstadt Hamburg immer ganz besonders. Vor allem die kuschelige Wohnung meiner Mutter, die immer warm und trocken ist. Aber das ist nun einmal der Preis, den man in London zu zahlen hat, und als Ausgleich bekommt man eine Menge: den Puls einer Großstadt, der stetig und mit ungemeiner Energie durch die Straßen jagt. Dafür musste ich, wenn ich in London bleiben wollte, einiges in Kauf nehmen – oder mich in Verzicht üben. Die großen Shoppingtouren, nach denen ich mich so sehnte, waren schon seit Längerem auf Eis gelegt. Ich war jung, ich war arm, und ich lebte in London. Nein, ich *wohnte* in London. Leben war das nicht, mehr ein *Über*leben, und vielleicht war dies der Grund, warum ich einen Entschluss fasste: Ich würde die Tanzerei eine Nacht versuchen. Es bestand ja kein Risiko. Am ersten Abend musste man keine Housefee bezahlen, und somit blieben nur die Kosten für das Taxi, das ich sicherlich gegen einen Nachtbus eintauschen konnte.

»Okay, ich gehe heute Abend hin. Damit ihr endlich Ruhe gebt!« Ich grinste verschmitzt, und Nevada und Big T klatschten in die Hände.

»Geht doch, Darling!« Meine Mitbewohnerin schnurrte in meine Richtung.

»Wie wäre es mit einem kleinen Vorgeschmack?«, fragte Big T. »Ich bin ein echter Connaisseur und könnte dir hier und da noch ein paar Tipps geben.«

Typisch Big T – er konnte es einfach nicht lassen.

Als ich die U-Bahn betrat, war mir flau im Magen. Ich setzte mich neben einen attraktiven jungen Mann und legte meine Tasche nervös auf meinen Schoß. Darin waren meine Klamotten für den heutigen Abend: ein schwarzes Nachthemd mit weißer Spitze, das mir bis zu den Knien ging und sich unglaublich leicht und sinnlich an den Körper schmiegte. Es erinnerte vom Stil her ein wenig an die Kleidung eines französischen Dienstmädchens. Dazu wollte ich einen schwarzen BH und ein kleines passendes Spitzenhöschen tragen, das ich in meinem Kleiderschrank gefunden hatte.

Nach dem Frühstück waren Nevada und ich direkt nach Camden gefahren, wo es einige Schuhläden gab, die Stripperschuhe verkauften. Der indische Shop-Inhaber schien kein bisschen beeindruckt davon zu sein, dass ich mit hochrotem Kopf mehrere Paare anprobierte. Um meine rasenden Gedanken, was er wohl von mir denken mochte, zu beruhigen, stellte ich mir vor, dass er die Schuhe nach Ladenschluss selbst trug. Das Bild, wie dieser kleine dunkle Mann mit dem schütteren Haar und dem dicken Bauch auf seinen Storchenbeinchen in fünfzehn Zentimeter hohen Absätzen herumstolzierte und den Laden säuberte, brachte mich zum Lachen. Masala hot!

Die Schuhe, in die ich mich hineinzwängte, waren zwar aus Plastik, jedoch teurer als die meisten Lederschuhe. 70 Pfund sollte der Spaß kosten, und ich ging volles Risiko ein. Mit meinen letzten Geldscheinen bezahlte ich die Schuhe in der Hoffnung auf einen lukrativen Abend. Meinen Job im Callcenter hatte ich so gut wie verloren. Aber wie sagt man so schön? No risk, no fun.

Die U-Bahn holperte gerade durch den Piccadilly Line Tunnel, und bei jeder Bewegung spürte ich den harten Kunststoff der Schuhe durch meine Tasche. Worauf hatte ich mich da bloß eingelassen? In diesem Moment bemerkte ich, dass mich der hübsche Kerl neben mir anlächelte. Ich spürte, wie ich rot wurde.

»Hey, bist du okay?«

»Wie bitte?«

»Du siehst so verängstigt aus. Bist du okay?«

»Hm, gute Frage. Ich bin etwas nervös, weil ich gleich einen neuen Job anfange.«

»Oh, cool. Wo denn?«

Und da war sie, die Frage aller Fragen. Was sollte ich bloß antworten?

Stille.

»Im West End.«

Nicht gelogen!

»Was für einen Job im West End?«

War das nur meine eigene Paranoia, oder hörte ich einen leicht misstrauischen Ton in seiner Stimme?

»Als Kellnerin.«

Okay, das war gelogen.

»Cool, wo denn?«

Ich zuckte kurz zusammen und überschlug im Kopf die Möglichkeiten. Sollte ich noch weiter lügen? Oder doch die Wahrheit sagen?

Zum Glück war der Typ jedoch feinfühliger als erwartet und sagte direkt im Anschluss: »Sorry, ich bin ganz schön neugierig, nicht wahr? Dabei geht es mich wirklich nichts an. Ich dachte nur, dass du mich interessierst und dass ich dich gerne wiedersehen würde. Ist das möglich?«

Nun wirkte er etwas aufgeregt. Ich lächelte und war froh, dass ich nicht weiter lügen musste. Wir fuhren gemeinsam bis zur Tottenham Court Road, an der ich umsteigen musste, und er gab mir seine Nummer, die ich nie anrufen würde.

»Ruf mich an. Wir können ja mal etwas trinken gehen.«

Sein Name war Fidelio. War das nicht das Passwort für die Orgie im Film »Eyes Wide Shut« gewesen? Ich musste an meine Mutter denken, die immer sagte: »Es gibt keine Zufälle im Leben!« Vielleicht waren es die Schuhe in meiner Tasche, vielleicht meine Nervosität, die diesen attraktiven jungen Mann auf mich aufmerksam gemacht hatten. Wie auch immer, es war auf jeden Fall ein guter Anfang.

Umsteigen in Tottenham Court Station war eines meiner fast täglichen Rituale. Kaum eine andere Station besuchte ich so oft. Hier traf ich mich mit Freunden, um mich danach ins Londoner Nachtleben zu stürzen, hier wechselte ich oft die Linien, und von hier ging es auch zu einer der größten Einkaufsstraßen Londons.

Doch diesmal war alles anders, diesmal sollte mich der Umstieg in die Central Line auf direktem Weg zu meinem neuen Dasein als Tabledancerin führen.

»Next stop: Bond Street. Please mind the gap between the train and the platform.«

Die Türen gingen auf, und schon war ich da. Während ich mich zur Rolltreppe aufmachte, hatte ich das Gefühl, dass mich alle Leute, denen ich begegnete, anstarrten. Es war, als hätten sie Röntgenaugen, die durch mich und meine Tasche hindurchsehen konnten. Eine dicke rothaarige Frau vor mir auf der Rolltreppe starrte ganz besonders penetrant, als wollte sie mich für mein Vorhaben rügen. Ich blickte demonstrativ in die andere Richtung. Oben angekommen drückte ich mich durch die Menschenmassen und fand im Zickzack meinen Weg durch das Straßenlabyrinth. Noch einmal links abbiegen, dann stand ich auch schon vor dem Golden Girls.

Es war erst halb acht, und ich hatte noch ein wenig Zeit. Als ich die Tür zum Klub aufzog, kam der Türsteher der letzten Nacht auf mich zu.

»Ah, da ist ja die Neue mit dem großen Unterhöschen. Guten Abend, Darling.«

Große Unterhose? Wovon spricht der Typ? Soso, ich verstehe, Stil und Klasse sind nicht unbedingt sexy, zumindest nicht in diesem Gewerbe!

»Äh, hallo. Es ist mein erster Abend. Wo muss ich hin?«

Zum Glück war das Licht an der Rezeption gedämpft, sonst wäre ihm meine dunkelrote Gesichtsfarbe sicher aufgefallen.

»Entspann dich, Kleine, geh einfach runter und frag eines der Mädels, die helfen dir schon weiter. Aber vorher musst du dich noch in die Taxiliste eintragen.«

»Ich wollte mit dem Bus nach Hause fahren.«

»Nix da, hier fährt keiner mit dem Bus nach Hause. Alle Tänzerinnen nehmen einen Wagen vom Taxiunternehmen unseres Vertrauens. Wir können schließlich nicht riskieren, dass euch nach der Arbeit etwas passiert.« Er lächelte und offenbarte dabei seine schiefen Zähne.

Okay, das klang zwar in meinen Augen etwas dramatisch, aber grundsätzlich fand ich die Idee ganz gut. Ich hoffte nur, dass ich heute Abend genug Geld verdienen würde, da ich nur noch 10 Pfund in der Tasche hatte. Das würde kaum für eine Fahrt in den Norden reichen. Ich trug mich und die Gegend, in der ich wohnte, in die Liste ein, bevor ich mich in die Tiefen des Klubs aufmachte. Mein Herz schlug wie verrückt, und ich war mir sicher, dass jeder es hören musste.

Unten angekommen nahm mich Sam in Empfang.

»Ach, da bist du ja. Komm, ich stell dich den anderen vor.«

Und so liefen wir quer durch den Klub bis zur Umkleide. Der Gastraum, der gestern noch einem warmen und behaglichen Boudoir geähnelt hatte, war hell beleuchtet, und während ich mich umsah, fiel mir auf, dass alles wesentlich schäbiger aussah als in der Nacht zuvor.

Sam öffnete die Tür und schob mich in einen kleinen, spärlich eingerichteten Raum, der mich an den Kostümfundus eines Theaters erinnerte. Hier drin war Platz für ungefähr dreißig Tänzerinnen. Überall lagen oder hingen glitzernde Kleider in knalligen Farben. Etwa zwölf Frauen waren gerade dabei, sich in Schönheiten der Nacht zu verwandeln. Die meisten saßen nur im Stringtanga auf kleinen Hockern und schminkten sich. Die Umkleide selbst war nur etwa vierzig Quadratmeter groß und lang gezogen wie ein Zugwaggon. Auf beiden Seiten hingen große Spiegel, damit man sich von vorne und von hinten betrachten konnte. Das Licht war leider sehr grell, sodass ich mir schwor, mich nicht zu viel von hinten zu betrachten.

»Hi Girls, das ist Juliana. Sie hat heute ihren ersten Abend, also seid bitte nett.« Sam nickte mir zu und verließ dann wieder den Raum.

Ich stand zunächst schüchtern an der Tür herum, suchte mir dann jedoch einen Platz neben einer hübschen Brünetten.

»Hi. Ich bin Sofia. Nice to meet you«, stellte sie sich mir vor.

»Hi, und ich bin Saphire«, sagte eine schlanke und sehr nackte Blondine. Sie stand komplett entkleidet im Raum und föhnte sich gerade die nassen Haare. Ich bemühte mich, ihr in die Augen zu sehen, obwohl das gar nicht so einfach war. Sie hatte ein großes Tattoo, das sich von ihrem Oberschenkel über ihren Schambereich und den Bauch erstreckte. Es war eine große und gierig aussehende Schlange. Fehlte nur noch die Zunge an der richtigen Stelle! Unwillkürlich musste ich wieder an den Mann denken, der mir wie ein verängstigtes Kaninchen vorgekommen war, und musste grinsen.

Die anderen Mädchen winkten gelangweilt und nuschelten mehr oder weniger freundlich ihre Namen. Egal, ich fühlte mich gleich besser und begann, meine Sachen auszupacken.

»Du tanzt zum ersten Mal, nicht wahr?«

»Ja, ist es so offensichtlich?«

»Naja … dein Outfit. Es ist von La Senza, oder?«

»Das stimmt. Wieso? Ist das nicht gut?«

La Senza war ein schöner und vor allem preiswerter Unterwäscheladen in England.

»Doch, natürlich. Dein Outfit sieht nur etwas langweilig aus. Schwarz ist sowieso eine schwierige Farbe. Die meisten Tänzerinnen hier tragen Kleider, die extra für Tabledancer gemacht sind. Viel Strass, sexy und in möglichst bunten Farben. Na ja, du wirst dir schon was einfallen lassen, wenn du hier länger arbeiten solltest.«

»Lass gut sein, Sofia. Ich finde das Outfit ganz süß! Hi, ich bin Mona.«

Mona war eine große Blondine mit endlos langen Beinen, falschen Brüsten und harten Gesichtszügen. Sie trug ein kurzes rot-orangefarbenes Kleid mit so viel Strass, dass es den Eindruck machte, als würde es brennen. Ich konnte mir lebhaft vorstellen, wie es auf der Bühne wirken musste.

»Ich hab dich gestern Abend tanzen sehen. Du warst ziemlich gut. Man hat gemerkt, dass es dir Spaß gemacht hat. Du wirst dich hier gut machen, davon bin ich überzeugt.«

Mona zwinkerte mir zu und marschierte hinaus in den Klub.

Sofia nickte zustimmend. »Bleib einfach locker und frag so viel, wie du magst. Sam ist ein ganz netter Typ. Man kann ihm vertrauen – wenn man das von Männern überhaupt sagen kann. Goldie ist derjenige, auf den du aufpassen musst. Entweder du magst ihn oder eben nicht, obwohl ich kaum jemanden hier kenne, der ihn wirklich ernst nimmt, oder?«

Sofia fing laut zu lachen an, und bald kicherte der ganze Umkleideraum. Überhaupt schien die Atmosphäre sehr gelöst, und ich hatte zu keiner Zeit das Gefühl, misstrauisch gemustert oder angefeindet zu werden. Es wirkte eher wie ein Abend unter Freundinnen, die sich für die nächste Party aufbrezelten – mit dem Unterschied, dass hier alle mehr oder weniger nackt waren.

Aber grundsätzlich war die Stimmung gar nicht mal so übel. Ich machte mich schnell fertig und setzte mich mit Sofia an einen der hintersten Tische im Klub. Sie schien eines der intelligenteren Mädchen zu sein, war sehr eloquent und witzig. Ich war mir sicher, wir würden uns gut verstehen.

»Süße, die wichtigste Regel im Klub: Du bist nicht hier, um Freunde zu finden, sondern um Geld zu verdienen. Also quatsch nicht zu viel mit den Typen, egal, wie hübsch der ein oder andere sein mag.«

Wenige Minuten später rief mich Sam in den VIP-Bereich, um mit mir die Formalitäten zu besprechen. Kurz bevor ich den gläsernen Würfel betrat, betrachtete ich mich in der reflektierenden dunklen Scheibe. Hier war ich also: dunkle Haare, tiefer Ausschnitt in meinem kleinen Dienstmädchen-Kostüm. Die extrahohen Absätze ließen meine Beine lang und schlank aussehen. Gar nicht mal so schlecht, auch wenn ich natürlich völlig überschminkt war für meine Verhältnisse. Neben den anderen Mädchen wirkte ich dennoch eher farblos und ein wenig schlicht. Eine Anfängerin, ganz klar.

Das muss für heute Abend reichen. Wer weiß, vielleicht komme ich ja nie wieder.

Sam winkte schon ungeduldig, als ich mich ihm gegenüber auf den Stuhl fallen ließ. Das war also der VIP-Bereich ohne atmosphärische Beleuchtung. Nix Besonderes, wirklich. Ich konnte kaum glauben, dass es Leute gab, die bereit waren, eine Flasche Champagner für 300 Pfund und Tanzgutscheine im Wert von 500 Pfund zu kaufen, um hier reinzukommen. 800 Pfund waren für mich zu diesem Zeitpunkt eine utopische Summe. Es sollten Monate vergehen, bis ich mich an diese Beträge gewöhnen sollte.

»Bist du nervös?«

»Ja, natürlich.«

»Brauchst du nicht. Wir haben überall Türsteher, die sofort eingreifen, wenn dir irgendjemand zu nah kommen sollte. Das passiert hier aber so gut wie gar nicht. Wir haben anständige Gäste mit Niveau. Hast du dich schon in die Taxiliste eingetragen?«

Ich nickte.

»Gut, das ist die nächste Regel. Keiner fährt hier alleine weg, es sei denn, du wirst von deinem Freund oder Ehemann abgeholt, ansonsten geht es nur mit dem Taxi. Auch wenn wir bisher keine Zwischenfälle hatten, wir wollen kein Risiko eingehen, dass einer von euch etwas passiert.«

In diesem Moment kam Carrie, die Bedienung vom gestrigen Abend, mit einem Glas Sekt rein.

»Hier, für dich. Als Neuling brauchst du das bestimmt.«

Definitiv! Immer! Wenn das so weitergeht, werde ich zur Alkoholikerin.

Sam zwinkerte und erklärte mir alle weiteren Regeln des Klubs. Ich musste mich beim DJ melden und ihm erklären, welche Musik ich gerne hörte und zu welchen Liedern ich tanzen wollte. Bei jeder Bühnenshow musste ich zwei Songs lang tanzen. Den ersten bekleidet, den zweiten oben ohne. Wenn sich ein Gast zu mir an die Bühne setzte und mir ein Trinkgeld geben wollte, durfte ich dieses nur aus der Hand annehmen oder von der Tanzfläche aufsammeln. Es durfte überhaupt kein Körperkontakt stattfinden. Was man von der Reeperbahn oder von Las Vegas kennt, wo die Scheine gerne direkt in den Slip gesteckt werden, war absolutes Tabu im konservativen London. Es gab viele Frauen, die Strumpfbänder trugen, in denen sie das

Geld verwahrten, doch war es dem Gast untersagt, das Geld dort selbst unterzubringen. Dies hatte den Vorteil, dass die Tänzerin sich einem Besucher zuwenden und trotzdem zu jedem Zeitpunkt Distanz wahren konnte. Vielleicht war dies das Geheimnis der englischen Striplokale: Je mehr der Besucher auf Distanz gehalten wurde, umso erotischer wurde die Situation, und umso mehr Geld zahlte er, um die Aufmerksamkeit der Tänzerin auf sich zu ziehen.

Das Tanzen auf der Bühne verlief auf Basis der Rotation. Je öfter man zu sehen war, um so öfter bekam man Trinkgelder. Ansonsten war es unsere Aufgabe, durch den Klub zu laufen und zu versuchen, einen Tabledance zu bekommen. Ein Tabledance war ein Tanz direkt am Tisch, nur für den jeweiligen Gast. Der Abstand zwischen Tänzerin und Gast betrug dabei wenigstens einen Meter. Es war maximal oben ohne erlaubt. Wollte jemand einen komplett nackten Tanz, musste die Tänzerin den Gast mit an die Seitenränder der Bühne nehmen. Die Bühne war t-förmig aufgeteilt. Links und rechts konnte Platz genommen werden, in der Mitte war der Catwalk mit der Stange. Jeder Tabledance kostete 10 Pfund, jeder Tanz an den Seitenrändern der Bühne 20 Pfund. Da wir uns in einem recht konservativen Stadtteil Londons befanden, war hier das Gesetz auch besonders strikt, was uns Mädchen nur recht sein konnte.

»Wir sind eine Art Cabaret und kein schmutziger Klub, also erwarten wir von unseren Tänzerinnen auch, dass sie sich dementsprechend verhalten. Ich will keine pinkfarbenen Körperteile sehen, verstanden?«

Ich nickte wieder.

»Du verdienst am einfachsten viel Geld, wenn du dich erst in der letzten Sekunde ausziehst und dann fragst, ob du noch mal tanzen sollst. Ist ganz einfach. Heute Abend zahlst du keine

Housefee, weil es dein erster Abend ist. Ab morgen wirst du behandelt wie jede andere. Und noch etwas, wir haben nebenan ein italienisches Restaurant und bieten unseren Mädels an, dort bis halb zehn etwas zu essen. Dann müsst ihr aber im Klub sein, ansonsten ist eine Strafe von 50 Pfund fällig. Das erste Glas Sekt ist umsonst, alle weiteren Getränke müsst ihr euch kaufen lassen oder selbst bezahlen. Und damit das klar ist: Ihr sollt elegant rüberkommen, also nicht volllaufen lassen, und niemals mit brennender Zigarette durch den Klub laufen! Wenn Goldie schlechte Laune hat, wirst du wegen so etwas gefeuert.«

Das konnte ich mir vorstellen. Dieser kleine kapriziöse Mann in der Aufmachung eines sizilianischen Gangsterbosses konnte wütend werden, wenn eines seiner Kätzchen nicht so wollte wie er. Zum Glück rauchte ich nicht.

Sam erklärte mir, wo die Notausgänge waren und was im Falle eines Notfalls zu beachten war, und dann waren wir auch schon durch.

»Zu keiner Zeit darf jemand versuchen, dich anzufassen. Wenn ein Gast frech wird, dann rufst du einen der Türsteher. Eure Sicherheit geht immer vor. Als letzten Punkt: Benutze nie deinen richtigen Namen. Jede Tänzerin hier hat einen Bühnennamen. Hierbei geht es nicht um Attitüde, sondern um euren persönlichen Schutz. Erzähl niemandem, wo du wohnst und was du in deiner Freizeit machst. Heißt du wirklich Juliana?«

Ich schüttelte verlegen den Kopf.

»Sehr gut. Verrate deinen echten Namen niemandem. Hier im Klub bist du Juliana. Aber wenn die Nacht vorbei ist, lässt du sie hier und nimmst sie nicht mit nach Hause.« Er lächelte, und seine Augen sahen dabei fast ein wenig traurig aus.

Ich empfand den letzten Satz als unwahrscheinlich romantisch und war etwas erstaunt über die Tiefe, mit der mir Sam hier inmitten eines Stripklubs begegnete. Heute kann ich sagen, dass dieser Rat einer der wichtigsten in meiner Laufbahn als Tänzerin war und mir auch in meinem weiteren Leben immer zugutekam. Er half mir, in einer Welt gesund zu bleiben, die beides war: glamourös und so verdammt brutal zugleich.

Nach meiner Unterhaltung mit Sam ging ich mit Sofia in das italienische Restaurant nebenan. Es war kaum verwunderlich, dass wir den Tisch in der hintersten und dunkelsten Ecke zugewiesen bekamen. Wir mussten ein recht anzügliches Bild abgeben: Ein Dutzend aufgedonnerter Frauen stöckelte durch das Restaurant, und das Klackern unserer riesigen Plastikabsätze hallte garantiert bis in den letzten Winkel des Lokals. Und wie auf Knopfdruck öffnete sich dann auch die Tür zur Küche, und die Köche grinsten uns an. Für sie musste unser Auftritt das Highlight des Abends sein. Die Tänzerinnen waren da! Vielleicht spitzelte ja hier und da noch eine Brustwarze hervor, oder man konnte die Farbe des Höschens erkennen. Mamma mia!

Mir war das Ganze dennoch ein wenig peinlich, und so hielt ich meine kleine Handtasche schützend vor meinen tiefen Ausschnitt, wandte den Kopf ab und hoffte, dass mich niemand erkannte. Die Pärchen, die ringsum an den Tischen saßen, beäugten uns misstrauisch; zumindest die Frauen. Die Männer versuchten meist, nicht allzu auffällig zu uns rüberzustarren, vermutlich, weil es dann Ärger mit der Liebsten gab. Ich konnte das durchaus verstehen. Frauen, die in der Sexindustrie arbeiten, machen häufig einen furchterregenden Eindruck auf andere weibliche Wesen. Als warteten sie nur darauf, sich auf die Männer der anderen zu stürzen. Dabei ist mir im Laufe meiner Karriere immer wieder aufgefallen, dass es zumindest unter den Stripperinnen eine Art Ehrenkodex und so etwas wie Anstand gab. Niemals wurde es toleriert, wenn eine andere Frau sich in eine Beziehung drängen wollte, und es wurde sehr wohl differenziert, wer bei einer Affäre die Schuld trug. War es der Kerl, wurde er bestraft; war es eine andere Frau, wurde sie geächtet.

Wir bestellten Pasta und Salat. Ich war erstaunt, mit welch gesundem Appetit sich die meist sehr dünnen Mädchen über das Essen hermachten. Erst viel später erfuhr ich, dass viele nur einmal pro Tag aßen. So erklärten sich auch die schlanken Figuren.

Sofia stellte mich bei allen vor, und nun war es wieder Zeit zu lügen. Natürlich wurde ich gefragt, woher ich kam. Ich beherzigte Sams Worte und erzählte, dass ich ursprünglich aus Mittelamerika kam, Costa Rica, um genau zu sein. Das war natürlich Unsinn, aber es war die perfekt fingierte Identität für mich. In meiner Jugend hatte ich einige Jahre bei meinem Vater verbracht, der in Costa Rica geschäftlich zu tun gehabt hatte. Ich sprach also fließend Spanisch und kannte mich in dem Land sehr gut aus. Da ich darüber hinaus klein, kurvig, dunkelhaarig und mit leicht olivfarbener Haut war, nahmen mir die anderen meine Lügengeschichte ohne Weiteres ab. Juliana aus Costa Rica, na, wenn das keine interessante neue Identität für mich war! Und eine Bereicherung für mein weiteres Leben – auch wenn ich das zu diesem Zeitpunkt noch nicht wissen konnte.

Meine Tagliatelle all'arrabbiata wurden gebracht, und Sofia erklärte mir mehr über den Tabledance-Kosmos.

»Sei immer nett zum DJ, dann spielt er ordentliche Musik. Aber lass dich nicht anbaggern. Der Typ ist ein Loser und hat nur Freunde, weil er in einem Stripklub arbeitet und ab und zu Freikarten von Goldie für seine Kumpels bekommt.«

Die Bühnenshow ist beim Strippen wichtig, um einen guten Eindruck beim Publikum zu hinterlassen. Das A und O ist dabei der Blickkontakt. Schon während man auf der Bühne tanzt, muss man erkennen, wer gerade besonders interessiert guckt, sodass man später einen Tabledance abkassieren kann. Sich gut bewegen zu können ist eine Grundvoraussetzung, aber mindestens genauso wichtig ist es, zu flirten. Hier ein Lächeln, da ein Zwinkern, möglichst nicht zu viel und nicht zu wenig. Die richtige Mischung muss es sein.

»Verschwende nie deine Zeit an jemanden, der kein Geld hat. Das hier ist Business und nichts weiter.«

Sofia klang bei diesen Worten recht ernst, und sie hatte ihre Gründe. Sie war in Brasilien geboren und aufgewachsen. Ihr Vater war Engländer und ihre Mutter Brasilianerin, das erklärte auch, warum sie eine Zeit lang in englischen Internaten verbracht hatte. Ihr Eltern hatten irgendwas mit Im- und Export zu tun, und es schien ihnen finanziell ganz gut zu gehen. Sofia tanzte schon ein paar Jahre lang und hatte sich mit dem Nebenerwerb ihr komplettes Medizinstudium finanziert. Das Geschäft schien gut zu laufen, denn sie wohnte mit ihrer Schwester in einem Appartement in Hampstead, einem schicken Londoner Stadtteil. Ich nehme mal an, die Tanzerei war für sie nicht nur eine gute Art zum Geldverdienen, sondern genauso ein Abenteuer wie für mich. Somit hatten wir gleich etwas gemeinsam.

Die Bühnenshow, das machte mir Sofia unmissverständlich klar, ist immer eine Art Audition – nur eben für das Publikum. Gefällst du den Gästen, regnet es schon vorab Scheinchen. Und danach tanzt man sich einfach von Tisch zu Tisch. Das mag leicht klingen, ist jedoch harte Arbeit. In einer siebenstündigen Schicht kommt es durchaus vor, dass man (bis auf wenige Pausen) fünf Stunden lang durchtanzt. Das ist körperlich anstrengend, aber finanziell gesehen natürlich fantastisch.

Während des Essens kamen immer mehr Frauen an unseren Tisch und bestellten Pizza und Pasta. Einige von ihnen kamen meinem Vorurteil über Stripperinnen schon ziemlich nah. Sie waren laut, ungebildet und ordinär, meist recht jung, Anfang bis Mitte zwanzig, mit blondierten Haaren und zu viel Schminke im Gesicht. Die meisten waren allerdings eher ruhig, und ich hörte neben Russisch auch Portugiesisch und einige andere Sprachen, meistens jedoch Englisch.

Als wir fertig waren, gingen Sofia und ich zurück in den Klub. Es war mittlerweile nach 21 Uhr, und der Klub hatte seine Pforten für die Besucher geöffnet. Die Beleuchtung war so, wie ich es von der Nacht zuvor in Erinnerung hatte: viel rotes und blaues Licht. Eigentlich ganz gemütlich.

Schon kurz darauf wurde die erste Tänzerin auf die Bühne gerufen: »Madison, on stage please. Madison, on stage!«

Das war das Zeichen, dass die ersten Gäste im Anmarsch waren. Showtime.

Madison war eine langbeinige Brünette, die komplett gelangweilt auf die Bühne stakste. Erst als die ersten Männer an der Bar zu sehen waren, ging auch das Licht in Madisons Gesicht an. Ihre lange dunkle Mähne flog im Scheinwerferlicht von einer Seite zur anderen, und schon bald hatte sie das Interesse von einem der Anzugträger geweckt.

Ich saß neben Sofia an einem der vielen kleinen Tische am Bühnenrand und beobachtete das Spektakel. Komischerweise fühlte ich mich bei Madisons Auftritt kaum peinlich berührt, auch nicht, als erst das Kleid und dann schließlich der BH in unseren Schoß flogen. Madison zwinkerte mir dabei zu, und ich glaube, dies war der einzige Moment, in dem ich tatsächlich ein wenig rot wurde. Ich war vollkommen fasziniert von ihren sinnlichen Bewegungen. Madison schien auf der Bühne beinahe zu schweben. Und so musste Sofia mich aus meiner Trance reißen, nachdem mein Name zum zweiten Mal aufgerufen wurde.

»Juliana, on stage please, next one our newcomer Juliana!«

O Gott! Das bin ja ich!

Nervös und benommen schaffte ich es auf die Bühne, ohne dabei umzuknicken, und bewegte mich hektisch und unsicher zu Carlos Santanas »Maria«. Der DJ hatte sich einen Scherz erlaubt und wollte mir aufgrund meiner Herkunft wohl mit dem Song schmeicheln. Als danach noch »Black Magic Woman« gespielt wurde, war mir klar, dass diese Musik bald mein Markenzeichen werden würde. (Eine kleine Anmerkung an Herrn Santana: Ich hoffe, Sie fühlen sich geehrt, sollten Sie jemals erfahren, wie viele Mädchen sich auf der ganzen Welt zu Ihren Songs ausziehen, und das mit derselben Leidenschaft, die Sie Ihrer Gitarre entgegenbringen ...)

Auf der Bühne versuchte ich, mich möglichst grazil zu entkleiden und dabei noch ordentlich zu tanzen. Das ging gerade so. Dabei noch zu flirten entpuppte sich als wesentlich schwieriger. Ich konnte durch das Scheinwerferlicht nämlich nicht wirklich viel sehen und das Publikum nur erahnen, also beließ ich es bei einem allgemeinen Lächeln ins Nirgendwo. Es waren ja zum Glück noch nicht so viele Männer da.

Sobald die Songs vorbei waren, rannte Sofia schon auf mich zu.

»Komm mit, ich habe dir deinen ersten Tabledance beschafft!«

Sie zog mich an der Hand zu einem Tisch, an dem eine Handvoll Männer saß. Madison war gerade dabei, ihre blanken Brüste zu zeigen, und grinste mir zu.

»Hier, das ist Juliana, unsere Neue. Los geht's!«

Bevor ich protestieren konnte, war es eigentlich auch schon wieder vorbei. Ich erinnere mich nur noch daran, dass ich mich ein paar Mal hin und her gedreht und zu schnell mein Top ausgezogen habe. Den versammelten Bürohengsten schien das aber ganz gut zu gefallen, denn einer von ihnen forderte mich auf weiterzumachen. Am Ende bekam ich 50 Pfund für drei Topless-Tänze, die jeweils vier Minuten gedauert hatten. Das war so viel, wie ich in acht Stunden im Callcenter bei Stefan verdient hatte. Ich war begeistert!

Die Nacht verging wie im Flug. Sofia organisierte mir die meisten Tänze, und als die Lichter im Klub angingen und den Feierabend ankündigten, war ich total fertig vom Adrenalin und von der ganzen Tanzerei. Natürlich rang in mir immer noch eine Mischung aus Scham und Spaß, allerdings spürte ich deutlich, welches Gefühl überwog und über kurz oder lang den Sieg davontragen würde.

Als mein Taxi kam, gab mir Sofia ihre Telefonnummer und rief: »Bis morgen! Du kommst doch?«

Doch statt einer Antwort lächelte ich nur.

Erschöpft saß ich später auf meinem Bett. Nevada hatte zwar auf mich gewartet, war jedoch im Wohnzimmer auf der Couch eingeschlafen. Ich brachte es nicht übers Herz, sie zu wecken, auch wenn sie am nächsten Tag mit Sicherheit sauer auf mich sein würde. Ich wusste, sie war neugierig, wie mein erster Abend als Stripperin gelaufen war. Der Fernseher lief im Hintergrund, und vor mir lagen die vielen eingerollten Scheine aus meinem Strumpfband. Insgesamt hatte ich 260 Pfund verdient. Nicht gerade viel, wie sich in der Zukunft herausstellen sollte, aber doch genug, dass es meinen Verdienst im Callcenter locker ausstechen konnte. So viel hatte ich dort nach einer Woche ohne Bonus verdient. Sechs Tage voll harter, stupider Arbeit. Das war auch der Grund, warum ich wieder zurück in den Klub wollte. Aber nicht nur des Geldes wegen: Die Sinnlichkeit eines gekonnten Striptease hatte mich in ihren Bann gezogen, und ich wollte unbedingt lernen, wie das geht. Genau das hatte Sofia in meinen Augen gesehen und war sich vermutlich deshalb so sicher gewesen, dass ich zurückkommen würde.

8

Rock Your Body

Justin Timberlake

Mittlerweile waren die ersten Wochen seit meinem Debüt als Tänzerin im Golden Girls vergangen, und ich war nach wie vor glücklich darüber, mich für den Klub und gegen das elendige Callcenter entschieden zu haben. Ich fühlte mich super! Der größte Moment war, bei Stefan meinen Job zu kündigen. Der konnte es gar nicht glauben und hatte gehofft, mir noch ein gewaltiges Donnerwetter verpassen zu können, weil ich mehrere Tage unentschuldigt gefehlt hatte. Ich machte mir nicht einmal mehr die Mühe, direkt ins Büro zu fahren, sondern rief ihn kurzerhand an. Als ich ihm mitteilte, dass er alle meine Schichten für den kommenden Monat streichen müsse, selbstverständlich auch die am Wochenende, war er sprachlos. Nachdem er sich wieder halbwegs gefangen hatte, versuchte er es mit Druck.

»Du wirst nie mehr hier arbeiten können, wenn du von heute auf morgen einfach alle Schichten absagst! So geht das nicht, Madame.«

»Doch, genau so geht das«, entgegnete ich gelassen.

Erneute Stille. Mittlerweile musste ich nur noch grinsen, als ich ihn mir vorstellte, wie er mit hochrotem Kopf fassungslos vor seinem Schreibtisch hin- und herlief. Er fluchte leise vor sich hin. »Das ist eine Frechheit! Einfach unglaublich!«

Ich ließ ihn meckern und legte einfach auf, als abzusehen war, dass er sich nicht mehr beruhigen würde. Es hatte sich im wahrsten Sinne des Wortes »austelefoniert«.

Nevada musste leider noch für ein paar weitere Wochen zum Sklavendienst antreten, bis auch sie einen neuen Job fand – genug Zeit für Stefan, seinen Frust an ihr auszulassen. Ich belohnte sie für ihr Durchhaltevermögen mit regelmäßigen Einladungen in ihre Lieblingsrestaurants – und davon gab es einige.

Ich fühlte mich fantastisch, beinahe schon ekstatisch. Kein Arschlochchef mehr! Keine stupide Marktforschung mehr! Keine Telefoniererei am Wochenende mehr! Stattdessen das sprichwörtlich erhebende Gefühl, dass mein Hintern den Kampf gegen die Erdanziehungskraft antrat. Findet ihr nicht auch, dass das Arbeiten im Büro früher oder später zu einem flachen Hintern führt? Ganz ehrlich, wie soll man sexy und straff bleiben, wenn man sein halbes Leben lang auf dem Allerwertesten sitzt? Da bringt auch die halbe Stunde Fitness am Abend nichts!

Doch dieses deprimierende Dasein auf dem Schreibtischstuhl war nun vorbei. Ich war Studentin am Tage und Tänzerin an drei Abenden in der Woche. So despektierlich diese Profession auf den ersten Blick auch scheinen mag, sie verschaffte mir Respekt in Form von finanzieller und persönlicher Anerkennung. Und ach ja, liebe Barclays Bank, nur für den Fall, dass ihr euch wundert, wie die junge Deutsche auf einen Schlag ihren Dispo ausgeglichen hat: Mein Arsch war im wahrsten Sinne des Wortes all das Geld wert – zumindest das Wackeln damit!

Natürlich war die richtige Technik des Powackelns die Grundvoraussetzung für meinen Verdienst. Meine Bühnenpräsenz verbesserte sich, und somit auch mein Einkommen. Immer häufiger kam es vor, dass mir die Scheine förmlich auf die Bühne geworfen wurden. Nur mein Outfit bekam noch nicht den nötigen Zuspruch, und so beschloss Sofia, dass es an der Zeit für mich war, etwas in mein Äußeres zu investieren.

»Juliana, Darling, du musst mehr aus dir machen und an der

Illusion arbeiten. Du solltest endlich mal von dem Image des netten Mädchens von nebenan loskommen. Niemand will seine Freundin oder Ehefrau auf der Bühne tanzen sehen. Denn darin sind alle Männer gleich: Sie brauchen eine Fantasie!«

Natürlich hatte sie recht. Das war ja die Essenz eines jeden guten Stripklubs: die Illusion. Eigentlich war es wie mit dem Esel und der Möhre. Um den Esel (also die Männer) in Bewegung zu setzen (Geld zahlen), musste man ihm eine leckere Möhre vorhalten (die Illusion, also ihnen neben dem eigenen umwerfenden Aussehen auch noch das Gefühl geben, dass man sie richtig toll fand). Na gut, wenn ich schon eine Möhre sein sollte, dann bitte auch eine möglichst gut aussehende!

Sofia schleppte mich nach Camden, wo eine ehemalige Tänzerin aus Kanada, Mary, einen Klamottenladen für Stripperinnen betrieb. Ihre Kleider waren allesamt selbst designt und wurden in Thailand und Indonesien hergestellt. Viele von ihnen sahen aus wie die Kostüme von Turnier- oder Eiskunstlauftänzerinnen: grelle Farben und viel, viel Strass und Pailletten. Die Boutique war der Himmel für Elstern und Stripperinnen.

Ihr Klamottenlabel hieß »Hot Stuff« und hätte kaum einen passenderen Namen verdient. Selbst das Klingelschild war mit funkelnden Steinchen besetzt. Kaum angekommen wurden wir herzlich von Mary begrüßt und in ihr Ankleidezimmer geführt. Sie bewohnte ein Townhouse inmitten von Camden. Ein Traum über drei Ebenen, viel Holz und noch mehr Licht. Das Ankleidezimmer bestand aus einem etwa dreißig Quadratmeter großen Raum, dessen eine Wand förmlich mit Regalen übersät war. In den Regalfächern lagen nicht etwa Kleider, nein, die hingen alle schön aneinandergereiht an den anderen drei Wänden, sondern G-Strings in allen Farben und Formen. Die meisten konnte man dank kleiner Clips an der Seite aufmachen. Sie hatten so den

Vorteil, dass man sie schnell öffnen konnte – sie waren also perfekt für unsere Tätigkeit.

»Guckt einfach mal durch, welche Kleider ihr gut findet, und dann probiert sie an. Der Spiegel ist gleich hier.«

Mary zog einen riesigen Spiegel aus dunklem Teak und mit goldenen asiatischen Verzierungen zwischen den Kleiderständern hervor.

Sehe ich in dem etwa schlanker aus? Sehr schön.

»Hier, guck mal. Diese Farbe würde dir super stehen!«

Mary reichte mir ein zweiteiliges Kleid in einem satten Rot. Sie hatte recht, der Farbton war wirklich der Knaller! Der Rock war sehr schmal und sexy geschnitten und lief schräg bis zu meinem Knöchel hinunter, sodass mein rechtes Bein fast komplett frei war. Zugegeben, meine kurzen Beine waren nicht wirklich ein Hingucker, doch die asymmetrische Form umspielte meine Kurven charmant, und ich setzte auf die hohen Acrylschuhe mit den transparenten Absätzen, die optisch ohnehin alles noch ein wenig verlängern würden. Zu dem Outfit gehörte ein knappes, mit Strass besetztes Oberteil, das mein Dekolleté sehr gut zur Geltung brachte. Die Farbe passte perfekt zu meinem Hautton und zu meiner Bühnenfigur: Juliana aus Costa Rica. Das war mein Kleid! Dazu wählte ich zwei rote glitzernde G-Strings, deren Preis ich mit 30 Pfund das Stück ziemlich happig fand, wenn man bedenkt, wie wenig Stoff dort eigentlich verwendet wurde. Aber sei's drum, Mary lebte nicht ohne Grund in einem dreistöckigen Townhouse in einem von Londons Szene-Vierteln.

Sofia wurde auch schnell fündig. Sie war eher blass mit langem schwarzen Haar und wählte ein weißes kurzes Kleid, das ihre Endlosbeine und das Schneewittchengesicht vorteilhaft betonte. Es war ein perfekter Nachmittag unter Mädchen. Mary brachte uns zwei Gläser Sekt und dimmte das Licht zur Diskobeleuchtung. Das brachte die Strasssteine erst so richtig zum Funkeln, und es war schnell klar, dass wir im Laufe unserer Karriere in diesem Laden noch ordentlich Geld lassen würden. Und auch nach zwei weiteren Gläsern Sekt blieben wir bei unserer ersten Wahl, verließen, jede um 200 Pfund leichter und ordentlich beschwipst, Marys Wohnung und machten uns auf den Weg zur Arbeit.

Mein nächster Auftritt in meinem neuen Outfit war ein voller Erfolg. Ich bin mir sicher, es lag nicht allein an der rubinroten Farbe oder an den tausend funkelnden Pailletten, sondern vor allem an dem Glitzern in meinen Augen. Ich fühlte mich großartig, wenn ich in den Spiegel sah – aufregend und sexy! Die riesigen Absätze meiner Schuhe verlängerten meine Beine in den Himmel. In Kombination mit meiner bombastischen Stimmung kam das auf der Bühne super zur Geltung. Hinzu kam, dass die ganze Tanzerei mich immer selbstbewusster machte. Früher schlug ich mich, wie die meisten Frauen, oft mit Selbstzweifeln herum und reduzierte mich komplett auf mein Äußeres. Nicht groß genug, nicht schlank genug; nichts war je gut genug. Wie ironisch, dass ich gerade in einer Industrie, die mit dem Verkauf von Sex-Appeal und dem Entblößen des eigenen Körpers ihr Geld verdient, aufging wie eine Knospe im schönsten Frühling.

Heute weiß ich, dass das gute Gefühl, welches man als Tänzerin verspürt, auch mit Macht zu tun. Macht über den eigenen Körper und Macht darüber, die Beobachter in den Wahnsinn treiben zu können. Ein gekonnt in Szene gesetzter Augenaufschlag, die Haare etwas geschüttelt und den Rest in möglichst aufreizender Pose präsentiert; all das waren nützliche Instrumente, um auch die letzte Banknote aus dem Portemonnaie zu locken. Ich wurde mehr und mehr zu einer Expertin auf dem Gebiet, fühlte mich immer selbstsicherer und attraktiver, bis ich eines Tages auf dem Weg zur Arbeit so genüsslich an der Stange im Londoner U-Bahn-Waggon lehnte, dass ich die Blicke der anderen Passagiere in meinem Rücken spürte. Ups!

Um sich bei der Arbeit fertig zu machen, brauchte man zwischen zehn Minuten und zwei Stunden. Es kam immer auf die Frauen selbst an. Wenn sie so waren wie ich, unscheinbar und eher natürlich und darüber hinaus ohne großes Können, was Make-up-Techniken anging, dann reichten zehn bis zwanzig Minuten vollkommen aus, um sich einzucremen, Mascara aufzutragen, sich den Körper mit schimmernder Lotion einzuschmieren (sehr wichtig bei dieser Art von Arbeit!) und sich in einen Hauch von Nichts zu zwängen. Die Expertinnen dagegen brauchten vorneweg zwei Stunden. In vielen Stripklubs in London gab es sogar richtige Visagistinnen, welche die Tänzerinnen für ein Trinkgeld von 10 Pfund professionell schminkten, einen Friseur für die perfekten Locken und Föhnfrisuren, und natürlich eine Stylistin, die uns ständig mit neuen und überteuerten Kleidern versorgte.

Die meisten von uns waren alte Hasen, wenn es darum ging, sich sexy und sinnlich auszuziehen. Das Anziehen war jedoch eine ganz andere Geschichte. Es ist erstaunlich, was man mithilfe von Make-up und guter Beleuchtung alles erreichen kann. Viele der Mädchen, die nach einer Bühnenshow in den Backstage-Bereich zurückkamen, boten in natura ein komplett anderes Bild als auf der Bühne. Nehmen wir beispielsweise Anna: Sie war eine Russin, groß, blond und mit einem harten Gesichtsausdruck. Doch auf der Bühne sah sie aus wie eine Primaballerina. Sie konnte den Spagat in alle Richtungen machen, und eines ihrer Highlights in ihrer Bühnenshow war, wenn sie ihr rechtes Bein senkrecht an die Stange legte. Es sah nicht nur elegant aus, sondern regte mit Sicherheit allerlei Fantasien in den Köpfen der Männer an. Wer schon so gelenkig auf der Bühne war, wie bewegte der sich wohl zwischen den Laken? Сексуальный – Sexy!

Auf der Bühne war Anna eine Göttin. Groß und schlank mit einem perfekten russischen Puppengesicht. Im Tageslicht sah sie jedoch um einiges älter aus, als sie tatsächlich war. Ich denke, das resultierte aus dem Kettenrauchen und ihrer natürlichen Aversion gegen alles, was gesund war. Salat? Spinnst du? Nur wenn er auf dem Burger liegt! Sie war sehr dünn, und trotzdem brachte sie jeden Abend eine Tüte mit Junkfood auf die Schicht. Pommes und Cheeseburger. So ging das eigentlich jedes Mal, wenn ich sie sah. Allerdings rächte sich der ungesunde Lebensstil irgendwann. Ihre Haut war ziemlich fahl, und ohne Make-up sah das liebreizende Puppengesicht doch schon ganz schön verbraucht aus.

Anna war eine Frohnatur. Natürlich liebte sie den Alkohol, und wie die meisten Osteuropäerinnen schien sie Hochprozentiges auch sehr gut zu vertragen. Einige der Mädchen wurden bereits nach zu viel Champagner aggressiv oder emotional, nicht jedoch Anna. Wenn sie trank, verwandelte sie sich regelrecht zur Entertainerin, was sich in diesem Job besonders auszahlte. Ihre lustige und fordernde Art war bei den Männern sehr beliebt, und so war es vollkommen normal, dass sie 1 000 Pfund und mehr pro Nacht verdiente. Das Management liebte sie und setzte sie dank ihrer Unterhaltsamkeit häufig zu den gut betuchten Gästen, die Anna mit großzügigen Trinkgeldern bei Laune hielten. Sehr zum Ärger der anderen Tänzerinnen, die vor dem VIP-Bereich Schlange standen, um ebenfalls mit reichen Gentlemen Champagner zu schlürfen – denn auch das wurde sehr gut bezahlt. Doch gegen Anna waren sie machtlos. Sie nahm die Männer mit jedem Schluck Alkohol wie Weihnachtsgänse aus und war am Ende eines Abends, im Gegensatz zu den Gästen, nicht total besoffen, sondern meistens nur ein bisschen beschwipst – und dabei immer noch unglaublich lustig.

Doch leider war Annas fröhliche Art nur die eine Seite der Medaille. Neben ihrem übertriebenen Konsum von Alkohol war sie ein großer Shopaholic. Sie war eines der besser verdienenden Mädchen bei uns im Klub und kam jede Woche mit einer neuen Designertasche zur Arbeit.

»Ich musste sie einfach haben! Ist sie nicht wunderschön?«

Louis Vuitton, direkt aus der Filiale in der Bond Street. Viele von uns guckten neidisch, einige aber auch kritisch, denn Anna war jede zweite Woche pleite und verließ sich stets darauf, dass der Geldstrom niemals versiegen würde. Leider ist das ein typisches Beispiel für viele Frauen in der Stripindustrie, die nach dem Motto leben: Einfaches Geld ist Geld, das einfach wieder ausgegeben wird. Und genauso war es. Die wenigsten waren sich darüber bewusst, dass die lukrative Zeit im Nachtleben irgendwann zu Ende und man selbst älter und ausgebrannter sein würde.

Zum Glück gab es auch andere Beispiele von Frauen, die mit der Tanzerei ihre Ausbildung oder ihr Studium finanzierten, ihren Kindern ein besseres Leben verschafften, für ein Haus sparten oder auf diesem Wege das Startkapital für ein eigenes kleines Unternehmen anhäuften. Ich hatte sehr viel Glück, dass ich gleich am Anfang Sofia kennengelernt hatte, die mir mit gutem Beispiel vorangegangen war.

Auch Karolina war ein Sinnbild für die Frauen, die das Tanzen mit viel Köpfchen angingen. Sie kam aus der Ukraine und war unglaublich schlau. Das erklärte auch, warum sie Jura am University College London studierte. Neben ihrer Intelligenz besaß sie, wie die meisten Frauen aus der Ukraine, eine zerbrechliche wie makellose Schönheit. Sie hätte locker modeln können, aber dazu hatte sie keine Lust. Ihr ging es ums Geld, um viel Geld, und das möglichst schnell.

Sie stammte aus einfachen Verhältnissen, und mit ihrer grazilen und damenhaften Art wurde sie bald zu einem der Lieblinge im Klub. Die City Boys waren verrückt nach ihr, und so brachte sie Sam, meist in Begleitung von Anna, fast jeden Abend in den VIP-Bereich, wo sie teuren Champagner auf fremde Kosten konsumierte und die reichen Gäste amüsierte. Nun muss man dazu sagen, dass sie kaum Alkohol trank, und wenn doch, dann nur schlückchenweise. Fast immer wurde der Champagner von ihr direkt auf den Boden gekippt oder backstage an uns andere verteilt. Häufig entschuldigte sie sich dann bei den Herren und nahm das volle Glas einfach mit. Niemand sagte etwas. Natürlich saß sie bei ihren Aufenthalten im VIP-Bereich nicht einfach nur rum: Sie unterhielt die Gäste und wurde von ihnen für ihre Anwesenheit bezahlt. Ihren Stundenlohn handelte sie normalerweise selbst aus, aber unter 500 Pfund lief bei ihr gar nichts.

Viel später erst entdeckte ich den Betrug, der dahintersteckte. Karolina und Anna bekamen, wie wir anderen auch, »funny money« von den Gästen, Geldgutscheine, die mit der jeweiligen Kreditkarte gekauft worden waren. Bei dem Komplott, das die beiden sich ausgedacht hatten, war Anna die Entertainerin; Karolina bewahrte den kühlen Kopf. Der Champagner floss in Strömen, und bald waren die Männer sehr betrunken, während Anna (mehr oder weniger resistent gegenüber Alkohol) die lustig Angetüddelte nur vorspielte. Karolina bestellte dann immer mehr von den Geldgutscheinen und ließ die wehrlosen Männer im Viertelstundentakt die Rechnungen unterschreiben, immer mit der Begründung, dass wieder eine gewisse Zeit vorbei oder eine neue Flasche Champagner fällig sei. Die Männer blickten dabei natürlich nie auf die Uhr und wunderten sich erst Wochen später bei der nächsten Kreditkartenabrechnung über die stattlichen Summen, die von ihrem Konto abgebucht worden waren. Auf diese Weise konnten Anna und Karolina schnell mehrere Tausend Pfund zusammenkriegen, die am Ende eines jeden Abends gerecht geteilt wurden. Natürlich verdienten auch unser Manager und die Kellnerin Carrie einen Teil mit, denn schließlich übernahmen sie einen wesentlichen Part bei der Abzocke. Und die geprellten Kunden waren natürlich viel zu beschämt, um sich zu beschweren. Es klingt gemein, aber na ja ... es wird noch besser. Lasst mich euch das Killerteam vorstellen. Denn Anna und Karolina waren zwar ziemlich dreist, hatten jedoch genug Geschäftssinn, niemals zu viel von den Männern zu nehmen, um sicherzugehen, dass diese wiederkamen. Bei Nicki und Joy sah das Ganze schon etwas anders aus. Die kannten überhaupt keine Gnade.

Beide waren Engländerinnen. Nicky kam aus Manchester, Joy aus Bristol. Sie fingen Ende der Neunziger mit dem Tanzen an, als es in London gerade populär wurde. Während dieser Zeit sprudelte das Geld geradezu. Tabledancing war in einer konservativen Gesellschaft wie England eine Revolution. Es gab damals relativ wenig schicke Klubs und noch weniger Mädchen, die sich für Geld ausziehen wollten. Deswegen waren die Lokale immer rappelvoll, die Nachfrage gigantisch, und die Frauen verdienten jede Nacht mehrere Tausend Pfund bei Topless-Bühnenshows. Eine Freundin von Sofia schaffte es, in einem Jahr 100 000 Pfund zur Seite zu legen. Sie arbeitete fünf Tage die Woche, war nicht einen Tag krank und hatte in jeder Woche dasselbe Ziel: nach Abzügen für Wohnung und Lebenshaltungskosten 2 500 Pfund in ihr Bankschließfach zu legen. Jede Woche. Sie riss sich im wahrsten Sinne des Wortes den Arsch auf, um möglichst schnell an ihr Ziel zu gelangen. Als das Jahr um war, lernte sie einen Banker kennen, der für die Offshore-Konten in Guernsey zuständig war. Die Kanalinseln gelten bis heute als *das* britische Steuerparadies. Als sich der Banker davon überzeugt hatte, dass sie das Geld nicht illegal, mit dem Handel von Drogen oder Waffen oder Prostitution verdient hatte, eröffnete er ihr ein Konto mit einem gewaltigen Zinssatz, auf dem sie ihr steuerfrei erwirtschaftetes Einkommen einbezahlte. Mittlerweile hat sie einen wohlhabenden Mann geheiratet und eine Boutique eröffnet, damit ihr nicht langweilig wird. Nicht schlecht, Frau Specht!

Nicky und Joy waren da ein ganz anderes Kaliber. Sie gewöhnten sich schnell an das große Geld, gaben es aber auch genauso schnell wieder aus: in der Harley Street, Londons berühmter Adresse für Schönheitschirurgie. Was übrig blieb, ging für Kokain und schöne Urlaube in Thailand drauf. Nicky war sehr groß und von kräftiger Statur. Ihre Nase war perfekt symmetrisch, und ihre Brüste wuchsen mit der Zeit von D auf DD und anschließend auf Körbchengröße F. Joy dagegen war eher klein und zierlich mit einem erstarrten Botox-Gesicht. Es bewegte sich einfach nichts mehr. Ihre Brüste waren riesig, die Wangenknochen aufgespritzt, und ihre Lippen ähnelten kleinen Schlauchbooten. Trotz all der Eingriffe sah sie doch sehr interessant aus – na ja, so interessant, wie man als Barbiepuppe eben aussehen kann.

Die Art und Weise, wie Nicky und Joy zusammenarbeiteten, ähnelte der von Karolina und Anna. Sam stellte sie den reichen Kunden vor und überließ diese dann ihrem Schicksal. Bei Nicky und Joy ging es nur um Geld – um viel Geld. Nicky übernahm meistens die Führung und hatte offensichtlich ein gutes Gespür dafür, was die Männer hören wollten. Im VIP-Bereich war das Tanzen eher nebensächlich; wichtig waren die Konversation und das Entertainment. Die Mädchen waren wie Hostessen, sie belustigten die Gäste und vollführten hier und da mal einen Tabledance. So weit, so gut. Um sich im VIP-Bereich aber ein goldenes Näschen zu verdienen, muss man genau wissen, wie man Männer dazu kriegt, möglichst viel Geld auszugeben. Nicky war in dieser Hinsicht eine Granate und völlig gewissenlos. Bis dato war ich noch ziemlich naiv gewesen und hatte mir einfach nicht vorstellen können, wie es ihr immer wieder aufs Neue gelang, Tausende von Pfund pro Abend aus den Männern herauszuquetschen. Während ich gänzlich glücklich und zufrieden war, wenn ich mehrere Hundert Pfund am Abend verdiente, sahen uns die VIP-Mädchen immer mitleidig an. Am Ende jedes Abends warteten wir an der Bar darauf, dass unser »funny money« gegen Bares getauscht wurde. Die meisten von uns hatten nur ein Dutzend von diesen Scheinen, Nicky und Joy dagegen kamen mit richtigen Haufen an. Natürlich war diese Art von Frauen bei der Geschäftsleitung besonders beliebt, sie verdienten für den Klub ja auch das meiste Geld. Und deshalb genossen sie auch gewisse Privilegien.

Der Januar gilt seit jeher als einer der schlechtesten Monate in der Stripindustrie. Die großen Bonusse der Banken sind bereits verbraten worden, und jeder muss sich nach all den Festivitäten der Weihnachtszeit erholen. Da wir aber nicht alle Urlaub zur selben Zeit machen durften, konnte sich immer nur eine begrenzte Anzahl von Mädchen freinehmen. Natürlich standen Nicky und Joy als Großverdienerinnen ganz oben auf der Liste. Und praktischerweise war Januar die beste Zeit, um sich einen Urlaub in Thailand und ein paar neue Operationen zu günstigen Preisen zu gönnen.

Aufgrund des Geldes, das die beiden für den Klub verdienten, wurden bei ihnen auch viele andere Dinge eher toleriert als bei den anderen. Nicky war zum Beispiel die Einzige, die mit Zigarette durch den Klub laufen durfte, auch wurden ihre regelmäßigen Tobsuchtsanfälle toleriert. Sobald sie zu viel Alkohol getrunken hatte, wurde sie nämlich aggressiv und legte sich mit nahezu jedem an. Ich sah zu, ihr dann aus dem Weg zu gehen. Schon ohne ihre hohen Schuhe war sie gut eins achtzig, mit Killer-Highheels kam sie locker auf eins neunzig. Sie ärgerte mich oft, weil ich so klein war und barfuß gerade mal bis an ihre großen Brüste reichte. Anscheinend fand sie das jedoch auch niedlich, denn ich hatte in der Zeit, in der ich mit ihr arbeitete, nie ernsthafte Probleme mit ihr. Andere hingegen schon. Madison machte sich einmal über sie lustig, weil Nickys Stimme am Ende des Abends immer um eine Oktave absackte. Nicky fand das gar nicht so witzig und schlug zu, mit dem Resultat, dass Madison zwei Wochen nicht arbeiten konnte, da sie ein dickes Veilchen hatte. Normalerweise wäre Nicky dafür sofort geflogen, denn der Klub hatte strikte Regeln. Doch in ihrem Fall blieb es bei einer Verwarnung und einem Schmerzensgeld, das sie an Madison für den Verdienstausfall zahlen musste.

Grundsätzlich wurden weder Gewalt noch Drogen im Golden Girls toleriert. Jede, die erwischt wurde, konnte direkt nach Hause gehen. Doch natürlich war das nur eine Farce, denn jeder weiß, dass Alkohol und Drogen auf Dauer Hand in Hand gehen. Goldie und Sam sagten meistens nichts dazu, solange es nicht eskalierte. Bei Gewalt hörte der Spaß allerdings wirklich auf. Unser Boss (so schmierig er auch war) hatte in dieser Hinsicht überhaupt kein Verständnis. So wurde Nicky zwar nach dem Vorfall mit Madison nur eine Verwarnung ausgesprochen, aber sie verstand, dass sie es nicht weitertreiben durfte.

Durch das rigide Regiment, was Gewalt aller Art anging, fühlte ich mich zu jeder Zeit immer vollkommen sicher im Klub. Unsere Sicherheitsleute waren sehr gut trainiert und allesamt aus einer schwierigen Gegend im East End von London. Wenn sich lange niemand mehr auffällig benommen hatte, konnte man das Testosteron förmlich riechen, und oft genügte es dann schon, wenn ein Gast einen dummen Kommentar abließ, dass er direkt auf die Straße befördert wurde. Die Engländer sind generell ein leicht erregbares Volk, und häufig genügen nur ein paar Bier, um einen Briten mit mehr Selbstbewusstsein auszustatten, als ihm guttut. Im Klub selbst herrschte immer eine gute und lockere Stimmung. Das Motto war: Gucken ist erlaubt, Anfassen nicht. Schließlich waren wir ein ordentlicher Stripklub. Selten kam es vor, dass sich ein Mädchen beleidigt fühlte oder aus Versehen am Bein berührt wurde. Goldie sah das sofort als eine Art Affront gegen sich selbst, und deswegen wurde ein solches Verhalten auch dementsprechend harsch bestraft, zum Wohle aller Beteiligten.

Einmal konnte ich beobachten, wie Nicky sich wütend auf einen Gast stürzte, der nicht bezahlen wollte. Sie wurde dabei so aggressiv, dass der Gast nur noch durch den Türsteher gerettet werden konnte. Bis dahin war ich immer davon ausgegangen, dass ihre jähzornige Art von dem vielen Alkohol kam, den sie Abend für Abend trank. Doch bald schon bekam ich mit, dass Nicky ein sehr interessantes kleines Geheimnis hütete. Einige von euch mögen es vielleicht schon vermutet haben, aber bei mir fiel der Groschen erst ziemlich spät: Es hatte einen Grund, warum sie sich Nicky nannte – ein Name, den sowohl eine Frau als auch ein Mann tragen kann.

Eines Nachts, als ich noch mit Sofia, Sam und einigen anderen Mädchen bei einem letzten Glas zusammensaß, erzählte uns Sam, dass Nicky mal ein feiner junger Mann namens Nick gewesen sei, der sich mithilfe von Tabledance das Geld für all die Operationen zusammensparte, die es nun mal braucht, wenn ein Mann zu einer Frau werden will. Jetzt machte auf einmal alles Sinn: die häufigen Besuche in Thailand (den Spezialisten auf dem Gebiet für transsexuelle Operationen schlechthin), die tiefe Stimme, das breite Kreuz, die aggressive Art, die großen Hände und der Grund, warum sie so viel Geld verdiente. Nicky wusste genau, wie ein Mann denkt und was er hören will. Keine wirkliche Glanzleistung, wenn man eigentlich als Mann geboren wurde! Ab diesem Zeitpunkt musste ich immer schmunzeln, wenn ich sie in den VIP-Bereich verschwinden sah. Die Männer hatten keinen blassen Schimmer, mit wem sie es wirklich zu tun hatten …

Auch ich durfte von Zeit zu Zeit in den VIP-Bereich und muss sagen, dass ich das Ganze doch ziemlich grotesk fand. Da sitzt man hinter einer verdunkelten Scheibe mit direktem Blick auf die Bühne und muss sich stundenlang mit irgendwelchen stinkreichen Typen unterhalten. Ab und zu vollführt man einen Tabledance, aber meistens sitzt man nur da und tut so, als sei man dumm. Die wenigsten Männer, die in einen Stripklub kommen, wollen sich intelligent unterhalten. In ihrem Kopf geht es, genau wie in unserem, nur um Macht. Wir Mädchen stellten uns also dämlich, tanzten dafür umso sinnlicher und wickelten die Gäste so um unsere manikürten Finger. Die Männer wiederum fühlten sich stark und männlich.

Hier eine kleine Auflistung der verschiedenen Stripklubbesuchertypen (die man übrigens auch im normalen Leben trifft):

Der Normalo

Er geht unregelmäßig in einen Stripklub, meistens mit seinen Freunden zum Spaß, kurz vor dem Discobesuch. Er hat nicht viel Geld dabei und wird auch nicht viel Trinkgeld geben – wenn überhaupt. Für ihn macht man eine Bühnenshow und einen kleinen gelangweilten Tabledance. Natürlich gähnt man nur, wenn man mit dem Rücken zu ihm steht, denn alles andere würde ihn zu sehr kränken. Viele der Mädchen, die schon länger in dem Business sind, vermeiden diese Typen ganz und gar. In erster Linie aufgrund der schlechten Bezahlung, aber auch, weil ihnen die Normalos im Grunde ihres Herzens leidtun. Dabei gibt es Mädchen, die sich über das dünne Portemonnaie des Normalos lustig und ihn sogar verbal fertigmachen. Schlau ist das nicht, denn so vertreibt man diese Spezies schnell aus dem Klub, und wer weiß, wann man ihn an einem ruhigen Abend doch noch braucht. Aufgrund seiner schwachen Kreditwürdigkeit gibt es dann eben auch nur den abgespeckten Wackeltanz. Ich nenne ihn den »Chicken Dance«: ein wenig mit dem Po wackeln, häufig drehen, ab und zu lächeln und in der letzten Sekunde das Top ausziehen. »So, das war's. Möchtest du noch einen Tanz?«

Dem Normalo reicht der kurze Anblick einer weiblichen Brust meist jedoch aus, und er wird kaum noch einen weiteren Tanz wollen. Wenn aber doch: Bingo! Er verliebt sich schnell und will sofort wissen, warum man diesen Job gewählt hat. Jetzt kann man a) lügen, b) lügen oder c) lügen. Am besten ist, wenn man gar nichts sagt, denn er hat ja ohnehin nicht genug Geld, um noch für weitere Tänze oder gar eine Konversation zu zahlen. Zeit ist Geld, und das wird nirgendwo deutlicher als in einem Stripklub.

Der unglückliche Ehemann

Er kommt meistens allein und war vorher schon in einem Pub oder in einer Bar. Er versinkt in zu viel Whiskey und einem Meer von Selbstmitleid. Er ist um die vierzig, sehr gut gekleidet und hat Geld, das er ausgeben will. Mit ihm muss man wesentlich sensibler umgehen als mit dem Normalo. Er will sich unterhalten und einer Frau begegnen, die ihn versteht (denn zuhause tut das ja keiner). Häufig wählt er ein Mädchen zum Tanzen aus, das seiner Ehefrau ähnelt. Bloß nicht zu ernsthaft bleiben, denn Ernst ist sein zweiter Vorname! Er kommt, um abzuschalten. Bei ihm ist es wichtig, dass man nicht zu viel Blickkontakt sucht, denn dann fällt ihm schnell auf, dass man nicht seine Ehefrau ist. Lieber den Blick gesenkt halten und dabei ganz weich und verständnisvoll tun. Er zahlt dann meist das Doppelte und gibt großzügig Trinkgeld. Die Kunst ist es, dass er sich richtig wohlfühlt und wiederkommen möchte, denn der nächste Streit mit seiner Frau ist vorprogrammiert, wenn sie die Abrechnung auf seiner Kreditkartenrechnung liest: zwei Flaschen Moët & Chandon und fünfzehn Tabledance. Wenn man ihn wieder loswerden will, muss man ihm nur sagen, dass man ihn einfach nicht versteht.

Der Freak

Leider gibt es nirgendwo so viele Freaks wie in der Stripindustrie. Zum Glück sind sie relativ einfach zu erkennen, und wenn man das getan hat, muss man sich gar nicht erst mit ihnen befassen. Das überlassen wir lieber den neuen und vor allem sehr jungen Mädchen. Klingt gemein und ist es auch. Meistens kommt der Freak allein, hat bestimmt einen Trenchcoat oder eine Lederjacke aus den Achtzigern an der Garderobe abgegeben und zeichnet sich generell durch einen schlechten Klamottengeschmack aus. Er hat mit Sicherheit keinen klassischen Bürojob, sondern ist Softwareentwickler oder Programmierer. Der Freak verbringt viel Zeit in trostlosen dunklen Räumen, und das Internet ist sein einziger Freund. Je nach Verdienst gönnt er sich einmal im Monat einen Besuch im Stripklub und danach im Bordell. Er meint, dass er sich von den typischen Puffbesuchern abhebt, weil er vorher noch in einen Stripklub geht, um sich dort (ähm …) kulturell weiterbilden zu lassen. Häufig glaubt er auch, dass er hier eine richtige Freundin finden kann. Auf seinem Tisch steht nie mehr als ein Getränk, meistens Bier oder Gin Tonic (ein wenig trendy will er ja schon sein!), und er möchte stundenlang mit den Mädchen reden. Hier kann man nur eines tun: ihn ignorieren, bis er es nicht mehr aushält und sich an die Bühne setzt, um sein Erspartes unter die Leute zu bringen. Wenn es viel ist: lächeln. Wenn nicht: einfach das Geld aufheben und den Freak ignorieren.

Der Loyale

Jeder Klub hat mindestens einen davon. Er ist Mitte vierzig oder etwas älter und hat sehr viel Geld und sehr viel Langeweile. Er hat schon viele Freundinnen und Frauen gehabt, die Executive Position in der Firma inne, fährt dicke Autos und besitzt manchmal sogar eine Jacht. Zweimal in der Woche lässt er sich von seinem Firmenchauffeur im Bentley vorfahren und wird natürlich vom Boss persönlich begrüßt. Er hat immer ein paar favorisierte Mädchen, die abwechselnd und regelmäßig für ihn tanzen. Da er sehr gebildet ist und unglaublich gute Manieren hat, wird er von allen Mädchen stets freundlich, wenn nicht sogar schon frenetisch mit Vornamen begrüßt: »Hi Peter!« (Kohle, Mann – er hat Kohle und will sie verbraten!) Für ihn zu tanzen ist am einfachsten, da es ihn nicht wirklich interessiert und er es in erster Linie macht, weil ihm nichts Besseres einfällt und er wirklich Lust hat, den Mädchen etwas Gutes zu tun. Er betrachtet das als eine Art Charity. Die Armen müssen schließlich auch ihr Geld verdienen. Der Loyale verteilt großzügig Trinkgeld und übernimmt auch mal die Kosten von Studiengebühren, Brust-OPs oder Dispokrediten. Eigentlich ist er ein armes Würstchen, denn er hat schon alles gesehen und kann sich über nichts mehr freuen. Angetrieben von seinem Wunsch nach Reichtum, hat er sich auf dem Weg dahin selbst verloren. Der Stripklub bietet ihm eine Art Ruhepol. Der Loyale ist einer der wichtigsten Kunden für den Klub und wird niemals an Frauen wie Nicky und Joy weitergegeben – und wenn doch, dann nur unter strikter Aufsicht des Klubmanagers, damit er ja wiederkommt. Nicht, dass er ein Problem mit zu hohen Rechnungen hätte, denn die produziert er im Laufe eines Abend sowieso. Bei ihm geht es tatsächlich ums Prinzip. Das Interessante ist, dass der Loyale meistens wirklich sympathisch ist. Wäre er nicht so großzügig, hätte man wegen seiner traurigen Augen fast Mitleid mit ihm.

Die Jungfrau

Dieser Typ Mann sorgt für den größten Spaß, denn er wird meistens aufgrund einer bevorstehenden Hochzeit von seinen Kumpels in den Klub gezerrt. Er hat ein schlechtes Gewissen, und ihm ist die Angst meist ins Gesicht geschrieben. Hinzu kommt, dass er sich nicht vor seinen Kumpels blamieren will. Für ihn tanzt man ganz entspannt und zwinkert ihm von Zeit zu Zeit zu. Er wird sich nicht trauen, auf die nackte Brust zu schauen, sondern klebt mit seinen Augen am Gesicht der Tänzerin oder an der Decke des Klubs fest. Danach ist er meist so fertig, dass er sich das mit der Hochzeit noch mal überlegt.

The Banker Wanker

Der Banker Wanker (»Wichser auf Englisch«) kommt gerne mit seinen Kollegen oder führt seine Kunden nach einem Dinner in einen Stripklub, um nach oder auch gerne vor Abschluss des nächsten Megadeals noch etwas Besonderes zu bieten. Er ist das typische Alphamännchen, das gewohnt ist, dass alles nach seiner Pfeife tanzt. Sein Tonfall ist daher auch häufig etwas ruppiger: »Eine Flasche Bourbon – schnell! Und nur wirklich hübsche Frauen, bitte!«

Dieser Mann glaubt, dass er in der stärkeren Position ist. Um einem solchen Mann Kontra zu geben, muss man das auf sehr subtile Weise tun. Entweder man blamiert ihn vor seinen Kollegen mit einem charmanten Spruch der Ablehnung, oder (noch besser) man bietet ihm einen Private Dance an, bei dem er allein auf einem Stuhl sitzt und einen Striptease bekommt. Das funktioniert meistens am besten, denn er ist es gewohnt, in der Position des Entscheiders und daher permanent dominant zu sein. Nichts ist für ihn entspannender, als zur Abwechslung mal seine Maske abzunehmen. Daher ist es am besten, wenn man ihn ohne Anhang erwischt, damit er sich nicht vor seinen Kollegen profilieren kann. Solche Männer würden auch gerne mal zur Domina gehen, um die komplette Führung abzugeben. Leider boten wir in unserem Klub so etwas nicht an, aber auch ein Striptease kann eine wahre Tortur sein, wenn richtig ausgeführt. Wichtig ist, dass man energisch ist: »Setz dich hier hin. Auf die Hände, und nicht bewegen, bis ich es dir sage!« Er wird dann schmunzeln und mit Sicherheit einen dummen Spruch auf Lager haben, doch den muss man dezent ignorieren, denn jede Stripperin lernt schnell, dass Diskussionen nur unnötig Energie verbrauchen. Den Banker Wanker darf man im wahrsten Sinne des Wortes nicht aus den Augen lassen, damit man ihn knackt. Ein Blickkontakt muss während des Striptease zu jedem Zeitpunkt bestehen, auch wenn man sich dreht. Denn erst dann wird er weich. Da er die Finger auf der Abendkasse hat, ist es besonders wichtig, sich sein Wohlgefallen zu »ertanzen«. Er wird nie zugeben, dass das der beste und spannendste Tanz in seinem Leben war; ganz im Gegenteil, er wird arrogant bleiben, vielleicht sogar gähnen oder erwähnen, dass man mehr Sport machen sollte. Aber die Scheine, die später im Strumpfband stecken, sprechen für sich, denn auch dieser Typ Mann ist zumeist sehr großzügig.

Der Frauenhasser

Was soll man machen? Man trifft ihn leider überall. Im Stripklub, im Büro und manchmal leider auch zuhause. Im Klub kann ich zumindest einen Türsteher rufen, um den Unruhestifter sanft vor die Tür setzen zu lassen, wenn er mir unschöne Dinge an den Kopf knallt. Im richtigen Leben haben wir meistens keinen Bodyguard parat. Da hilft nur eines: ruhig bleiben, denn solche Männer wollen provozieren und beherrschen diese Kunst oft bis zur Perfektion. Sollte das euer Chef im Büro sein, hilft nur eines: kündigen. Oder sich in die Opferrolle begeben, wenn man sich da wohlfühlt, denn das gefällt ihm am besten.

Meiner Meinung nach ist der Frauenhasser wirklich der

einzige Männertyp, den man am besten völlig sich selbst überlässt. Er hat es nie gelernt, wie man mit Frauen umgeht, und wird es bestimmt nicht mehr lernen. Was er in einem Stripklub zu suchen hat, weiß ich bis heute nicht. Solltet ihr die Antwort kennen, freue ich mich über eine Nachricht.

9

Nobody Wants To Be Lonely

Christina Aguilera & Ricky Martin

In der Stripindustrie spricht man selten von Stripperinnen oder Tabledancern, sondern ganz einfach von Tänzerinnen. Amerika geht da noch einen Schritt weiter und nennt die Damen sogar »Exotic Dancer«. Dabei machen die amerikanischen Tänzerinnen nicht viel anders als wir in Europa oder die Kolleginnen auf den anderen Kontinenten.

Exotisch sind dagegen schon einige der Namen, die sich die Mädchen geben. Nahezu alle Frauen, die strippen, benutzen einen »Stagename«, einen Bühnennamen. Sam hat das schon ganz richtig erklärt, der falsche Name soll uns zum einen schützen, zum anderen dafür sorgen, dass wir persönlich nicht zu sehr involviert sind. Es klingt vielleicht paradox, aber es hilft in der Tat, um sich von dem Geschehen auf, vor und neben der Bühne zu distanzieren. Juliana ist nur ein Teil von mir, und dieser Teil steht für meine erotische Seite. Der Rest soll dem Zuschauer verborgen bleiben, denn es hilft, dass ich mich nicht zu sehr verausgabe. Ich bin sogar dafür, dass man für jeden Bereich einen neuen Namen bekommt. In der Nacht bin ich Juliana, im Büro oder bei den Behörden Ms. Darling, in meiner Wohngemeinschaft Kathi, in einer Beziehung vielleicht Hasi, Schatz, Schnucki oder sonst wer, und bei meinen Eltern gibt es einen weiteren Spitznamen für mich. Jedes Mal spiele ich in gewisser Weise eine andere Rolle – warum nicht also auch im Job? Ich habe mir das nie so bewusst gemacht, erst das Tanzen in einem Stripklub hat mich gelehrt, wie wichtig es ist, Grenzen zu ziehen und achtsam mit seinem wahren Ich umzugehen. Es hilft, mental gesund zu bleiben.

Aber nun zurück zu den Mädchen und ihren zum Teil obskuren Namen. Einige von uns benutzten reguläre Vornamen wie Sofia, Juliana oder Madison und klangen damit ganz normal und glaubwürdig. Andere hingegen machten erst gar keinen Hehl daraus, dass es sich in der Stripindustrie um viel heiße Luft und nackte Tatsachen handelt. So erklären sich auch Namen wie Kitten (Kätzchen), Star, Jewel, Tiger, Glitter, Sexy, Summer, Madonna, Coco, Asia, Cleopatra, Diamond, Roxy und so weiter und so fort. Trotzdem gab es immer wieder Männer, die uns glauben wollten.

»Ist ›Lolita‹ wirklich dein richtiger Name?«

»Selbstverständlich, Charles!« (Wir können ja nicht alle nach dem Königshaus benannt werden.)

Ich weiß bis heute nicht, was ich lustiger finden soll: die verrückten Namen der Mädchen oder die Tatsache, dass es Männer gab, die sie uns wirklich abkauften.

Wie auch immer, Kitten bekam ihren Namen deshalb, weil sie auf ihrem rechten Oberschenkel ein Tattoo in Form mehrerer Katzenpfoten hatte. Die Abdrücke liefen vom Knie über ihren Schenkel hinauf und direkt in ihren Schlüpfer hinein. Sie hatte sehr schmale, aber muskulöse Schenkel und war die Königin an der Stange. Kitten war vielleicht nicht unbedingt die Hellste, doch das, was sie nicht im Hirn hatte, machte sie auf der Bühne wieder wett. Sie war mittelgroß mit kurzen blonden Haaren. Ihr Körper bestand komplett aus perfekt definierten und dennoch dezenten Muskeln, die bei jeder Anspannung nach vorne traten. Sie war Mutter von zwei kleinen Söhnen und hatte sich die Brüste machen lassen. Hätte man sie fotografiert, wäre sie nichts Besonderes gewesen, doch die Art, wie sie sich bewegte, war faszinierend. Wie eine Katze schlang sie sich um die Stange, hing gekonnt mit dem Kopf nach unten und zog dabei langsam und lasziv ihren G-String aus. Alles geschah innerhalb weniger Sekunden und bedeutete eine immense Körperbeherrschung. Nach jeder Performance klatschte der ganze Klub Beifall. Sicherlich musste man keine Athletin sein, um gutes Geld in einem Stripklub zu verdienen, doch bei Kitten war das ganz klar ihr Vorteil. Niemand war an der Stange so gut wie sie, und bei keinem anderen Auftritt guckte das Publikum so gebannt auf die Bewegungen und Pole-Tricks wie bei ihr. Es schien, als hätte die Erdanziehungskraft keinen Einfluss auf sie. Ein weiterer Pluspunkt war, dass sie ihren Job liebte. Sie brannte auf der Bühne, und oft blieb sie noch bis nach Schichtende, um mit den anderen Mädchen zu üben. So kam es oft vor, dass ich bis sechs Uhr morgens mit Kitten und den anderen auf der Bühne stand, um weitere Pole-Tricks zu lernen, während Sam die Abrechnung machte. Erst wenn er die Lichter ausschaltete und es draußen hell wurde, konnten wir uns von der Bühne losreißen. Ich erinnere mich sehr gerne an diese Zeit, denn sie war kollegial und mit sehr viel Spaß verbunden. Die unweigerlich neu entstehenden Stripperflecke lasse ich an dieser Stelle lieber unerwähnt.

Natürlich klingt im Nachhinein alles viel romantischer, als es in Wahrheit war, denn wir hatten alle unser kleines Paket zu tragen. Einige von den Mädchen stammten aus sozial schwachen Familien, entsprachen also dem stereotypischen Bild einer Stripperin: verbannte Kinder ohne nennenswerte Bildung. Kitten konnte gerade mal ihren Namen und ihre Adresse in einer kindlichen Schrift schreiben. Das war aber auch alles. Umso wichtiger war es für sie, dass ihre beiden Söhne eine vernünftige Ausbildung genossen. Jeden Cent, den sie verdiente, zahlte sie auf ein Bankkonto ein, und oft schlief sie nur wenige Stunden, um die Kinder zum Kindergarten oder in die Schule zu bringen. Wie könnte ich das jemals verurteilen? Und was hätte sie auch sonst machen sollen? Als Putzhilfe oder Kellnerin hätte sie zu wenig Geld verdient, also nutzte sie die Zeit, die ihr noch als Stripperin blieb, um Geld für ihre Söhne beiseitezulegen. Denn wie beim Modeln ist es auch in der Tanzindustrie: Jede Dame hat irgendwann ihr Ablaufdatum erreicht. Meist ist das so um die dreißig. Natürlich trifft man auch auf Frauen, die noch ein paar Jahre länger durchgehalten haben, aber davon gibt es eher wenige. Ich weiß nicht, wie es Kitten heute geht und ob sie immer noch tanzt. Ich würde mich nicht wundern, wenn sie nach dem Stripklub in die Prostitution abgerutscht ist. Sie hat keinerlei Schulbildung genossen und durch das Strippen Blut geleckt, mit dem Verkauf ihres Körpers leichtes Geld zu verdienen. Da ist es eigentlich fast unvermeidlich, dass sie sich später nicht mit einfachen Jobs rumschlagen will. Aber selbst, wenn es so ist: Warum sollte ich darüber richten? Ich kenne genug Eltern mit normalen Jobs, deren Kinder eher ein Hindernis als pure Freude für sie sind.

Andere von uns, die nicht ihre Familie von den Einnahmen versorgten, wollten mithilfe des Tanzens ihre Ausbildung oder ihr Studium bezahlen, ohne dabei in einem Callcenter oder in einem Büro zu versauern. Ich möchte damit nicht sagen, dass es sich hierbei um schlechte Jobs handelt. Es gibt Menschen, die sind damit zufrieden, und andere nicht – und wir Tänzerinnen gehören wohl eindeutig zu letzterer Sorte. Deswegen macht den meisten von uns das Tanzen auch so einen großen Spaß. Ich habe mal in einem Artikel in der Zeitung gelesen, dass die meisten Stripperinnen ausgebeutet werden. In meiner Zeit als Tänzerin habe ich nie auch nur eine Frau getroffen, die den Job nicht freiwillig gemacht hat, und wenn sie ihn wirklich nicht mochte, dann hat sie ziemlich schnell wieder damit aufgehört. Die meisten hatten sehr viel Freude bei ihrer Arbeit. Natürlich sollen auch die negativen Aspekte bei dieser Art von Job nicht unerwähnt bleiben. Es gibt Tage, da will man nicht ständig im Mittelpunkt stehen. Man will sich nicht mehr als dumm verkaufen müssen – aber das gehört nun einmal zu der Illusion, die man den Gästen verspricht, dazu.

Während meines Studiums hatte ich zahlreiche Jobs in London. Zunächst an der Bar eines Comedy Klubs für knappe fünf Pfund die Stunde, dann in einem Callcenter für einen global agierenden Telefonanbieter, wo ich die einzige nicht asiatische oder schwarze Mitarbeiterin war. Auch das für etwas weniger als fünf Pfund die Stunde. Der einzige Vorteil dieser ansonsten eher eintönigen Arbeit war, dass ich viele tolle Menschen kennengelernt und die afrikanische Hausmannskost für mich entdeckt habe. Meine letzte Station vor dem Golden Girls war in der Marktforschungsfirma; zwar zu besseren Konditionen als beim Telefonanbieter, jedoch mit einem wahnsinnigen Druck. Da war der Job im Stripklub nicht nur um einiges lukrativer, sondern auch meilenweit entspannter.

Natürlich gab es schlechte Tage, an denen es mir zu schaffen machte, dass ich nun offiziell Teil der Erotikbranche war, aber komischerweise fühlte es sich nie so falsch an, dass ich das Bedürfnis hatte, mit dem Tanzen aufzuhören. Wir Mädchen arbeiteten bis spät in die Nacht, Drogen waren genauso leicht zu bekommen wie ein Glas Weißwein, und sicherlich gab es auch das eine oder andere unmoralische Angebot. In dieser Hinsicht hat wohl jeder Job seine Vor- und Nachteile. Aber wie oft stehe ich in Bars oder Diskotheken und kann beobachten, wie sich vollkommen Fremde in den Armen liegen und später gemeinsam im Bett landen? Viele wachen dann morgens mit einer verschwommenen oder gar lückenhaften Erinnerung auf. Was ist nun unmoralischer? Sich für Geld auszuziehen und dabei genau zu wissen, was man tut, oder sich im Rausch komplett zu vergessen, um einen Tag später vergessen zu haben, was eigentlich mit wem und wann passiert ist? Das soll am besten jeder für sich selbst entscheiden.

Für mich ist es so, wie mit allem im Leben: Man hat die Wahl, der Mensch zu sein, der man sein will. Für viele Frauen, wie für meine Kollegin Sofia und mich, war diese Welt ein Abenteuer und eine Möglichkeit, weitestgehend entspannt unsere Ausbildung zu finanzieren. Für andere mag es nicht der richtige Weg sein. Egal, welche Entscheidung man diesbezüglich trifft, die Hauptsache ist doch, dass man zu jeder Zeit in den Spiegel schauen kann und weiß, dass man das Richtige tut.

Interessanterweise brachte man mir mehr Respekt als gute Tänzerin als in meinem Job im Callcenter der Marktforschungsfirma entgegen, bei dem ich mich ständig rechtfertigen musste, dass ich schon wieder auf die Toilette ging. Als Tänzerin habe ich häufig mal einen Tanz abgelehnt und einmal sogar Geld zurückgegeben, nachdem mir jemand bei meiner Bühnenshow zwar Geld hingeworfen, mich aber gleichzeitig als Hure beschimpft hatte. (Ich muss dazu sagen, dass am nächsten Abend ein großer Blumenstrauß mit einer Entschuldigung und einem Briefumschlag mit einem üppigen Trinkgeld auf mich wartete. Dieses eine Mal habe ich dankend akzeptiert.) Ich habe andere Frauen gesehen, die sich von einer solchen Beschimpfung nicht haben unterkriegen lassen. Auch nicht, als die Männer sie danach fragten, ob sie mit ihnen ausgehen wollten. Da fragt man sich doch, wer der Zwielichtige nun ist: die Tänzerin, die sich nackt auszieht, oder der Mann, der sie erst wüst beschimpft und danach mit ihr ins Bett steigen will?

Genau genommen ist das Strippen nicht anders als jeder normale Bürojob. Es gibt das Büro (den Klub) und Kunden, es gibt eine Marketingabteilung (die Frau) und das Produkt selbst (den Striptease). Alle Tänzerinnen sind von Natur aus gute Verkäuferinnen. Sie bewerben ihr Produkt (den Tanz) in der bestmöglichen Form (mithilfe von Bewegungen, Kostümen, Make-up, Pole-Tricks und so weiter), um an ihr Ziel zu gelangen (den Verkauf eines Striptease).

Nach einigen Monaten als Tänzerin konnte ich sehr schnell einschätzen, welche Art von Gästen mir gegenüberstand. Wenn ich die Bühne betrat, wusste ich immer genau, welcher Tisch sich besonders für mich interessierte und welcher der Mühe nicht wert war. In meinen Jahren als Tänzerin in England und später auch in Australien lernte ich, über welche Themen ich reden, wie dumm ich mich stellen und welchen Akzent ich wo und bei wem einsetzen musste. Ich bevorzugte stets den klassischen Tabledance oder die Bühnenshow, um mein Geld zu verdienen. Sicherlich waren Abende im VIP-Bereich lukrativer, aber ich fand, dass man dort am Ende des Tages einen höheren Preis für seine Arbeit zahlte. Ich wollte mir den Müll von anderen Menschen nicht anhören und schon gar nicht permanent lügen müssen. Es war ganz schön anstrengend, stundenlang eine völlig andre Person spielen zu müssen. Und dann noch der spanische Akzent … ¡Madre mía!

Die Nächte im Stripklub halfen mir, eine Expertin in Sachen Körpersprache zu werden und mich jedem so zu verkaufen, wie er es gerade haben wollte. Diese Erfahrung ist für mich bis heute unbezahlbar. Big T, mein Mitbewohner, behauptete immer, dass er in seiner Firma zukünftig nur ehemalige Stripperinnen einstellen wolle. Zum einen, weil sie sexy aussehen, und zum anderen, weil sie über ganz spezielle menschliche Fähigkeiten verfügen und sensationelle Verkäuferinnen sind. Sicherlich trifft das nur auf die Mädchen zu, die schlau genug sind, in diesem Umfeld zu überleben, denn wie in jedem Vertriebs- oder Entertainmentjob trieben wir alle mit unseren Kräften Raubbau, und der Burnout lauerte hinter jeder Ecke – von den Drogen und dem Alkohol ganz zu schweigen.

Es waren mittlerweile einige Monate vergangen, seit ich mit dem Tanzen begonnen hatte, und es war Zeit für ein Abendessen mit meinem besten Freund, dem Experten, damit er seine Einschätzung zu der neusten Entwicklung in meinem Leben geben konnte. Seinen Namen bekam er in erster Linie, weil er tatsächlich ein Experte war – eine Koryphäe im Fach Geschichte. Studiert hatte er selbstverständlich an der Oxford University, und selbstverständlich schloss er mit Bestnote ab, ungeachtet seines aktiven Sexlebens und unregelmäßigen, aber dennoch häufigen Drogenkonsums (Betäubungsmittel der Sorte, die man gut rauchen kann, vom Alkohol mal ganz abgesehen – die Engländer sind schließlich sehr traditionelle Menschen!). Er arbeitete nun als historischer Experte für die BBC in London, und die Art und Weise, wie unsere Freundschaft anfing, wäre beinahe eine Geschichte mit sehr schnellem Ende geworden.

Unsere Freundschaft begann in einem Poetry & Jazz Klub in London einen Tag vor meinem 21. Geburtstag. Und genau zwei Jahre, bevor ich mit dem Tanzen anfing. Ich plante gerade mein Studium in England und hatte mir zu meinem Geburtstag einen Kurztrip nach London geschenkt, der Stadt meiner Träume. Nach tagelangem einsamen Sightseeing war ich hungrig nach Musik und einem ordentlichen Glas Rotwein. Also besuchte ich einen Klub in Covent Garden und traf irgendwann auf den Experten.

Auf meine einfache Frage, ob er zu seinem Drink ein Glas Leitungswasser haben wolle, antwortete er staubtrocken: »Nein, danke – ich mag kein Wasser, in dem Fische ficken.«

Das war zu viel Vulgarität für die damalige Ms. Darling, und so schmollte ich ein paar Minuten lang. Ja, auch eine Nackttänzerin kann einen Sinn für Moral haben! Aber auch für Ästhetik – und das war auch der Grund, warum der Experte und ich schließlich doch noch Freunde wurden.

Gerade noch hatte er neben mir an der Bar gesessen und in seinen Drink gegrummelt, doch von einem Augenblick auf den nächsten war der Experte von seinem Stuhl geglitten und auf die kleine Bühne gesprungen. Als er sich vor dem Mikrofon positioniert hatte, hielt er einen Moment inne, dann erhob er das Wort und trug ein Gedicht vor. *Sein* Gedicht, wie ich später feststellen durfte. Um ehrlich zu sein, kann ich mich nicht mehr an den genauen Wortlaut erinnern, aber dafür an seine Leidenschaft und die Verletzlichkeit, die er in diesem Moment ausstrahlte. Es war beinahe magisch. Und wie bei fast jeder guten Geschichte, die mit zwei Menschen, die sich auf den ersten Blick nicht unbedingt sympathisch sind, beginnt, kam es, dass wir schließlich in einem Pub endeten und bis zum Morgengrauen redeten. Und so geht das mittlerweile seit Ewigkeiten.

Man könnte jetzt meinen, dass wir ineinander verliebt waren – vielleicht waren wir das auch ein wenig. Letztendlich war es eine sehr romantische, aber platonische Liebe. Bis heute ist unsere Beziehung zueinander vor allem von großem Respekt geprägt. Daher war für mich, als ich mit der Tanzerei anfing, klar, dass ich neben Nevada und Big T unbedingt den Experten konsultieren musste, der erstens einen konservativen Job hatte, mich zweitens bestens kannte und drittens immer ehrlich zu mir war.

»Goodge Street Station – please mind the gap between the train and the platform!«

Wir trafen uns wie immer in unserem Lieblingsrestaurant, einem kleinen Griechen mit sensationellem Zaziki. Alles war beinahe wie immer, das Interieur des Restaurants, Vassili, der Kellner, und der Experte mit einem sagenhaft schelmischen Lächeln im Gesicht mir gegenüber. Das Einzige, was neu war und mich fast in den Wahnsinn trieb, waren meine gerade neu erworbenen halterlosen Strümpfe, die ich unter meinem Rock trug. Juliana war noch in ihrer Findungsphase, der sogenannten Stripperinnen-Pubertät.

Mann, wieso rutschen diese Dinger denn immer runter? Die Verkäuferin hat doch gesagt, dass die bombenfest halten!

Der Experte wusste ganz offensichtlich nicht so recht, was ihn mehr faszinieren sollte: meine Geschichten aus dem Golden Girls Klub oder dass ich mir ständig an die Oberschenkel griff, um die Strümpfe nach oben zu ziehen. Ich fluchte in allen Sprachen, die mir einfielen, und selbstverständlich auch mit spanischem Akzent à la Ms. Darling.

Qué horror! Nie wieder werde ich diese Dinger anziehen, die sind einfach für andere Beine gemacht!

Irgendwann konnte ich es nicht mehr ertragen und rannte auf die Toilette, um die Folterinstrumente loszuwerden. Zunächst überlegte ich noch, ob ich die Strümpfe einfach am Waschbecken drapieren sollte, damit eine andere Dame einen Nutzen dafür finden konnte, aber am Ende war ich so grantig, dass die halterlosen Strümpfe mit Wucht und einem saftigen »Fuck you!« im Müll landeten.

Der Experte konnte sich nun ganz und gar auf meine Geschichten konzentrieren und beendete unser Dinner mit seinem im besten Oxford Englisch gesprochenen Satz: »Darling, I think you are absolutely fine!«

Das war also geklärt – ich hatte den Expertentest bestanden. Nun blieb nur noch die zweite und zugleich schwierigste Hürde: meine Mutter.

10

My Love Is The Shhh

Something for the People

Seit meiner ersten Nacht im Stripklub waren viele Monate vergangen, und es war an der Zeit, nach Hause zu meiner Mutter zu fahren. Seitdem ich angefangen hatte, in England zu studieren, kam ich circa zweimal im Jahr nach Deutschland, an Weihnachten und im Sommer. Es war immer schön, wieder nach Hause zu kommen. Zwar lebten meine Eltern schon seit Jahren getrennt und mein Vater mit seiner neuen Familie auf einem anderen Kontinent, dafür genoss meine Mutter die Zeit, in der sie ihre Tochter ganz für sich allein hatte, aber umso mehr. Sie las mir jeden Wunsch von den Lippen ab. Während sie meine Wäsche wusch, bügelte und flickte, hörte sie mir aufmerksam zu, was ich aus der großen Weltstadt London zu berichten hatte. Ich blieb meist nur für eine knappe Woche, denn es hatte schon einen Grund, warum ich damals weggezogen war. In London wollte ich, im Gegensatz zu meiner Heimatstadt, am liebsten alles in mir aufnehmen. Oft fühlte ich mich wie ein ausgetrockneter Schwamm, der alle neuen Erfahrungen aufsaugte. In meiner Heimat jedoch kannte ich jeden Winkel in- und auswendig … und auch die Meinung, die meine Mutter über meine neue Beschäftigung haben würde.

Nevada brachte mich zum Flughafen und sprach beruhigend auf mich ein. »Du musst ihr doch nichts erzählen. Bleib einfach ganz locker!«

Ich war sehr nervös, nach Hause zu fliegen, denn es war das

erste Mal, seit ich mit meinem Job als Stripperin angefangen hatte. Meine Mitbewohnerin küsste und drückte mich und versprach, mich wieder vom Flieger abzuholen.

Seit dem 11. September ist das Einchecken in ein Flugzeug viel schwieriger geworden. Früher durfte man Getränke mit an Bord nehmen und musste nicht jedes noch so harmlose Kleidungsstück ausziehen. Nicht, dass ich ein Problem damit hatte, mich auszuziehen, aber … na ja. Nicht überall war es für mich selbstverständlich.

Mein Handgepäck bestand aus einer schicken großen Ledertasche, die ich mir kurz vor meinem Trip bei Selfridges geleistet hatte. Italienisches Design und dabei noch im Angebot. Hatte ich unbedingt haben müssen. Bevor es für mich zum Terminal ging, lief ich noch schnell in die Buchhandlung, um mir ein paar Bücher für den Flug und die Zeit danach zu kaufen. Ich liebe es, zu lesen, und bis heute halte ich stets nach neuem Lesestoff Ausschau – besonders auf Flughäfen. Der Weg in die Buchhandlung gehörte zu einem meiner vielen Rituale auf dem Weg nach Hause.

Danach ging es, wie immer, noch zu *Pret a Manger*, einer Londoner Fast-Food-Kette, die die weltbesten Sandwiches überhaupt serviert; Antipasti auf Humus mit Vollkornweizenbrot war und ist mein absoluter Favorit. Seit ich England verlassen habe, habe ich die Sandwichkultur bei mir zuhause etabliert, und bei jedem Bissen spreche ich einen Toast auf die Insel aus. Cheers!

Satt und zufrieden saß ich am Gate und las in einem der Bücher, da wurde urplötzlich aus der schlechten Ahnung, die mir schon seit Tagen zu schaffen machte, nackte Panik. Bald würde ich auf meine Mutter treffen, die mich normalerweise durchschaute, als wäre ich aus Glas. Ich schluckte schwer. Was würde sie denken, wenn sie mich sah? Würde ihr etwas auffallen? Und wenn ja, was sollte ich dann sagen? Die Wahrheit? Würde sie die verkraften?

Es war nicht so, dass ich der Meinung war, etwas Falsches zu tun. Aber ich war mir nicht sicher, wie meine Mutter es finden würde, dass ihre Tochter nachts in einem Stripklub auftrat. Doch es gab kein Zurück mehr. Mein Flug wurde aufgerufen, und ich reihte mich mit einem unguten Gefühl im Bauch (eindeutig nicht vom Sandwich!) hinter den anderen Passagieren zum Boarding ein.

Die knappe Stunde nach Hamburg verbrachte ich unruhig und sehr nervös.

Servieren die hier eigentlich Bloody Marys? O Gott. Bitte!

Kaum waren wir in Hamburg gelandet, lief ich zur Toilette, um einen letzten Check zu machen.

Diskretes Make-up: check.

Unauffälliges Dekolleté: check.

Unterwäsche: ziemlich klein und heiß, aber die wird Mama ja nicht sehen, also: check.

Jeans: auf der Hüfte liegend und gerade noch okay: check.

Schuhe: ziemlich hoch, da Mama selbst klein ist und auf hohe Hacken setzt, wird ihr das jedoch nicht weiter auffallen, daher auch hier: check!

Und jetzt tief durchatmen.

»Hallo Mama!«

»Hallo Kind, meine Güte, du hast ja abgenommen! Und die tolle Tasche! Die ist ja hübsch! Ist die von einem bekannten Designer?«

O shit! Ich habe die Tasche vergessen! Wie soll ich Mama nur erklären, wie ich mir die leisten konnte?

Aber meine Mutter quasselte einfach weiter.

»Geht es dir gut? Ja? Schön. Schön! Hör mal, ich hab mir etwas überlegt, wir sollten diese Woche unbedingt … also nein, diese Tasche, wirklich toll! Die muss ja ein Vermögen wert sein! Ich dachte, London ist so schrecklich teuer?«

In meiner Not flunkerte ich meine Mutter an, dass das Nevadas Tasche war, die ich mir hatte ausleihen dürfen (Sorry, Mama!). Wozu hat man denn schließlich Freunde?

Sobald wir zu Hause angekommen waren, wurde wie immer gekocht, und nicht einfach nur ein Hauptgang. Nein, es waren drei Gänge. So ging das in den nächsten Tagen weiter – wie immer, wenn ich bei meiner Mutter zu Besuch war. Durch die regelmäßige Tanzerei war ich sehr viel drahtiger geworden, und nun versuchte meine Mutter offensichtlich, mir wieder ein paar Kilo mehr auf die Rippen zu zaubern.

Wir verbrachten einige sehr innige Tage miteinander, und trotzdem (oder gerade deswegen) brachte ich es nicht übers Herz, ihr von meinem neuen Job zu erzählen. Ich glaube, dass sie es eventuell sogar verstanden hätte, da sie mir immer vertraut und ein sehr offener Mensch ist, doch ich wollte ihr keine unnötigen Sorgen bereiten. Ihre einzige Tochter in einer fremden Großstadt, das war eine Sache. Aber ein Job in der Erotikindustrie? Ich befürchte, das wäre zu viel des Guten gewesen. Vermutlich hätte sie darauf bestanden, mich im Golden Girls zu besuchen. Und das wäre wirklich komisch gewesen, obwohl es tatsächlich Tänzerinnen bei uns gab, deren Mütter manchmal vorbeischauten, um nach dem Rechten zu sehen. Ich fand das stets rührend, aber irgendwie auch immer befremdlich.

Nein, ich konnte es ihr einfach nicht sagen. Auch nicht in dem Moment, als sie gerade dabei war, einen neu erstandenen hautengen schwarzen Catsuit für eine meiner Shows zu kürzen.

»O wow – geht man so in London in die Disco?«

»Äh, ja, auf Motto-Partys. Ist fast wie Fasching.«

Sie schwieg. Ich kann mir vorstellen, dass sie tief in ihrem Inneren gespürt hat, dass das nicht die einzige Erklärung war, aber sie ließ das Thema an diesem Tag auf sich beruhen – und auch die Tage danach. Vermutlich war sie einfach glücklich, weil sie sah, dass es ihrer Tochter gut ging. Was ich nachts tat, musste sie ja nicht unbedingt wissen … oder etwa doch?

Es gab einen klitzekleinen Moment, da wäre es mir fast rausgerutscht. Meine Mutter und ich machten gerade einen Spaziergang und plauderten über alte Bekannte.

»Erinnerst du dich noch an die Tochter von Michaela? Sie arbeitet jetzt als Tresenhilfe in einer Großraumdisko in der Nähe von Kiel. Nur im Bikini bekleidet!«

»Echt? Wieso?« Mir wurde plötzlich heiß und kalt.

»Na, sie studiert doch dort und verdient sich mit dem Job offensichtlich ein wenig Taschengeld dazu.«

»Aha.«

Meine Mutter kam richtig in Fahrt. »Also, ich finde das wirklich schade. Das ist doch so ein hübsches Mädchen, die hat das doch gar nicht nötig!«

»Was sagt denn Michaela dazu?«, fragte ich vorsichtig.

»Sie ist natürlich außer sich vor Sorge! Sie hat die ganze Zeit Angst, dass etwas passieren könnte.«

»Was zum Beispiel?«

»Na ja, was ist denn, wenn sie irgendein Typ besonders toll findet und ihr dann auf dem Nachhauseweg auflauert? Oder sie womöglich in der Uni erkennt?«

»Was wäre denn schlimmer? Dass er ihr auflauert oder dass er sie erkennt?«

Meine Mutter blieb stehen und guckte mich genervt an.

»Ist doch egal! Wenn er sie tagsüber erkennt, lauert er ihr vielleicht nach der Uni auf. Findest du das etwa nicht gefährlich?«

Ich zuckte mit den Schultern und schlug einen versöhnlichen Ton an: »Die Disko wird ja bestimmt über Sicherheitspersonal verfügen, das ein Auge auf die Angestellten hat. Und dass sie in der Uni erkannt werden kann – na ja, im Schwimmbad ist sie doch auch im Bikini!«

»Das ist doch etwas ganz anderes.«

»Ja? Warum?«

»Weil so ein Aufzug ins Schwimmbad gehört, und nicht in eine Disko!«

»Ich finde, du übertreibst ein wenig«, sagte ich vorsichtig.

Meine Mutter stapfte weiter und entgegnete genervt: »Zum Glück muss ich mir bei dir da ja keine Sorgen machen. Ich könnte sonst nachts nicht ruhig schlafen – das kannst du mir glauben!«

Wumms! Meine Mutter hatte mir, ohne es zu ahnen, einen Maulkorb verpasst, und ich beschloss, Juliana vorerst im Verborgenen zu halten. Ich wusste, dass der richtige Zeitpunkt für diese Konversation kommen würde, denn meine Mutter ist ein ausgesprochen toleranter Mensch und vertraut stets meinem Urteil. Umso schmerzvoller war es für mich, ihr meinen Job zu verheimlichen. Aber wie sagte sie selbst immer so schön: »Kommt Zeit, kommt Rat!«

Die Woche zu Hause verging wie immer wie im Flug, und ich fand mich schneller wieder am Hamburger Flughafen ein, als mir lieb war.

Meine Mutter brachte mich zum Check-in. Nachdem wir das Ritual der Umarmungen und Küsse hinter uns gebracht hatten, schaute sie mir streng in die Augen: »Ich weiß, das ist das, was du immer wolltest. Frei sein, reisen. Sei bitte vorsichtig, und feiere das Leben nicht allzu wild! Du weißt, dass ich dich sehr liebe und ich es nicht verkraften könnte, wenn dir etwas zustoßen sollte.«

Das war ein interessanter Kommentar meiner Mutter. Ich hatte es die ganze Woche über geschafft, ihren neugierigen Fragen aus dem Weg zu gehen, aber nun war ich mir nicht mehr sicher, ob sie nicht doch etwas gemerkt oder gespürt hatte. Sie sah mich ernst an und drückte mich noch mal fest an sich.

»Guten Flug, mein Schatz.«

Ich drehte mich um und ging. Während ich auf die Sicherheitskontrolle zusteuerte, schnürte es mir die Kehle zu. Die Tränen waren unvermeidlich, nur wollte ich sie noch so lange hinauszögern, bis ich alleine war. Als ich es endlich auf die Damentoilette geschafft und die Tür hinter mir geschlossen hatte, brach der Damm endlich, und die Tränen liefen in dicken Bächen meine Wangen hinunter. Ich war erstaunt über meine Emotionen. In London fühlte ich mich immer sehr stark, weil ich auch so wirken musste. Ich schottete mich ganz bewusst ab, und erst jetzt, als ich wieder in meiner gewohnten Umgebung war, merkte ich, wie sehr mich die Situation des ständigen Lügens doch beanspruchte. Selbst in meiner Wahlheimat wussten nur Nevada, Big T und der Experte von meinem Nebenjob. Sie verstanden mich und auch die Umstände, die diese Beschäftigung mit sich bringt. Ich glaubte nicht, dass meine Familie oder Freunde in Deutschland das verstehen würden. Und mir selbst wäre es in ihrer Situation wohl nicht anders gegangen. Ich fühlte mich zerrissen, denn ich fand grundsätzlich nichts Schlimmes an der Tanzerei, aber ich wusste auch, dass das heimliche Doppelleben irgendwann aufhören musste.

Ich kam mir vor wie eine Verräterin, weil ich meiner Mutter nicht die Wahrheit erzählt hatte. Mir blieb nur die Rechtfertigung, dass es zu ihrem eigenen Schutze und, zugegeben, auch für mich von Vorteil war – allein der Gedanke, dass sie mich jeden Tag anrufen würde, um zu fragen, wie die Nacht denn gelaufen war … O Gott! Trotzdem: Lügen waren zwar mein tägliches Brot bei der Arbeit, aber die eigene Familie anzuflunkern war doch etwas anderes.

Ich musste auf andere Gedanken kommen. Deswegen wusch ich mir die Hände und spritzte mir etwas Wasser ins Gesicht. Es war allerhöchste Zeit, mir auch die positiven Seiten meines Jobs vor Augen zu halten: Shopping im Duty-free-Himmel!

»Sie meinen also, diese Gucci-Sonnenbrille passt zu mir? Und das Parfum ist gerade erst auf den Markt gekommen?«

»Ja, es steht Ihnen beides fantastisch! Wie zahlen Sie? Mit Kreditkarte?«

»Cash, Darling. Nur Cash!«

11
Naughty Girl
Beyoncé

Mit neuer Brille, vollgepackter Tasche und zwei Kilo mehr auf den Rippen saß ich im Zug in Richtung Uni. Ich war im letzten Jahr meines Studiums und musste mich so langsam auf meine Bachelorarbeit vorbereiten. Ich tanzte nun seit sechs Monaten und ließ doch immer wieder die eine oder andere Vorlesung ausfallen, weil ich manchmal einfach zu müde war, um aufzustehen.

Auch an diesem Tag wäre ich beinahe liegen geblieben, allerdings hatte ich ein Gespräch mit einem meiner Dozenten, das konnte ich unmöglich ausfallen lassen. Der Plan war, möglichst lange in der Uni zu bleiben, alle relevanten Termine wahrzunehmen und danach zu Sofia zu fahren, damit wir uns gemeinsam für die Arbeit am Abend fertig machen konnten.

Der Sitz unter mir war ausgebeult und noch warm von dem Fahrgast vor mir. Perfekte Bedingungen also, um noch ein paar Minuten Schlaf nachzuholen und meinen geschundenen Hintern zu schonen. Wie so oft hatte ich letzte Nacht, na ja, eigentlich eher heute Morgen, noch mit Kitten auf der Bühne gestanden und neue Pole-Tricks geübt. Ich wollte unbedingt »The Snake« beherrschen – eine Figur, bei der man mit dem Rücken an der Stange steht, die Arme ausgestreckt nach oben. Dann zieht man sich nach oben, sodass sich die Beine wie bei einem Flickflack überschlagen und man schließlich kopfüber hängt. Man hält sein Gewicht mit den verkeilten Füßen an der Stange – auch dafür sind die Cinderella-Schuhe bestens geeignet, da sie durch das

Plastik absolut rutschfest sind. Sobald man kopfüber hängt, geht es nun darum, den Körper nach oben zu krümmen, damit es aussieht wie eine Schlangenbewegung. Nebenbei lockert man den Griff der Füße ein wenig, sodass man Stück für Stück nach unten zum Boden gleitet. Unten angekommen rollt man sich dann langsam auf den Rücken und endet in einer möglichst grazilen Pose in der Form des Buchstaben S. Was sich auf dem Papier nach ein paar einfachen Schritten anhört, ist in Wahrheit ein echter Knochenjob. Man braucht viel Kraft, und diese Kraft muss man gut dosieren, damit alles ganz leicht und grazil aussieht. Bei meinen ersten Versuchen landete ich jedes Mal mit einem satten Plumps auf dem Hintern. Aua! Auch in der letzten Nacht hatte ich mich nicht unbedingt besser angestellt, und so kam es, dass ich nicht nur übernächtigt war, sondern neben Muskelkater auch noch einen großen blauen Fleck auf meinem Hinterteil hatte. Ich hoffte inständig, Dr. McGrath würde mich nicht allzu lange bei sich im Zimmer sitzen lassen.

Doch vor meinem Termin bei ihm ging es in eine mehr oder weniger wichtige Vorlesung. Ich hatte mich mit Tracy und Fidelma, zwei Kommilitoninnen, in der Cafeteria verabredet.

»Hey Kathi, da bist du ja endlich mal wieder! Wie läuft's?«

Tracy kam aus London und war die Erste, die ich auf meiner Fresher's Week im ersten Jahr an der Uni kennengelernt hatte. Sie war ein paar Jahre jünger als ich, sehr blond und sehr lustig. Ich habe selten eine Frau getroffen, die so viel trinken und sich dabei auch noch gut benehmen konnte. Und das sage ausgerechnet ich, die nachts in einem Stripklub arbeitete.

»O Gott, Mädels, ich bin so fertig. Ich war erst um fünf Uhr zu Hause und hab nachher mein Gespräch mit Dr. McGrath.«

»Haha, hast du einen neuen Kerl, oder was?«

Fidelma, die Dritte im Bunde, war Irin und ständig auf der Suche nach einer neuen Romanze, daher ging es bei ihr auch immer nur um Kerle. Ganz im Gegensatz zu mir: Männer traf ich ja viele, doch war ich weit davon entfernt, nach der Liebe Ausschau zu halten.

»Ihr wisst doch … die langen Stunden im Kasino.«

Tracy und Fidelma wussten nicht, was mein wirklicher Nebenjob war. Ich hatte ihnen erzählt, dass ich in einem privaten Londoner Kasino arbeitete und daher oft spät nach Hause kam. So konnte ich ihnen auch glaubhaft machen, warum ich keinen Studentenkredit benötigte und häufig neue Klamotten trug. Tracy jobbte in einem Pub für sechs Pfund die Stunde und konnte sich kaum etwas leisten. Sie wohnte direkt neben dem Campus, der etwas außerhalb Londons liegt, sodass sie glücklicherweise nie auf die Idee kam, mich zu fragen, ob nicht noch Kellnerinnen in meinem Kasino gebraucht wurden. Die Strecke wäre einfach zu weit gewesen.

»Los, Mädels, wir sind schon spät dran.«

Fidelma gab uns einen Schubser, und schon liefen wir lachend den Flur in Richtung Hörsaal entlang.

Kaffee und Schokoriegel sind schon seit jeher meine Rettung gewesen. Zum Glück hatten Tracy und Fidelma vorgesorgt, und ich überstand die Vorlesung einigermaßen aufmerksam, auch wenn sich die beiden sicher fragten, warum ich meine Jacke auf dem Stuhl als Polster platziert hatte …

Bei Dr. McGrath hatte ich wieder Glück. Zwar musste ich es tatsächlich eine volle halbe Stunde auf seinem mittelalterlichen und furchtbar unbequemen Stuhl aushalten, aber er hatte Nachsicht mit mir, was meine Abschlussarbeit anging, und das war die Schmerzen allemal wert.

Dr. McGrath kam aus dem tiefsten Schottland, und selbst nach über zwei Jahren an der Uni hatte ich Schwierigkeiten, ihn zu verstehen. Sein Akzent war unglaublich ausgeprägt, und wenn ich mich nicht richtig konzentrierte, wusste ich manchmal gar nicht, worum es ging. Doch zum Glück hatte ich mich auf den Termin gut vorbereitet und war das Thema meiner Abschlussarbeit mit dem Experten vorher Punkt für Punkt durchgegangen.

Während Dr. McGrath mein Exposé studierte und ich ihm beim Lesen zuschaute, lief in meinem Kopf ein Film ab. Ich an der Stange, die Perspektive des Klubs kopfüber. Die Angst, meine Balance zu verlieren und mit dem Kopf auf die Tanzfläche zu knallen. Und vor allem der Schmerz in meinem Hintern. Unruhig rutschte ich auf der Sitzfläche des Holzstuhls hin und her. Meinem Lehrer fiel das natürlich auf, genau wie das verträumte Lächeln auf meinen Lippen.

»Kathi, ich finde Ihre Idee, Ihre Herkunft als Deutsche in Ihre Abschlussarbeit einfließen zu lassen, ganz wunderbar, aber bitte, tun Sie mir einen Gefallen.«

»Hm, wie bitte?«

Mit einem Mal verschwanden die Bilder von gestern Nacht, und ich befand mich nicht nur körperlich, sondern auch geistig wieder in dem mit Büchern vollgepackten grauen Zimmer meines Dozenten.

»Gehen Sie nachts nicht so viel aus. Ich weiß, London hat eine enorme Anziehungskraft auf einen jungen Menschen, aber, na ja, Sie wissen schon!«

Er sah dabei direkt auf den Boden, auf etwas, das neben meinem Stuhl lag.

Als ich seinem Blick folgte, erstarrte ich.

Oh nein – mein Outfit!

Tatsächlich ragte ein mit Pailletten besetzter roter Zipfel aus meiner Tasche.

Mist!

Ich muss ungefähr genauso rot geworden sein wie der Stoff meines Tanzoutfits. Mir wurde heiß und kalt zugleich. Hektisch stopfte ich den Zipfel in meine Tasche zurück und war dankbar, als Dr. McGrath konkrete Fragen zu meiner Abschlussarbeit stellte.

Als wir uns endlich verabschiedeten, guckte er mich mit einem feinen Lächeln im Gesicht an und sagte nichts. Bis heute bin ich mir nicht sicher, ob ihm klar war, was tatsächlich in meiner Tasche verborgen war und ob er über meine nächtlichen Ausflüge Bescheid wusste. Allerdings kann ich mir denken, dass er im Gegensatz zu meiner Mutter beim Anblick der Klamotten nicht an ein Faschingskostüm gedacht hat.

12

Private Dancer

Tina Turner

Als ich mich das erste Mal mit dem Thema Striptease befasst habe, kam das durch eher mittelmäßige Filme wie »Showgirls« mit Gina Gershon und »Striptease« mit Demi Moore. Diese beiden Filme geben einen ziemlich oberflächlichen Eindruck über die Welt des Striptease. Trotzdem zogen sie die Massen an, weil Sex sich bekanntlich gut verkauft und weil Menschen heimlich andere bewundern, die eine Außenseiterrolle in der Gesellschaft einnehmen. Es gibt ihnen Material, um sich darüber zu empören, zu tratschen oder vielleicht, wie im Falle des Striptease, auch einmal vor dem Spiegel zu stehen und sich in schöner Unterwäsche zu betrachten.

Striptease ist die Kunst, sich selbstbewusst und sinnlich auszuziehen und dabei stolz seine Nacktheit zu präsentieren. Ein guter Striptease besteht aus Grazie, Eleganz und Begierde – er ist ein Sinnbild der Weiblichkeit! Deswegen finden viele Frauen tief in ihrem Inneren die Art von Etablissements, in denen das erotische Tanzen gezeigt wird, interessant und anziehend. Es lockt der Geruch von Erotik, Testosteron und Adrenalin, alles ansprechend verpackt in heißer Lingerie und in Form von sinnlichen Bewegungen dargeboten. Wer guckt da nicht gerne hin?

Das Strippen ist jedoch Teil der Sexindustrie, und deswegen hat es ein schmuddeliges Image. Das Wort »Sexindustrie« stinkt nach dreckigem Sex, fleckigen Bettlaken und billigen Frauen –

obwohl auch Männer Teil des Business sind und sich genauso oft und gerne ausziehen wie ihre weiblichen Kollegen. Man denke nur an die Chippendales oder die California Dream Boys. Und selbst Hollywood hat den strippenden Mann bereits aufgegriffen, wie nicht zuletzt der Film »Magic Mike« aus dem Jahr 2012 mit Matthew McConaughey bewiesen hat. Interessanterweise werden die Männer in diesen Filmen jedoch nie minderwertig dargestellt, selbst wenn sie sich ausziehen oder sogar für Sex bezahlen lassen. Warum eigentlich?

Goldie, unser Chef aus dem Golden Girls Klub, hatte irgendwann einmal die Idee, samstags nicht nur die Puppen, sondern auch die Kerle tanzen zu lassen. So kam es also, dass wir ein halbes Jahr lang nicht nur Frauenstriptease, sondern auch halbnackte Männer im Repertoire hatten. Man kann sich vorstellen, wie eng es auf einmal auf unseren vierzig Quadratmetern im Backstage-Bereich wurde. Aber Goldie hatte den richtigen Riecher, es gab tatsächlich eine Marktlücke für nackte Männer in London. Allerdings war die Kombination von tanzenden Frauen und Männern am gleichen Abend nicht gerade förderlich, da sich die weiblichen Besucher von so viel nackter Haut gleichen Geschlechts meistens angegriffen fühlten und die männlichen Besucher geradezu allergisch auf Sixpacks und allzu prachtvolle männliche Gliedmaßen reagierten. Es war dennoch interessant zu beobachten, dass gerade die Männer unglaublich gut bei den Damen ankamen. Und die männlichen Kollegen waren nicht zimperlich, wenn es darum ging, sich später noch privat mit einer Besucherin des Golden Girls Klubs zu treffen und in der nächsten Woche damit zu prahlen. Faszinierend dabei ist, dass die Frauen, die einen Stripper mit zu sich nach Hause nahmen, ihn deswegen keineswegs als schlampig betrachteten. Sicherlich glaubte die eine oder andere, dass es wirklich Liebe war, dennoch waren die

Spielregeln meistens beiden klar und für alle Beteiligten völlig okay.

Bei den männlichen Gästen, die sich für uns Tänzerinnen interessierten, war das nicht unbedingt so. In einigen seltenen Fällen gab es hier und da verbale Herabsetzungen wie etwa »Schlampe« oder »Hure«, aber meistens wollten gerade diese Männer mehr als nur gucken. Paradox und natürlich auch auf das reale Leben übertragbar. Wir Frauen sollen ja am besten Jungfrau und Hure zugleich sein, während ein Mann in der Regel als Frauenheld gilt, wenn er mit möglichst vielen Damen etwas hatte.

Die Sexindustrie kommt in den Köpfen der Menschen unweigerlich mit Begriffen wie Gewalt, Vulgarität und Kriminalität in Berührung. Dabei gibt es das Strippen schon seit sehr langer Zeit. Niemand traut sich, ein konkretes Datum für die Entstehung des Striptease zu benennen, doch es existieren bereits Dokumentationen in der Bibel darüber, wie zum Beispiel Salomés Tanz. Aber wenn der erste Beleg für einen verführerischen Tanz ausgerechnet in der Heiligen Schrift zu finden ist, verstehe ich natürlich, warum sich bisher noch niemand eingehender mit diesem »heiklen« Thema beschäftigt hat – wie der Vatikan auf diese Neuigkeit wohl reagieren würde?

Der moderne Striptease, so wie wir ihn heute kennen, wurde Ende des 19. Jahrhunderts populär. Das *Moulin Rouge* in Paris und die ersten Burlesque-Tänzerinnen in Amerika stürmten die Bühnen von Zirkussen und hoben die Röcke, was das Zeug hielt. Der Tanz an der Stange, der sogenannte »Pole Dance«, kam erst ungefähr in der zweiten Hälfte des 20. Jahrhunderts auf und dominiert mittlerweile die Stripklubs der ganzen Welt. Doch auch wenn die Stange mittlerweile mehr in den Mittelpunkt geraten ist, sind in den Shows doch häufig Elemente aus dem *Moulin*

Rouge und dem ursprünglichen Burlesque zu erkennen. Kostüme, Rollenspiele und laszive Bewegungen verzücken das Publikum. Die nackte Haut wird dabei sehr schnell zur Statistin.

Überall auf der Welt gibt es mittlerweile Pole-Dance-Wettbewerbe, bei denen es um die Technik und Performance an der Stange geht. Das Aussehen der Tänzerinnen rückt bei diesen Veranstaltungen fast in den Hintergrund. Wie bei gutem Sex geht es dabei ja auch eher um die Technik und die Sinnlichkeit als nur um einen schönen Körper.

Nach meinem Besuch in Deutschland und dem Treffen mit dem Experten beschlossen meine Mitbewohner, Nevada und Big T, dass wir mal wieder etwas gemeinsam unternehmen sollten. Da wir alle keine besonders begeisterten Disko- oder Pubgänger waren, war ziemlich schnell klar, dass es in einen Stripklub gehen musste – und da ich Big T nach wie vor verbot, mich bei der Arbeit besuchen zu kommen, fand ich seinen Vorschlag, in einen anderen Klub zu gehen, nur mehr als fair.

In London war eine solche abendliche Vergnügung zu dieser Zeit sehr modern, und in den bekannten Frauenzeitschriften erschienen die ersten Artikel über Studentinnen wie mich, die sich mit dem Strippen ihr Studium finanzierten. Big T kannte sich gut in der Szene aus und hatte seine favorisierten Lokale, und so kam es, dass wir in einem Klub endeten, der zu einer Kette gehörte. Ja, auch Stripper kennen heutzutage Franchise. Wie beim McDonalds-Imperium sah es in jedem Klub des Unternehmens gleich aus, und es gab auch überall dasselbe auf der Karte: nackte Haut in Strass. Sogar die Tänzerinnen waren in verschiedenen Lokalen derselben Kette engagiert und tauchten auf den unterschiedlichen Bühnen der Franchisebetreiber auf, da sie ständig von Klub zu Klub wechseln mussten, was dazu führte, dass man(n) durchaus die Orientierung verlieren konnte: Wo war ich eigentlich gerade? Holborn oder Finchley?

Ich persönlich war kein großer Fan von diesen Klubs, denn sie waren dafür bekannt, dass hier wirklich jeder arbeiten durfte und die Shows ziemlich freizügig waren – irgendwie klar, warum Big T gerade diese Läden ansteuerte.

Das Entree, das wir gemeinsam betraten, war in dunklem Blau gehalten, und auch sonst überwog die Farbe. An den Wänden hingen überall Spiegel, sodass man permanent das Gefühl hatte, sich in einem Spiegelkabinett aufzuhalten. Mir wurde ganz schwindlig, zumal sich in den Glasscheiben Hunderte von Frauen zu spiegeln schienen. Der Effekt ging auch an Big T nicht vorbei. Er hatte ganz glasige Augen vor Vorfreude. (Glasig! Was sagt uns das noch? Richtig!)

Eine Kellnerin in schwarzen Hotpants und einer Weste, unter der sie nicht mehr als einen Push-up-BH trug, brachte uns zu einem der Tische. Die Bühnenshow war schon im Gange, und zu den Klängen von Britney Spears' »Toxic« entledigte sich eine kleine Blondine ihrer wenigen Kleider. Sie wirkte dabei eher stürmisch und unkoordiniert, und Goldie hätte sie für ihre Hektik sicher längst gerügt oder nach Hause geschickt. Wir bestellten drei völlig überteuerte Wodka Cranberry und sahen uns um. Etwa zwanzig Frauen standen an der Bar, viele lachten und tranken aus Sektgläsern. In diesem Klub waren die Bühnenshows eher sekundär, die Mädchen mussten sich stattdessen an die Gäste ranmachen, um schnell an einen Tabledance zu kommen. Auch hier kosteten die Tänze zwischen 10 und 20 Pfund.

Viele der Frauen beäugten uns eher skeptisch. Es war immer schwierig, wenn weibliche Gäste in den Klub kamen. Ich fand das jedoch (selbst als Tänzerin) stets besonders spannend, denn Frauen sind schließlich die größten Kritiker. Sie bewerten niemanden so streng wie sich selbst oder eine Konkurrentin. Ein Kompliment von einer Frau zu bekommen hat immer einen viel größeren Stellenwert als von einem Mann. Aber man muss vorsichtig sein, gerade wenn ein Paar den Klub betritt. Flirtet man zu sehr mit dem Mann, geht das meistens in die Hose. Viele Tänzerinnen machen diesen Fehler und ignorieren die Frau aus Unsicherheit – dabei ist sie am wichtigsten. Bei meinen Bühnenshows lächelte ich immer zuerst den Frauen zu; aus Respekt und auch für ihren Mut. Wenn ich dann ein Lächeln zurückbekam, war das Eis sofort gebrochen, und ich konnte mir sicher sein, früher oder später für sie zu tanzen. Eine einzige Frau am Tisch zu überzeugen ist einfacher, als wenn mehrere dort sitzen, da sie sich zusammen stärker fühlen und in ihrer Unsicherheit eher zur Stutenbissigkeit neigen. Einige der Klubs verbieten Frauen den Zutritt sogar ganz, da es manchmal zu regelrechten Eifersuchtsattacken zwischen ihnen und ihrem Partner kommt. Ich finde das idiotisch. Man sollte lieber die Tänzerinnen darin schulen, gerade den weiblichen Gästen gegenüber zuvorkommend zu sein, denn die Frauen geben häufig am großzügigsten Trinkgeld und haben das Portemonnaie ihrer Männer oft fest in der Hand. Einmal auf den Geschmack gekommen, bestellen sie meistens einen Tabledance nach dem anderen.

Vermutlich war genau diese Unsicherheit der Tänzerinnen der Grund, warum wir an diesem Abend mehr oder weniger in Ruhe gelassen wurden. Die meisten Damen in diesem Klub hatten uns registriert, ignorierten uns aber weitestgehend. Ich war mir sicher, sobald Nevada und ich aufs Klo gingen, würden sie über Big T herfallen wie eine Heuschreckenplage.

Als unsere Drinks endlich kamen, schlug Big T vor, dass wir uns ein paar Mädchen aussuchten. Die Party konnte also beginnen! Auf der Bühne tanzte zu diesem Zeitpunkt eine karamellfarbene Schönheit mit blond gefärbten Haaren und einem wunderschönen kleinen Hintern. Ich tippte auf Brasilien, denn niemand bewegt sich so wie diese Frauen. Und ich wusste sofort: Die sollte es werden. Sie fing meine bewundernden Blicke auf und kam nach ihrer Show direkt zu uns an den Tisch. Sie stellte sich als Nikita vor und kam, wie ich es mir schon gedacht hatte, aus Brasilien. Big T gab ihr Geld für einen Tabledance, und sie legte los.

Sie sah fantastisch aus. Goldene Haut, falsche, aber natürlich wirkende Brüste (die besten Schönheitsoperationen werden nach wie vor in Brasilien gemacht) und ein sehr ebenmäßiges Gesicht. Als sie anfing zu tanzen, stellte ich zufrieden fest, dass ich die richtige Entscheidung getroffen hatte. Sie wusste genau, worauf es ankam. Männer wählen die Frauen oft nur nach ihrem Aussehen aus und sind dann manchmal vom Tanz enttäuscht. Bei einem gekonnten Striptease kommt es jedoch vor allem auf die Ausstrahlung und den Blickkontakt an. Die Augen sind meiner Meinung nach das wichtigste Werkzeug einer Stripperin, denn erst durch sie wird eine Beziehung zum Gast aufgebaut. Bei einem Gespräch fällt es immer positiv auf, wenn einer dem anderen in die Augen sieht. Genauso verhält es sich auch bei einem Striptease: Blickkontakt macht die Sache persönlich und ist viel aufregender als ein nackter Körper, auch wenn dieser dir gerade sehr eindringlich seine Reize präsentiert.

Nikita wusste genau, was sie tat, und ignorierte die Regel des Klubs, mindestens einen Meter vom Gast entfernt zu tanzen. Sie kam so nah an mich heran, dass ich ihren Atem spürte. Während sie sich langsam auszog, unterbrach sie nicht ein einziges Mal unseren Blickkontakt. Das war ganz schön heiß. Ab und zu ließ sie mich ihren Körper ansehen, indem sie ihre Augen auf ihre Brüste oder ihren Bauch senkte und meinen Blick damit lenkte.

Das war ein guter Trick, denn so kontrollierte sie, wie viel ich mir wirklich ansehen durfte. Ich kann mich bis heute nicht mehr an die Musik erinnern, die während ihrer Performance für mich spielte, noch weiß ich, was sie eigentlich anhatte, aber ihre elektrisierenden Augen sehe ich auch heute noch regelmäßig vor mir.

Ab und zu streiften ihre Haare meine Arme, und ich wollte sie am liebsten berühren. Da wurde mir erst bewusst, welch Herausforderung es für einen Mann bedeuten musste, sich zu beherrschen – wie eine Mücke, die vom Licht angezogen wird, nur um bei der kleinsten Berührung zu verbrennen. Genauso war es auch in einem Stripklub. Anfassen verboten, egal, wie schwer es fiel, ansonsten warteten die Sicherheitsleute. Allerdings muss ich zugeben, dass ich oft eher den Eindruck hatte, dass die Männer Angst hatten. Bei einem guten Striptease waren sie wie erstarrt, erst recht, wenn man sie die ganze Zeit dabei ansah. Ironischerweise gucken die meisten Tänzerinnen jedoch durch die Männer hindurch, wie bei einem Tagtraum. Ich selbst bin ein gutes Beispiel dafür. Bei dem x-ten Tabledance an einem Abend ertappte ich mich regelmäßig dabei, wie ich die To-do-Liste für den nächsten Tag durchging: Essen kochen, Wäsche aufhängen, Sport machen – und muss ich etwa schon wieder auf die Toilette? Ja, so sexy kann ein Striptease in einem Stripklub wirklich sein.

Nikita dachte mit Sicherheit auch an andere Dinge als an eine heiße Nummer mit mir, und ehe ich es mich versah, war der Tanz vorüber, ohne dass ich überhaupt viel davon mitbekommen hatte. Waren das schon vier Minuten gewesen? Jede gute Tänzerin wusste, dass Blickkontakt einen immensen Effekt hatte und vor allem viel Raum für viel Beschiss ließ. Vier Minuten? Hatte sie sich überhaupt ausgezogen? So ziemlich alles in einem Stripklub war Abzocke!

Während ich mich nach dem Tanz sammelte, zog sich Nikita schnell an. »Bist du auch Tänzerin?«

»Ja. Im Golden Girls.«

Ich lächelte. Tänzerinnen erkannten sich doch immer.

»Dann muss ich da bald mal vorbeischauen.« Sie zwinkerte mir zu. »Adeus, gostosa!«

Ich war immer noch von ihrem Auftritt gefesselt. Das war wirklich eine interessante Perspektive gewesen! Und sie half mir, besser zu verstehen, wie es Männern ging, die meinen Reizen nicht widerstehen konnten und wie Butter in der Sonne dahinschmolzen, wenn ich sie erst einmal am Wickel hatte.

Anleitung für einen perfekten Striptease

Vielleicht hat sich die eine oder andere beim Lesen überlegt, wie es wäre, mal einen richtigen Striptease zu Hause auszuprobieren, vielleicht nur für sich vor dem Spiegel oder sogar als Überraschung für den Partner oder die Partnerin. Hierzu ein paar kleine Tipps und Tricks.

Kleidung

Bevor das erotische Ausziehen beginnen kann, braucht ihr erst einmal etwas Schönes zum Anziehen. Für die eine sind das Strapse, die andere liebt es eher klassisch oder verrucht. Den Fantasien sollten keine Grenzen gesetzt werden. Wer schon immer mal Lust hatte, die sexy Latex-Krankenschwester zu spielen, findet im Internet sicher das Richtige. Wem das alles aber zu klischeehaft oder aufwendig ist, dem genügt auch ein hübsches Wäsche-Set von H&M. Hauptsache, man fühlt sich wohl – der Effekt kommt dann von ganz allein.

Wichtig ist, dass ihr den Teil eures Körpers, den ihr am besten findet, am meisten betont – und umgekehrt. Wenn ihr beispielsweise eure Beine nicht so mögt, müsst ihr sie nicht direkt in ein Minikleid stecken, sondern könnt sie mit langen Röcken mit hohem Beinausschnitt leicht kaschieren, damit alles optisch verlängert wird. Röllchen am Bauch sind erst dann schlimm, wenn man zu enge Sachen trägt, ansonsten hat der

Bauchumfang mit der erotischen Ausstrahlung einer Frau nur wenig zu tun. Ich habe mal in einem Klub getanzt, in dem eines der Mädchen etwas mehr auf den Hüften hatte. Doch die Art, mit der sie sich bewegte, war so gut, dass ihre Bauchröllchen dadurch unglaublich sexy wirkten, wie bei einem gekonnten Bauchtanz – auch da werden üppigere Rundungen stets vorgezogen. Beim Modeln gilt, je dünner die Frau, desto besser sehen die Kleider aus. Beim Striptease muss nur alles ins rechte Licht gerückt werden, da ist ein wenig Fleisch auf den Rippen wesentlich besser als Rippen pur! Aber am wichtigsten ist, dass ihr euch wirklich wohlfühlt.

Das Einzige, was ich wirklich empfehle, sind hohe Schuhe. Es müssen nicht gleich die Fünfzehn-Zentimeter-Absätze sein, ein wenig Höhe sollten sie jedoch schon haben, denn durch sie bekommt ihr gleich ein anderes Körpergefühl und sorgt automatisch für Körperspannung, was grazil und erotisch wirkt. Wenn ihr in den hohen Hacken nicht so gut laufen könnt, macht das nichts: einfach irgendwo festhalten beim Tanzen. Die Schuhe könnt ihr beim Finale dann einfach wegkicken.

Musik

Als zweiten Schritt solltet ihr euch eine Musik auswählen, auf die man sich sexy bewegen kann. Songs wie »Private Dancer« von Tina Turner oder »You Can Leave Your Hat On« von Joe Cocker sind natürlich Klassiker, aber vielleicht auch etwas verstaubt und erinnern mehr an Junggesellenpartys oder Auftritte der Chippendales. Letztendlich geht alles, was man selbst mag. Ich habe schon Songs von Slip Knot oder Korn in einer Hammerperformance gesehen, auch wenn das keine Lieder sind, die ich selbst auswählen würde. Als kleine Anregung findet ihr meine Lieblingssongs bei jedem neuen Kapitelanfang.

Atmosphäre/Licht

Ganz wichtig ist es, das Licht etwas zu dimmen, damit garantiert die richtige Atmosphäre entsteht. Kein Striptease sieht bei Staatsbeleuchtung wirklich gut aus. Es geht ja schließlich darum, nicht alles zu sehen, sondern nur zu erahnen, also bitte die 100-Watt-Lampen ausmachen! Kerzen sind toll, genau wie leicht rötliches Licht, aber es reicht auch völlig aus, nur ein paar Tischlampen, zum Beispiel im Schlafzimmer, anzulassen. Ein bisschen etwas sehen soll euer Partner ja schon. Außerdem lässt gedimmtes Licht jede Cellulitiscreme vor Neid erblassen!

Striptease

Nun kommen wir zum wichtigsten Teil: dem eigentlichen Striptease. Hierbei gibt es natürlich viele Tricks, wie man sich richtig in Bewegung setzt. Am besten guckt ihr euch mal ein paar Pussy-Cat-Dolls-Videos genauer an. Außerdem empfehle ich immer langsame, sinnliche Bewegungen. Hört euch einfach den Rhythmus des Liedes an und tanzt auf jeden zweiten Schlag, sodass ihr euch wie in Zeitlupe bewegt. Übt das Ganze doch mal vor einem Spiegel. Ihr werdet sehen, dass es viel Spaß macht, wenn man erst mal den Dreh raushat. Dabei sind eurer Fantasie keine Grenzen gesetzt, wobei ich euch eines gerne mit auf den Weg geben würde: Weniger ist bei einem gekonnten Striptease sehr oft mehr. Je weniger offensiv die eigenen Reize präsentiert werden, umso mehr wirken sie. Das heißt, man kann sich gerne auf den Boden legen und die Beine spreizen, aber dann bitte nur kurz und noch im angezogenen Zustand, damit es beim Betrachter nur die Fantasie anregt – und nicht mehr. Zu viel Realität ruiniert die Sinnlichkeit. Gerne darf man sich auch einen Stuhl als Requisite nehmen, an dem man sich wunderbar festhalten kann. Eine Sofalehne tut es zur Not natürlich auch.

Sobald ihr euch wirklich wohlfühlt, ist es Zeit für die Show. Bittet euren Liebsten oder eure Liebste sich hinzusetzen, entweder aufs Bett oder auf einen Stuhl, und legt los. Wichtig: Lasst euer Gegenüber niemals aus den Augen, und erlaubt nicht euch anzufassen, denn es soll ja nur ein »Tease«, ein Kitzeln oder Necken, eine kleine Kostprobe sein, die die Fantasie verrücktspielen lässt. Ihr könnt euch auch in einen Sessel setzen und euern Partner oder eure Partnerin so zum Voyeur machen. Dabei solltet ihr beachten: Setzt euch mit dem Po auf die Sesselkante und nicht auf die komplette Sitzfläche, das sieht schlanker und graziler aus. Und immer den Körper gespannt halten: Brust raus, Bauch rein.

Sehr weiblich ist es außerdem, mit seinen Haaren zu spielen, vorausgesetzt, dass man lange Haare hat. Mädchen mit kurzen Haaren empfehle ich, ab und zu den Kopf zur Seite zu bewegen und wirklich nie die Augen abzuwenden. Wie lange ihr tanzt, wann ihr euch auszieht und was danach geschieht, bleibt euch allein überlassen. Letztendlich ist alles erlaubt, womit ihr euch wohlfühlt. Natürlich auch, euer Gegenüber anzufassen – denkt aber auch hier daran, dass in jedem Fall weniger mehr ist. Ihr könnt euch langsam anpirschen, indem ihr euch mit den Händen auf seinen oder ihren Knien abstützt und dabei eure Haare über seinem Schoß ausschüttelt.

Oder ihr geht so nah wie möglich an ihn oder sie heran und atmet ganz sanft ins Ohr. Dabei ist wichtig, dass ihr den Körper eures Gegenübers nie direkt berührt, denn damit unterbrecht ihr den »Tease«. Vernaschen könnt ihr euren Schatz danach immer noch, aber vorher soll er schmelzen – und das wird er spätestens bei der Sache mit den Ohren!

13

Hot In Here

Nelly

Geldverdienen ist ein wichtiger Bestandteil im Leben einer Tänzerin, aber auch Geldausgeben gehört dazu. Ich war zwar nicht so fixiert auf Designersachen wie andere, doch natürlich war auch ich fasziniert von den funkelnden Geschäften der Oxford Street und dem Duft von gutem Essen (nicht leicht zu finden in England – vor allem, wenn man es sich leisten können will). Nach einer besonders lukrativen Nacht war es an der Zeit, mir etwas zu gönnen, und so fuhr ich vor meiner nächsten Schicht zu Selfridges, einem der größten und besten Kaufhäuser Londons. Es ist ein wirklich schrecklicher Laden. Überall lauern die Verlockungen in Form von schöner Unterwäsche, edlen Handtaschen und wunderbaren Schuhen. In meinen Augen ist es das Paradies.

Ich war gerade dabei, verschiedene Stiefel anzuprobieren, da sah ich plötzlich Nicky in einem der vielen Gänge stehen. In jeder Hand trug sie fünf verschiedene Designertüten. Ihre Haare waren lang und falsch und ihre Haut ledrig von zu vielen Sitzungen auf der Sonnenbank. Sogar von Weitem konnte man deutlich erkennen, dass sie eine Stripperin war.

Ich versteckte mich schnell in einer der Umkleidekabinen und hoffte, dass sie mich nicht sehen würde. Auf gar keinen Fall wollte ich mit ihr gesehen werden! Und während ich da so hinter dem Vorhang stand, hatte ich ein wenig Zeit, mich selbst einmal gründlich im Spiegel zu betrachten.

Ich erschrak.

O Gott! Sehe ich etwa auch schon so aus?

Spieglein, Spieglein an der Wand, wer ist die offensichtlichste Stripperin im ganzen Land?

Panik machte sich in mir breit.

Da ich mich auf dem Weg zur Arbeit befand und mich ungerne in dem Gedränge des Backstage-Bereichs fertig machte, war ich schon ziemlich auffällig geschminkt. In London nicht unbedingt etwas Aufregendes. Trotzdem konnte man im grellen Licht der Kabine die Ränder unter meinen Augen sehen. Meine Klamotten waren eng und für mein Alter ziemlich normal: Hüfthose und ein Top, das je nach Bewegung ein Stück von meinem Bauch entblößte. So weit, so gut. Nur hatte ich es ein wenig mit der Bräunungslotion übertrieben. Im dunklen Licht des Klubs würde ich natürlich gut gebräunt aussehen, im Tageslicht glich ich jedoch eher einer Orange. Oje. Meine Fingernägel waren aus Acryl und lang. Das Einzige, was ich noch nicht hatte, waren gemachte Brüste und Haarverlängerungen. Allerdings hatte ich bereits einen Termin beim Friseur, um mir mithilfe von Extensions eine richtige Mähne verpassen zu lassen.

Hier, im schonungslosen Licht der Umkleidekabine, gefiel mir das alles gar nicht mehr so gut. Bei der Arbeit war ich schon eines der eher natürlicheren Mädchen, aber im normalen Leben war ich an »normal« lange vorbei. Es war ein Teufelskreis. Als Tänzerin verdienten wir alle viel Geld, mussten es jedoch wieder in unser Aussehen investieren, um gut und frisch auszusehen. Die meisten Mädchen gaben einen Großteil ihres Einkommens für Make-up, Haare und Klamotten aus. Kein Wunder also, dass ein bisschen von dem falschen Glitzer auch an mir hängen blieb.

Madison hat mir das mal so erklärt: Als Tänzerin musste sie immer interessant und frisch aussehen, also ging sie jeden Monat zum Friseur (70 Pfund), ließ sich alle zwei Wochen die Nägel machen (60 Pfund), besuchte zweimal die Woche das Solarium (20 Pfund) und kaufte teure Bräunungslotionen (20 Pfund), ging mindestens einmal im Monat zur Kosmetik (80 Pfund), ließ sich regelmäßig Extensions machen (400 Pfund), brauchte alle zwei Monate neue Glasschuhe (die fangen sehr schnell an zu stinken, falls sich jemand wundert, und kosten circa 70 Pfund), ließ sich neue Brüste in Thailand machen (2 000 Pfund) und sparte dann auch noch auf eine neue Nase (2 500 Pfund). Und das war nur die Basis. Natürlich fuhr sie ein schickes Auto (BMW Cabrio: 35 000 Pfund) und reiste im Januar und August (die schwächsten Monate in der Stripindustrie) für vier Wochen an einen exotischen Platz auf der Erde in den Urlaub (pro Reise: 2 000 Pfund). Allein ihre normalen Ausgaben überstiegen schon die Höhe eines überdurchschnittlichen Jahresgehalts. Man kann sich also leicht ausrechnen, wie viel sie verdienen musste, um sich diesen Lebensstil zu leisten – und das tat sie auch.

Zurück im Kaufhaus nahm ich mein Telefon aus der Tasche und sagte meinen Friseurtermin ab. Außerdem schwor ich mir, weniger enge Jeans zu tragen, zumindest aber nicht in Kombination mit einem zu kurzen Top, das ständig meinen Bauch und meinen glitzernden Bauchnabelring freilegte. Big T machte sowieso ständig Witze darüber, dass ich irgendwann mal deswegen von einem Schwarm Elstern attackiert werden würde. Er sah schon die Überschrift in der Zeitung am nächsten Morgen: STRIPPERIN VERBLUTET NACH ELSTERATTACKE! Ja, ja, sehr witzig.

Als ich zur Arbeit kam, war mir nicht mehr nach Arbeiten zumute. Ich fühlte mich unsicher und ahnte, dass sich meine schlechte Stimmung auf meine Performance auswirken würde. Ich bat Sam, gehen zu dürfen, und er rief mir ohne zu zögern ein Taxi. Zuhause angekommen verbrachte ich mehrere Stunden im

Badezimmer. Nevada bereitete in der Küche mein Lieblingsgericht zu, während ich versuchte, die orangefarbene Färbung von meiner Haut zu bürsten.

Am nächsten Morgen hatte ich rote, brennende Arme anstelle von orangefarbenen, aber ich fühlte mich dennoch um einiges besser. Trotzdem war es Zeit für einen Realitätscheck. Mein letztes Jahr an der Universität war fast vorbei, und ich musste nur noch meine Abschlussarbeit einreichen. Bisher hatte ich noch nicht viel dafür getan, da ich so beschäftigt mit meinem Nebenjob und der daraus resultierenden Freiheit gewesen war. Erneut bekam ich Panik: Ich hatte nur noch sechs Wochen Zeit, um die Arbeit zu beenden! Und was kam bloß danach? Darüber hatte ich mir selbstverständlich noch keine Gedanken gemacht. Das musste sich ändern. Zum Glück wusste ich, dass ich relativ diszipliniert sein konnte, wenn ich nur genügend Druck verspürte – und mehr Druck ging im Augenblick fast nicht. Trotz Shoppingtrips und Einkäufen im Gourmetsupermarkt hatte ich eine Menge Geld gespart, genau aus diesem Grund: um mir Zeit zu nehmen, um die Bachelorarbeit zu schreiben. Ich strukturierte also meinen Wochenplan genau und beschloss, erst dann wieder zu arbeiten, wenn das Gerüst der Abschlussarbeit stand.

Selbsterkenntnis ist der erste Weg zur Besserung? Na ja. Ich hielt es gerade mal eine ganze Woche aus, dann vermisste ich die Arbeit. Es war nicht so, dass ich süchtig danach war, aber das Tanzen machte mir einfach sehr viel Spaß. Ich mochte die Zeit mit den Mädchen backstage, wenn wir uns aufdonnerten und alle von ihren Problemchen zuhause erzählten. Jede hatte ihr eigenes Schicksal, jede eine stinknormale Geschichte. Trotz der Bühnennamen wussten wir relativ viel übereinander, und der Zusammenhalt war enorm. Als Bambi einmal weinend zur Arbeit kam, weil ihr Freund mit ihr Schluss gemacht hatte, organisierten wir eine Flasche Champagner und halfen ihr beim Schminken, während wir sie moralisch anfeuerten und ihren Freund verfluchten. Am Ende des Abends ging sie angetrunken, aber um einiges stärker nach Hause. Das Arbeiten hatte immer etwas von einer Party mit Frauen und gutem Prosecco. Wir verkleideten uns, gaben uns zum Teil alberne Namen und verdienten auch noch eine Stange Geld damit. Was war daran falsch? Und konnte es so weitergehen? Für wie lange?

Jedes Mal, wenn ich einen Stripklub betrete, muss ich sofort an das Lied »Barbie Girl« der Band Aqua denken: »I'm a Barbie girl in a Barbie world, life in plastic – it's fantastic.«

Die Textzeilen beschreiben das Herz eines Klubs, die Frauen, wirklich treffend: Alles ist meist so schrecklich künstlich! Am offensichtlichsten sind natürlich die Brüste – die gibt es in einem Stripklub in unzähligen Varianten, und nur die wenigsten sind echt. Es gibt tropfenförmige Brüste mit etwas höher auf der Brust angesetzten Brustwarzen, die einen jugendlichen Look garantieren – ein absoluter Favorit der Brasilianerinnen. Runde, pralle Brüste im Stil von Pamela Anderson erwecken schnell die Assoziation an zu große Tennisbälle. Trotzdem ist dies ein sehr populärer Look, der gerade in den USA und Europa oft operiert wird. Große, natürlich aussehende Brüste sind entweder von Mutter naturgegeben oder von einem besonders guten Schönheitschirurgen (meistens aus Thailand) modelliert. Diese Brust hängt ein wenig (besonders im Vergleich zu den Tennisbällen à la Pamela) und sieht auf den ersten Blick nicht »fake« aus.

Doch die Brüste sind nur die sprichwörtliche Spitze des Eisbergs. Botox lässt Falten verschwinden und gehörte bei uns im Klub zum guten Ton. Als sogar die 18-Jährigen damit anfingen, musste ich meine Stirn deswegen umso mehr runzeln.

Künstliche Bräune, ob aus dem Solarium oder der Tube, ist in allen Stripklubs dieser Welt an der Tagesordnung. Die meisten Tänzerinnen (bis auf die Schneewittchen-Typen) sehen immer aus, als kämen sie gerade aus einem Karibikurlaub. Tagsüber verstecken sie ihre Haut unter langen, schlabberigen Jogginganzügen, denn die künstliche Bräune sieht im schummrigen Licht zwar schön aus, im Tageslicht wirkt sie jedoch fürchterlich künstlich. Nicht sehr glamourös …

Als das Unterwäsche-Label Victoria's Secret bekannt gab, dass alle Models, die auf den Modenschauen laufen, die Haare verlängern lassen, konnten die Stripperinnen nur müde lächeln. Das ist schon seit Jahren ein alter Hut in der Szene. Gähn.

Künstliche Nägel sind genauso wichtig wie ein künstliches Lächeln. Bei den ganzen Scheinwerfern kann man sich als Gast nie ganz sicher sein, dass das Lächeln für einen selbst bestimmt ist. In der Tat ist es so, dass die meisten Mädchen lächeln, weil sie sich wohl in ihrer Rolle fühlen oder gerade an ihren Freund, ihre Kinder oder an ihren nächsten Urlaub denken.

Das größte Klischee (und gleichzeitig auch so wahr) beim Strippen: Glitzer! Alles muss in irgendeiner Form glitzern. Gesichtspuder, Körperpuder oder Lotion, Strass auf den Jeans, Strass auf den Nägeln, dem Handy, der Tasche, dem Feuerzeug – einfach auf allem! Später verboten viele Klubs den Gebrauch von Glitzer, weil die kleinen Partikel an der Stange festkleben und so gefährlich rutschig werden. Und natürlich auch mal an einem Revers haften bleiben: »Äh, Schatz, wo wart ihr gestern noch beim Geschäftsessen?«

Auf die Spitze getrieben wurde das künstliche Aussehen von einer Tänzerin namens Barbie, die wirklich wie ihre Namensvetterin aus der Plastikbox aussah. Obwohl sie bei weitem mehr Plastik zu bieten hatte als die Puppe und die Box zusammen. Barbie kam aus Essex, einem Vorort Londons, der für DD-brüstige Damen und wildes Auftreten bekannt ist. Immer wenn Katie Price eine neue Brust-OP ankündigte, ging es auch für Barbie in die Klinik. Es war ein Wunder, dass ihre zierliche Figur die immer schwerer werdenden Implantate aushielt. Sie hatte vor ihrem Job als Tänzerin als Sekretärin in der Londoner City gearbeitet und irgendwann die Nase voll von den Überstunden und dem mickrigen Gehalt gehabt. Ihre komplette Arbeitszeit hatte sie mit der Lektüre der Klatschspalten verbracht und davon geträumt, selbst prominent zu werden. Als ihr Boss sie dann endlich feuerte, marschierte sie direkt in eine der typisch englischen Sportbars und fragte nach einem Job als Tänzerin. Erst als sie genug Geld gespart hatte, um sich die verschiedenen Operationen an Brust und Kinn zu leisten, traute sie sich in einen Stripklub. Die City Boys liebten ihre weißblonden Haare und die mit Lipgloss bepinselten Goldfischlippen. Sie verkörperte die perfekte blonde Fantasie eines Mannes – und wie wir alle gelernt haben, ist die Illusion das Wichtigste, um Erfolg zu haben.

In Barbies Augen spiegelte sich ihre Einfachheit wider, doch das hielt sie nicht davon ab, eine der Besserverdienenden des Klubs zu werden. Es dauerte nicht lange, bis sie die Allüren einer Diva annahm. Eines Nachts hörte ich, wie sie sich mit dem Taxiunternehmer stritt und darauf bestand, mit einem Mercedes nach Hause gefahren zu werden. Dass es in der Flotte kein einziges Modell dieser Marke gab, interessierte sie nicht. Einer der Besucher schenkte ihr schließlich einen Mercedes SLK, und von nun an holte sie ihr Cousin nachts von der Arbeit ab. Ja, sie war definitiv eine Klasse für sich. Allerdings stieg ihr der Erfolg so schnell wie manch weißes Pülverchen zu Kopf, und so erwischte man sie bald schon im VIP-Bereich, wie sie Nasen mit einem Banker zog. Das wurde leider gar nicht toleriert, und sie flog noch in derselben Nacht hochkant raus. Ich war wirklich etwas traurig, als sie weg war, denn keine von uns stolperte nach zu viel Champagner so herrlich durch die Gegend und vergoss so viele Tränen, wenn ein Nagel abgebrochen war. Sie war unser ganz spezielles und privates Entertainment.

Ich machte im Gegensatz zu Barbie und einigen anderen Kolleginnen nicht jeden Trend mit, der in der Stripperbranche üblich war, bemerkte aber dennoch einige Veränderungen an meinem Äußeren, die auch der restlichen Welt nicht verborgen blieben. Immer häufiger wurde ich von Fremden angestarrt. Dies und mein erschrockener Blick in den Spiegel bei Selfridges brachten mich dazu, mich zukünftig um einiges unauffälliger zu kleiden und zu schminken. Ich ließ Juliana von diesem Zeitpunkt an nur zum Vorschein kommen, wenn ich meine Outfits anzog und die Kriegsbemalung auftrug. Tagsüber war ich eine ganz normale Studentin.

Das Einzige, was immer schwerer wurde, war das Ausgehen. Ganz normal zu tanzen, so wie ich es früher immer getan hatte, war fast nicht mehr möglich. Auf einer Geburtstagsparty einer Freundin in einer Bar in Soho wäre ich einmal sogar fast aufgeflogen. Nach mehreren Gläsern Wein und bei guter R'n'B-Musik fingen wir alle an zu tanzen. Jeder zweite Song war mir bereits aus meinem Klub bekannt, und so konnte ich es einfach nicht verhindern, dass Juliana sich immer mehr in den Vordergrund drängte. Ich tanzte betont langsam und sehr sexy, so wie ich es bei einem professionellen Striptease eben auch getan hätte. Der Alkohol lockerte meine anfängliche Anspannung, und schon bald wurde ich von mehreren Gästen fassungslos angeguckt.

»Du kannst aber gut tanzen, Kathi! Wo hast du das denn gelernt?«

Shit!

»Äh, wisst ihr, ich gucke halt viel MTV, und so gut kann ich das ja wirklich nicht.«

Danach gab ich mir besondere Mühe, plump zu tanzen, und hatte bald keinen Spaß mehr, sodass ich irgendwann gelangweilt an der Bar herumhing und dem Ende des Abends entgegenfieberte. Doch so konnte mir wenigstens keiner auf die Schliche kommen.

Eines Abends, auf dem Weg zur Arbeit, fielen mir die Blicke besonders auf. Ich war in Gedanken schon bei Sofia und den anderen Mädchen, als mich ein Mann ansprach.

»Wie machst du das?«

»Äh … was denn genau?«

»Was ist dein Geheimnis? Bist du verliebt, oder warum strahlst du so?«

Ich war im ersten Moment ziemlich genervt, weil ich seine Frage als eine billige Anmache abtat. Der Typ sah aber ganz okay aus, war vielleicht etwas älter als ich und musterte mich mit einem sehr natürlichen Lächeln. Etwas, das ich in meiner sonst so künstlichen Welt schon lange vermisste.

Statt einer Antwort zuckte ich jedoch nur mit den Schultern und stieg an der nächsten Haltestelle aus. Doch seine Fragen gingen mir nicht aus dem Kopf. Und wieder einmal war es Sofia, die es mir erklärte: Es waren das Selbstbewusstsein und der Spaß an der Sache, die ich ausstrahlte. Ich war sehr zufrieden mit meinem Leben. Mein Studium war fast beendet, ich lebte in einer aufregenden Stadt und konnte sie mir zum ersten Mal sogar leisten. Ich war jung und hatte noch so viel vor mir. Und natürlich hatte auch das Strippen damit zu tun, denn es bot mir viel Geld für eine Tätigkeit, die ich liebte: das Tanzen, egal, ob halb nackt oder im

Jogginganzug. Mein Nebenjob polierte mein Selbstwertgefühl um einiges auf. Wenn du unbekleidet vor anderen im Scheinwerferlicht tanzen kannst und dabei sogar noch Spaß hast, was soll dann noch kommen in Sachen Scham? Es mag banal klingen, aber mit dieser Taktik überlebe ich heute noch in Bewerbungsgesprächen oder heiklen Situationen. Ich stelle mir dann immer vor, wie ich vor Hunderten von Zuschauern eine Bühnenshow absolviere und dass sich das eigentlich viel schlimmer anfühlen müsste als ein einstündiges Gespräch mit einem dieser konservativen Anzugträger, auf dessen Schultern vielleicht noch der Glitzer von letzter Nacht klebt. Dieser Gedanke funktioniert bei mir jedes Mal, und ich weiß, dass er mir immer ein leicht verschmitztes Lächeln aufs Gesicht zaubert.

14

Justify My Love

Madonna

Die meisten Tänzerinnen wechselten die Stripklubs so häufig wie ihre Unterwäsche. Überall sollte man mehr Geld verdienen können, die Manager waren entspannter, die Gäste netter, die Trinkgelder höher. Sofia und ich hielten nicht viel davon. Wir fühlten uns im Golden Girls wohl und wussten, dass wir in einem der besten Klubs in London tanzten. Leider war es in den Sommermonaten extrem leer, da viele Gäste in den Urlaub fuhren und lieber Zeit im Freien als im roten Samt des Klubs verbrachten. Nicky und Joy wussten schon genau, warum sie den Sommer lieber auf Ibiza verbrachten, um ihre neuen Silikonimplantate in die Sonne zu halten.

Aber es war nicht nur der Sommer, der das Geschäft verlangsamte und uns alle zum Schwitzen brachte, sondern der neue Klub einer amerikanischen Kette ein paar Straßen weiter. Mit der Zeit verloren wir viele Besucher dorthin. Sam machte sich jedoch keine Sorgen. Er kannte das Geschäft lange genug und wusste, dass der Trubel um den neuen Klub nach ein paar Monaten wieder abebben würde. Trotzdem musste etwas geändert werden, da uns immer mehr Besucher verloren gingen. Daher entschied sich Goldie für eine Fetisch-Nacht, in der wir Mädchen alle in Verkleidung auftreten sollten, um unser Programm interessanter zu gestalten.

Sofia und ich saßen backstage, und während ich mit meinen falschen Wimpern kämpfte, sagte sie: »Juliana, Darling, du musst

Geduld haben und den Kleber richtig platzieren, sonst hält das doch nicht richtig.«

Danke, Schlaumeier!

Sofia hatte sich für ein Krankenschwesteroutfit aus Latex entschlossen. Weiß mit einem pinkfarbenen Kreuz auf der Brusttasche und einer kleinen Haube, die sie keck auf ihrem Kopf drapierte. Dazu trug sie weiße Söckchen, fünfzehn Zentimeter hohe Hacken, weiße Handschuhe aus Latex, die bis zu den Ellenbogen reichten, und ein Plastikstethoskop um den Hals. Sie posierte vor dem Spiegel, als Mike, unser DJ, unangekündigt die Umkleide betrat. Normalerweise galt für alle männlichen Angestellten, dass sie nur mit Klopfzeichen eintreten durften. Mike übersah das gerne mal und erhoffte sich dadurch ein paar nackte Tatsachen. Irgendwie ziemlich verzweifelt, wo die Mädchen sich wenige Minuten später doch ohnehin vor seinen Augen auszogen …

»Ach, hallo, Mike! Bist du okay? Du siehst so krank aus. Du bist ja total verschwitzt! Lass mich deinen Puls fühlen. Als Krankenschwester verordne ich dir eine ordentliche Dusche, ein starkes Deo und neue Klamotten. Vielleicht müsstest du dir dann nicht immer selbst einen runterholen?«

»Sehr witzig«, entgegnete Mike patzig.

Die anderen Mädchen kicherten. Mike hatte jede Woche einen neuen Schwarm und versuchte regelmäßig, eines der Mädchen zu einem Date zu überreden. Besonders häufig traf es die Anfängerinnen, doch selbst die rochen den Braten schon von Weitem. Manchmal tat er mir sogar ein wenig leid. Eigentlich war er ein guter Kerl, nur leider ein Nerd, der zu viel von sich hielt.

»Sofia, ich spiele nachher alle Songs, die du nicht magst, und zwar besonders lang!«

»Oh, jetzt habe ich aber Angst! Sei nicht gleich eingeschnappt und bestell dir einen Drink auf meine Kosten, Schätzchen, okay?«

Sofias falsche Wimpern klimperten, und Mike trat genervt aus der Tür. Wir konnten uns kaum halten vor Lachen. Das Bild in der Umkleide muss unglaublich ausgesehen haben: Dutzende von Mädchen in Kostümen, die lauthals kicherten und herumalberten. Die obligatorischen Schulmädchen in rosafarbenen und hellblauen Uniformen und Pippi-Langstrumpf-Zöpfen waren anwesend, das französische Hausmädchen in einem viel zu kurzen Spitzenkleid, das mehr oder weniger den kompletten Hintern freilegte, Krankenschwestern und sogar eine Nonne! Was auch immer dich anmacht, Darling!

Ich trug mein Catwoman-Outfit, das ich in einem Laden in Soho gefunden, aber bislang noch nie auf der Bühne präsentiert hatte. Es bestand aus einem hautengen schwarzen Catsuit mit einem Reißverschluss, der vom Dekolleté bis in den Schritt ging. Dazu gab es eine schwarze Maske mit Katzenohren. Unter dem Anzug trug ich einen knallroten G-String und rote Stiefel mit einem dreizehn Zentimeter hohen Absatz. Das war schon ziemlich scharf. Um das Ganze noch etwas interessanter zu machen, hatte ich mir von einer lesbischen Freundin eine schwarze Lederpeitsche ausgeliehen. Als Gegenleistung hatte ich mich ihr in meinem Outfit zeigen müssen, also hatte ich an einem schönen sonnigen Nachmittag als Catwoman in ihrer Küche gestanden. Schade nur, dass genau in diesem Moment ihre ältliche italienische Vermieterin eine Inspektion der Wohnung machen wollte und fast in Ohnmacht fiel, als meine Freundin ihr die Tür öffnete. Zum Glück hatte ich zu diesem Zeitpunkt die Ledermaske mit den zwei Ohren noch in meiner Handtasche versteckt, ansonsten hätten wir wohl oder übel einen Krankenwagen rufen müssen.

»Lolita, auf die Bühne. Lolita, bitte!«

Das war das Zeichen, dass die ersten Gäste auf dem Weg in den Klub waren, und nun ging der Spaß los. Als ich endlich mit meiner Bühnenshow dran war, bestellte ich bei Mike den Song »Wild Things« und stürmte los. Die Plätze am Bühnenrand waren so gut wie leer – bis auf einen kleinen schüchternen Mann, der mich ehrfürchtig ansah. Nach ein paar Drehungen und einigen koketten Hüftbewegungen meinerseits, warf er eine Handvoll Scheine auf die Bühne und rief: »Bitte, peitsch den Boden!«

Wie bitte? Kein Problem!

Ich erfüllte ihm seinen Wunsch. Hin und wieder ging ich auf ihn zu und berührte seine Schultern mit dem Ende der Peitsche.

»Ja, bitte weiter so!«

Er warf noch mehr Scheine auf die Bühne, und ich machte so lange weiter, bis er schließlich kein »funny money« mehr hatte. Zu diesem Zeitpunkt hatte ich den Reißverschluss meines Outfits nicht mal einen Spalt weit geöffnet. Zum Glück trug ich eine Maske, ansonsten hätte er ganz sicher meine Lachtränen gesehen, die mir über die Wangen kullerten.

Schwitzend ging ich schließlich von der Bühne und zählte mein Geld. 190 Pfund! Nicht schlecht. Kurz darauf ließ er nach mir rufen und bestellte einen Tabledance. Dabei sollte ich mich aber nicht ausziehen, sondern nur den Stuhl auspeitschen, der direkt neben ihm stand. Am Ende der Nacht hatte ich eine Menge Geld verdient und selten so viel gelacht. Wie ich schon sagte: Ein Striptease kann schon ziemlich harmlos sein.

Doch auch die Fetisch-Nacht konnte nicht verhindern, dass mehr und mehr Gäste des Golden Girls zum amerikanischen Klub abwanderten. Sofia und ich verabredeten uns an einem freien Abend, um dem Klub ebenfalls einen Besuch abzustatten.

In der Tottenham Court Road angekommen, wurden wir freundlich vom Türsteher begrüßt. Genau wie in unserem Klub führte auch hier eine Treppe hinunter zum eigentlichen Geschehen. Typisch amerikanisch war hier alles in XXL. Der Klub selbst bestach durch mehrere Hundert Quadratmeter Teppich mit Leopardenmuster, schwarze Ledergarnituren, eine stylische, auf Hochglanz polierte Bar, auf der drei Mädchen gleichzeitig tanzen konnten, und sogar ein Fünf-Sterne-Restaurant. Das Highlight war jedoch die Bühne in der Mitte, die wie ein riesiger Catwalk den Saal durchzog. Die Stange, der Mittelpunkt des nackten Geschehens, war wie der Rest des Interieurs in Gold gehalten und schoss mehr als acht Meter weit in die Höhe. Genug Platz also, um sich in Sachen Pole-Tricks mal so richtig auszutoben. Links und rechts von der Bühne gab es weitere Podien, auf denen die Mädchen tanzen konnten. Das hatte den Effekt, dass man, egal, wo man stand, immer tanzende Körper sah. Doch trotz der imposanten Größe und der hochkarätigen Ausstattung wirkte der Klub sehr gemütlich und einladend.

Der absolute Höhepunkt war aber die eigentliche Bühnenshow. Auch hier konnte man die amerikanische Handschrift deutlich erkennen. Viele der Mädchen waren richtige Akrobatinnen an der Stange. Diejenigen, die sich nicht bis nach ganz oben trauten, ließen sich eine spektakuläre Einlage einfallen. Sie trugen auffällige Kostüme und hatten eigene Musikmedleys zusammenstellen lassen. Eines der Mädchen, das wir dort sahen, war in ein heißes Stewardessenkostüm gekleidet und marschierte zu dröhnenden Flugzeugklängen auf die Bühne.

Die Fantasie der Mädchen kannte hier offenbar keine Grenzen. Nach jeder Tanzeinlage forderte der DJ das Publikum zum Applaus auf. Uns war schnell klar, warum uns die Besucher ausgingen: Dieser Klub war das reinste Vergnügen! Nicht nur die

Atmosphäre war fantastisch, auch die Tänzerinnen wirkten sehr gelöst, und durch die akrobatischen Leistungen hatte man eher das Gefühl, in einem Tanzkabarett oder einer Show in Las Vegas (wo der Klub ursprünglich herkam) zu sein. Als wir gingen, fragten wir die Frau am Empfang nach einem Termin zum Vortanzen. Sie gab uns die Nummer vom Manager und riet uns, am kommenden Dienstag pünktlich um 13 Uhr im Klub zu erscheinen und unsere Bühnenoutfits mitzunehmen.

Als der Dienstag schließlich kam, war ich wahnsinnig aufgeregt. Natürlich war die Audition nicht mit meinem ersten Vortanzen im Golden Girls zu vergleichen, aber sie stellte dennoch eine Weiterentwicklung, den nächsten Schritt für mich dar. Der Klub war um einiges größer und mit Sicherheit wesentlich unpersönlicher. Ich hatte Sam gegenüber ein schlechtes Gewissen, denn im Grunde fühlte ich mich in den samtroten Wänden sehr wohl. Letztendlich überwog jedoch die Neugier, und so machten Sofia und ich uns auf zum Klub.

Als wir ankamen, mussten wir zu unserem Entsetzen feststellen, dass bereits dreißig andere Frauen auf ihren Auftritt warteten. Das war neu für uns. Anscheinend wollte jedes Londoner Mädchen ein Stück vom großen Kuchen haben. Doch bevor wir ins Grübeln kommen konnten, kam der Manager Frank in den Raum und begrüßte uns mit einem typisch amerikanischen: »Hi, Girls!«

Die Antwort war ein mädchenhaftes »Hi« aus zwei Dutzend Frauenkehlen. Ich fühlte mich wieder wie in der Schule.

»Okay, Girls, bitte folgt mir in Richtung Backstage-Bereich. Dort befinden sich auch die Umkleide und der Aufenthaltsraum. Danach rufe ich jede von euch mit Namen auf. Ihr kommt dann auf die Bühne und tanzt jeweils zu zwei kurzen Liedern. Beim ersten Lied Kleid anlassen, danach bitte topless. Bis gleich!«

Wie die Lemminge liefen wir hintereinander durch eine große Flügeltür am anderen Ende des Klubs. Als wir den Backstage-Bereich betraten, konnten Sofia und ich unseren Augen kaum trauen. Der Raum war riesig und sehr gepflegt. Die Wände bestanden komplett aus Spiegeln, vor denen eine Reihe aus Schminktischen stand. Wie in einem Friseursalon lagen überall unzählige Haar- und Körperpflegeprodukte herum, Föhne, Bürsten und was man sonst noch so brauchte, um sich hübsch zu machen. Im hinteren Teil gab es mehrere Duschen und Toiletten und sogar eine Sonnenbank, die man kostenlos nutzen durfte. Der Teppich war wie im Klub selbst im Leopardenmuster. Es fehlte eigentlich nur noch die amerikanische Nationalflagge. Kein Wunder, dass so viele Mädchen hier arbeiten wollten.

Zwischen den Spiegeln gab es eine Tür, die über einen kurzen Flur zur Bühne führte. Als mein Name aufgerufen wurde, schlug mein Herz wild. Ich hatte dem DJ eine CD mit meinen Lieblingsliedern gegeben und vernahm bereits die ersten Klänge aus dem Zuschauerraum. Mir war schlecht vor Aufregung.

O Gott, wie soll das erst werden, wenn der Klub voll ist?

Die komplette Bühne und der Catwalk waren aus schwarz glänzenden Kacheln und ziemlich rutschig. Deswegen war es gar nicht so einfach, grazil und sexy die ersten Meter bis zur Stange zu laufen. Danach konnte man sich zum Glück daran festhalten.

Es war wirklich ein anderes Gefühl als in unserem bisherigen Klub. Die Bühne war wahnsinnig groß, und man musste sich schon sehr viel bewegen, um eine gute Show abzuliefern. Zum Glück verging die Zeit wie im Flug, und schon kurz nach meinem Auftritt beobachtete ich Sofias Tanzeinlage vom DJ-Pult aus. Auf der Bühne stand ein großer goldener Sessel im Barockstil, und Sofia benutzte ihn kurzerhand als Requisite und rekelte sich so sexy darauf, wie ich es selten bei ihr gesehen hatte. Das

Ganze wirkte so überkitschig, dass es beinahe schon wieder lustig war. Ganz klar, hier konnte man wirklich tun und lassen, was man wollte!

Nachdem alle dreißig Mädchen vorgetanzt hatten, bat uns der Manager in sein Büro; eine für einen Stripklub doch sehr formelle Geste. Im Golden Girls gab es zwar ein Büro, aber es war eher klein, und außer Sam betrat es niemand freiwillig. Hier, im amerikanischen Klub, war alles neu und ordentlich. Frank saß im Anzug hinter seinem Designerschreibtisch und machte eine wirklich sehr gute Figur. Er erinnerte mich ein wenig an einen Charakter aus der Fernsehserie Denver Clan: Er trug eine dunkelblonde Föhnfrisur, war groß und sehr athletisch gebaut. Sein Lächeln zeigte eine Reihe perfekt gebleichter Zähne. Er passte so gar nicht in mein Bild eines Stripklub-Managers.

»Okay, Girls, ich lese hier schnell die Namen der Mädels vor, die ich gerne engagieren möchte. Wenn euer Name nicht dabei ist, dann bitte ich euch, eure Sachen zu nehmen und zu gehen. Keine Diskussionen! Wir haben zurzeit sehr viele Tänzerinnen hier und können nicht allen von euch einen Job geben. Ihr könnt es in ein paar Monaten aber gerne noch einmal versuchen.«

Schnell las er die Namen vor. Sofia und ich waren dabei!

»Okay, danke, Ladys. Bis zum nächsten Mal.«

Einige der Mädchen, deren Namen er nicht vorgelesen hatte, fingen zu protestieren an, doch Frank ließ sich nicht darauf ein: »Keine Diskussionen, bitte!« Dann wandte er sich uns zu: »So, und nun zu euch. Ihr könnt sofort anfangen. Wir verlangen 80 Pfund von euch als Housefee. Alles, was ihr darüber hinaus verdient, gehört euch. Bei uns gibt es kein ›funny money‹, sondern Kasino-Chips. Der Besucher zahlt zwanzig Prozent drauf, und wir zahlen euch wiederum zwanzig Prozent weniger in Cash aus. Ganz wichtig: Kein privater Kontakt! Und alle müssen ein Taxi nach Hause nehmen, es sei denn, sie werden abgeholt. Sollte eine von euch in der Nähe wohnen, dann wird sie von einem unserer Sicherheitsleute nach Hause eskortiert. Und wer sich hier nicht ladylike verhält, betrunken ist oder seine Telefonnummer rausgibt, wird sofort gefeuert und hat ab sofort Hausverbot. Ist das klar?«

Wir nickten.

»Okay, wer will wann arbeiten?«

Wieder warf er dieses perfekte amerikanische Grinsen in die Runde. Ich war mir sicher, dass die Mädchen hier eine Menge dafür taten, um gewisse Privilegien vom Manager zu erhalten. Sofia musste meine Gedanken erraten haben, denn sie boxte mich mit dem Ellenbogen in die Seite.

Wir trugen uns schnell für ein paar Schichten ein und verließen den Klub. Gegenüber gab es einen Pub. Dort stießen wir auf unseren Erfolg an.

15

Cream

Prince

An unserem vorerst letzten Abend in unserem alten Klub erzählten wir Sam, dass wir eine Zeit lang aufhören wollten. Er war zwar etwas enttäuscht, verstand die Situation aber, denn er war lang genug im Geschäft, um zu wissen, dass es eine hohe Fluktuation bei den Mädchen gab. Einige hörten für eine gewisse Zeit auf, um dann wieder zurückzukommen, andere wechselten im monatlichen Rhythmus die Klubs. Sam versicherte uns, dass wir jederzeit wiederkommen durften, wenn wir arbeiten wollten.

Die erste Nacht im neuen Klub war ein ziemlicher Schock. Überall sah ich große falsche Brüste, künstliche Locken und scheinbar riesige Frauen.

»Guck mal, die Schuhe!« Sofia zeigte auf ein Mädchen hinter uns. Sie trug mindestens achtzehn Zentimeter hohe Absätze! Die Schuhe bestanden aus dem altbekannten durchsichtigen Acryl und hatten vorne ein Plateau, welches das Laufen und vor allem Tanzen auf den hohen Hacken um einiges einfacher machte. Es sorgte aber auch dafür, dass es so aussah, als ob die Mädchen schweben würden. Ich musste diese Teile ebenfalls haben, schließlich war ich ja ohnehin schon klein und brauchte jeden zusätzlichen Zentimeter, um mich zu strecken! Da half auch regelmäßiges Yoga nichts.

»Wo kriegen wir die nur her?«

Die Antwort kam aus dem Mund von Sheila, der Housemum:

»Wir haben unsere eigene Schuhmarke und einen kleinen Shop hinten bei den Duschen. Da gibt's auch tolle Bikinis und Kleider!«

Na, die haben ja wirklich an alles gedacht!

Sheila war unsere Ansprechpartnerin für Fragen oder Anliegen aller Art und sorgte dafür, dass zwischen den ganzen Weibern Ruhe herrschte. Sie musste um die Mitte vierzig sein und war angeblich ein ehemaliges Showgirl aus Las Vegas. Bei ihren doch eher üppigen Maßen war ich mir da jedoch nicht sicher. Ihre Haut war grau von zu vielen Zigaretten, ihre Haare waren strohig als Resultat zu vieler schlecht gemachter Dauerwellen, und ihre Oberschenkel konnten es leicht mit denen eines Bodybuilders aufnehmen. Sie kaute rund um die Uhr Kaugummi und stellte sich schon bald als unberechenbar heraus. Jedes Mädchen musste ihr am Anfang des Abends drei Pfund Trinkgeld geben. Bei knapp einhundert Mädchen kam Sheila so auf ein hübsches Sümmchen. Tagsüber betrieb sie ein Nagelstudio, natürlich mit speziellen Konditionen für die Tänzerinnen.

»Ihr seid neu hier? In zehn Minuten müsst ihr raus in den Klub, also macht euch bitte fertig.«

Der Klub verfügte über ein Schichtsystem und öffnete seine Türen bereits am Mittag. Dank des Fünf-Sterne-Restaurants kamen viele Geschäftsleute in ihrer Mittagspause – natürlich nur wegen des guten Essens. Ich fand es schon etwas irritierend, dass sich Männer so ohne Weiteres zum Lunch in einem Stripklub verabreden konnten. Sicherlich wurde auch etwas gegessen, aber letztendlich ging es doch mehr um das lebendige Fleisch, das überall herumwuselte, als um die Tagesempfehlungen des Restaurantchefs. Wie man bei dem Anblick schöner Frauen auch noch erfolgreich ein Geschäftsessen absolvieren konnte, ist mir bis heute nicht ganz klar. Vermutlich handelt es sich dabei um einen Trick von demjenigen, der in den Klub einlädt. Durch die visuelle Stimulation werden Entscheidungen schneller getroffen und Verhandlungen wesentlich einfacher durchgeführt.

Da tagsüber weniger Besucher erwartet wurden, arbeitete nur etwa ein Dutzend Frauen in der Tagesschicht. Vielen gefiel dieser Rhythmus gut, da sie so praktisch einem normalen Arbeitsalltag nachgingen. Ich habe das auch einmal aus Neugier probiert und hoffte, dadurch meine Augenringe minimieren zu können, doch für mich hat das nicht funktioniert. Ich verbinde Striptease mit etwas, das am Abend oder in der Nacht passiert, und nicht am helllichten Tag. Auch das Gefühl, um drei Uhr nachmittags bei Kaffee und Kuchen in einem dunklen Klub zu sitzen, widerstrebte mir. Darüber hinaus musste man sich bei diesen Schichten intensiver mit den Besuchern unterhalten. Die Abendschicht ging von acht Uhr abends bis zwei Uhr morgens und war zwar physisch anstrengender, aber auch lukrativer. Sie machte mehr Spaß, denn es war ein wenig wie Ausgehen mit Freundinnen. Die Musik war ähnlich wie in einer normalen Diskothek, man trank Alkohol und tanzte. Wenn man von den Klamotten und dem Ausziehen mal absah, eigentlich ein ganz normaler Frauenabend, nur mit dem Vorteil, kein Geld ausgegeben zu haben, sondern mit nach Hause zu nehmen. Das war natürlich nur die Idealvorstellung. Selbstverständlich musste man sich auch gegen mehr als neunzig Konkurrentinnen durchsetzen, immerzu makellos aussehen, mit Freude und Sex-Appeal tanzen und gut drauf sein. Das hatte seinen Preis, und jede von uns musste mit ihren Kräften haushalten, um nicht bald schon vollkommen ausgebrannt zu sein.

Um Punkt 20 Uhr schrie Sheila wie eine Furie durch die Umkleide und befahl uns, endlich den Gastraum des Klubs zu betreten. Im Klub waren zwar nach wie vor die Bühnenshows wichtig, aber man musste auch die Runde machen und hier und da mit den Besuchern flirten, um so möglichst viele Tänze zu bekommen, denn so verdienten wir den Großteil unseres Geldes. Auch hier ging es darum, möglichst auffällig zu sein, um so für einen Tanz gebucht zu werden.

Als die ersten Tänzerinnen auf die Bühne gerufen wurden, platzte der Klub bereits aus allen Nähten. Es wimmelte von Besuchern sowie unzähligen hübschen jungen Frauen. Die Musik dröhnte aus den Lautsprechern, und die Stimmung war großartig. Ich glaube, für die meisten Männer war der Klub das Paradies. Sie wussten gar nicht, wo sie zuerst hinschauen sollten, und so war es auch nicht verwunderlich, dass viele hier mehrere Monatsgehälter verprassten, um im wahrsten Sinne des Wortes »die Puppen tanzen zu lassen«.

»Okay, los geht's!« Sofia hatte bei der unglaublichen Anzahl von Besuchern sofort Blut geleckt, nahm meine Hand und rannte in Richtung Getümmel. In kürzester Zeit wurden wir zu einem Tisch junger Engländer gerufen, die mit den Chips in der Hand wedelten: »Tanzt, Mädels, tanzt!«

Und das taten wir, stundenlang von Tisch zu Tisch, ohne dabei wirklich zu merken, wie die Zeit verging. Ab und zu musste eine von uns auf die Bühne, um eine Show zu tanzen, doch danach ging es sofort weiter.

Im Gegensatz zum alten hatte unser neuer Klub noch eine weitere Besonderheit: Er bot komplett nackte Tänze nicht wie im Golden Girls an den Seitenflügeln der Bühne an, sondern in sogenannten Private Rooms. Es handelte sich dabei um kleine Separees mit in die Wand eingelassenen lederbezogenen Bänken. Dorthin brachte man den jeweiligen Gast und tanzte für ihn. Das hatte den Vorteil, dass man so nicht ständig von allen Besuchern beglotzt wurde, und vermittelte das Gefühl von Exklusivität. Es war ein völlig neues Konzept in der Londoner Szene, und es kam gut an, was dazu führte, dass kaum jemand nur einen Tanz wollte, sondern meistens mehrere hintereinander. Insgesamt passten bis zu zehn Personen plus Tänzerinnen in die Private Rooms, und vor jedem stand ein Sicherheitsmann, der sofort dazwischenging, wenn die vorgeschriebene Distanz von einem Meter nicht eingehalten wurde. Ich fand das am Anfang etwas beängstigend, mich hier auf so engem Raum auszuziehen, merkte jedoch schnell, dass es nicht anders war, als auf der großen Bühne zu stehen. Außerdem hatte es den Vorteil, dass man sich weniger bemühen musste, um nicht irgendwelche gynäkologischen Einblicke zu gewähren. Man konnte sich ganz auf den Striptease konzentrieren, denn die Personen, für die man tanzte, waren meist zu paralysiert, um auf dumme Gedanken zu kommen.

Als in dieser ersten Nacht um zwei Uhr morgens die in England obligatorischen Lichter angingen, konnte ich kaum glauben, dass schon Schluss war. Erst als ich mich im Backstage-Bereich zum ersten Mal an diesem Abend hinsetzte, um meine Schuhe auszuziehen, wurde mir bewusst, wie müde ich eigentlich war. Meine Füße waren dick und geschwollen. Zwar waren die Cinderella-Schuhe trotz ihrer hohen Absätze sehr bequem, aber durch das ganze Plastik kam natürlich wenig Luft an die Füße. Und so roch bald der gesamte Umkleidebereich ganz bestialisch nach Käsefuß! Denn leider war ich nicht die Einzige mit diesen Schuhen ...

Innerhalb von einer knappen halben Stunde war der gesamte Klub wie leer gefegt, und so setzten wir Mädchen uns in den Zuschauerraum und warteten auf Frank, um unsere Chips einzulösen. Es war ein starker Kontrast zu der Stimmung eine Stunde zuvor. Eben hatte hier noch eine heiße Party getobt, jetzt saßen die meisten von uns in Jogginganzügen und kaum wiederzuerkennen, weil abgeschminkt, auf den Sofas und Stühlen. Viele waren beschwipst und rauchten Zigaretten. Einige zankten sich, aber ansonsten war es eher ruhig. Es war ein guter Abend für alle von uns gewesen, und dementsprechend müde waren wir. Sofia und ich hatten über 1 000 Pfund verdient und fast ununterbrochen getanzt. Unser erster Abend war ein voller Erfolg, und so war es nicht verwunderlich, dass auch die kommenden Wochen sehr lukrativ sein sollten.

Doch so langsam machte ich mir Sorgen, was ich mit dem ganzen Geld machen sollte. Bisher hatte ich das Meiste zur Bank gebracht, um meinen Dispo und die Kreditkartenzahlungen auszugleichen. Den Rest sammelte ich – typisch Frau! – unter meiner Matratze. Was war jedoch, wenn jemand bei uns einbrechen würde oder wenn die Mäuse aus den unteren Geschossen einen Weg in mein Dachzimmer fänden? Ein paar Monate zuvor hatte ich noch Sorge gehabt, nicht genug Geld zu haben, und nun wusste ich auf einmal nicht mehr wohin damit, ohne unnötiges Aufsehen (vor allem beim Finanzamt) zu erregen.

London ist eine Stadt, in der die Kreditkarten regieren. Hier kann man einfach *alles* mit Karte zahlen, ob nun eine einfache Busfahrt von Angel nach Stoke Newington oder eine Briefmarke bei der Post. Jeden Monat werden neue Karten auf den Markt geworfen, die den Kunden neue Träume und einen weiteren Schritt in die Schuldenfalle offerieren. Vielleicht war es ein Relikt aus Deutschland, vielleicht nur natürliches Misstrauen, aber ich benutzte meine Karte nur, um günstige Flüge im Internet zu buchen – den Rest bezahlte ich cash. Auch mein indischer Vermieter Mr. Raj verließ sich nur auf Bargeld. Er betrieb einen kleinen Kiosk an der Ecke unserer Straße in Nord-London und verlangte die Miete jeden Monat in einem Umschlag. Anfangs glaubten wir noch, dass er nur unser Haus vermietete, doch schon bald wurde mir klar, dass ihm fast die halbe Straße gehörte: Häuser, Apartments, Garagen. Mr. Raj muss fürchterlich reich gewesen sein, doch man merkte ihm und seiner Familie nie etwas an. Seine Frau sah man entweder in einem dunkelgrünen oder einem lilafarbenen Sari. Manchmal, an speziellen Tagen im Jahr, trug sie auch einen knallroten zur Schau, aber grundsätzlich wechselte sie zwischen den beiden ersten Varianten hin und her. Das verwirrte mich. Wieso präsentierte sie sich derart bescheiden, wenn ihrem Mann beinahe die Hälfte der Häuser unserer Straße gehörte? Vielleicht gerade deswegen. Oder vielleicht gönnte sie sich ihre schönen Kleider nur in ihrem eigenen Haus, um den Schein einer ärmlichen Arbeiterfirma zu wahren.

An einem schönen sonnigen Tag im Frühling trudelte ein Brief für Mr. Raj von der Bank bei uns ein, und Nevada konnte es nicht lassen, ihn zu öffnen. In dem Schreiben war der Kredit für unser Haus aufgeführt. Niedliche 400 Pfund im Monat. Wir dagegen zahlten Mr. Raj 1 400 Pfund Miete jeden Monat! Genau so, dachte ich mir, macht man also sein Geld. Ich wunderte mich nun nicht mehr darüber, dass ich in meinen sechs Jahren in London meine Miete immer bar bezahlt hatte – schön am Finanzamt vorbei.

Als Tänzerin waren Scheine meine Währung. Gerollte, leicht verschwitzte Banknoten waren meine Art von Plastik, und ich hatte viel zu viel davon in meiner Wohnung herumliegen. Zum Glück wusste eine Tänzerin von der Arbeit Rat. Es gab einen Tresorraum im untersten Stockwerk von Selfridges, in dem man Schließfächer für Bargeld, Dokumente oder was man eben sonst so lagern wollte, ohne dass jemand davon etwas mitkriegte, mieten konnte. Perfekt! Ich machte mich mit einer für mich damals sehr großen Summe Geld in der Tasche mit dem Bus auf den Weg zum Kaufhaus. Dort angekommen musste ich mich durchfragen.

»Nach der Küchenabteilung links ins Treppenhaus und zwei Stockwerke nach unten.«

Im Treppenhaus bewunderte ich die alte Architektur des Gebäudes. Die Stufen waren aus hellem Marmor und strahlten eine elegante Kühle aus. Im Untergeschoss wurde ich von einem goldenen Gitter begrüßt, das mich sehr an einen James-Bond-Film erinnerte. Dahinter erspähte ich ein weiteres Gitter und den Eingang in den Tresorraum.

Ein Sicherheitsmann fragte mich nach dem Grund meines Besuchs und ließ mich danach in den ersten Raum eintreten. Hinter mir schloss sich die erste Gittertür, und für eine kurze Zeit war ich zwischen den beiden Türen eingeschlossen – wie in einem Käfig. Der Sicherheitsmann musste das Unbehagen in meinem Gesicht gesehen haben und lächelte mich an.

»Das ist eine reine Vorsichtsmaßnahme. Die vordere Tür geht gleich auf, und dann können Sie zu uns rein.«

Als ich endlich im Tresorraum stand, wickelte ich schnell alle Formalitäten ab und unterschrieb einen einjährigen Mietvertrag für ein kleines Schließfach.

»Bitte, hier entlang, die kleineren Fächer liegen ganz hinten. Alle Boxen haben zwei Schlösser. Sie bekommen einen Schlüssel, den anderen behalten wir vor Ort. So haben Sie völlige Sicherheit.«

Während ich dem Sicherheitsmann durch den Tresorraum folgte, bestaunte ich die vielen Schließfächer. Es müssen Hunderte gewesen sein. Einige von ihnen waren sehr groß, aber zum Ende des Raums hin wurden sie tatsächlich immer schmaler. Nachdem wir einmal links abgebogen waren, standen wir in einem Gang, der von oben bis unten mit kleinen Schließfächern ausgestattet war. Hier sollte mein Geld in Zukunft also liegen.

»Ich habe Ihnen extra eines weiter unten herausgesucht. Wir haben zwar kleine bewegbare Podeste, um an die Fächer ganz oben zu kommen, aber ich denke, das wäre Ihnen auf Dauer zu umständlich.« Er lächelte verschmitzt, was ich mit einem Augenaufschlag à la Juliana belohnte.

Sehr gut! Ich kann hier ja schlecht in meinen Cinderella-Schuhen auftauchen.

»Ich lasse Sie nun allein. Da drüben gibt es eine kleine Kammer, wo Sie sich ungestört hinsetzen können. Rufen Sie mich einfach, wenn Sie fertig sind. Ich komme dann abschließen.«

Ich zog die Kassette aus dem Fach heraus und deponierte mein Geld darin. Da war noch sehr viel Platz übrig, und ich beschloss, ihn weiter aufzufüllen. Als ich mit allem fertig war und wieder in dem »goldenen Käfig« zwischen den beiden Gittertüren warten musste, um rausgelassen zu werden, stand mir plötzlich Madison aus meinem alten Klub gegenüber.

»Hi Juliana, Darling, wie geht's dir?«

Wir umarmten uns, und unser Lachen und Kichern hallte in den folgenden Minuten durch das ganze Treppenhaus. Ich bat sie zu flüstern, da ich nicht wollte, dass der Sicherheitsmann alles mitbekam, aber meine Sorge war unbegründet. Madison und der Sicherheitsmann kannten sich bereits, und er wusste ganz genau, wo sie arbeitete. Sie nahm es mit der Diskretion nicht so genau wie ich, daher war meine Tarnung auch gleich dahin. Ich bin mir sicher, dass dem Sicherheitsmann klar war, dass ich in einem Stripklub arbeitete, trotzdem ließ er sich das nie anmerken und behandelte mich bei meinen vielen Besuchen im kommenden Jahr stets diskret und höflich. Dafür bin ich ihm bis heute sehr dankbar, denn das unterschied ihn von vielen anderen Männern, die ich in den Jahren meiner Karriere an der Pole-Stange traf.

Julianas A–Z für die Amateurgöttin

A: Aussehen

Natürlich ist gutes Aussehen wichtig. Damit meine ich aber nicht, einem bestimmten Schönheitsideal hinterherzurennen. Bei meiner eher bescheidenen Körpergröße musste ich zum Beispiel schnell einsehen, dass der Claudia-Schiffer-Look bei mir nicht funktioniert. Dann doch eher das Styling von Kylie, Shakira oder Madonna. Besser noch als der Versuch, jemand anderen nachzuahmen, ist, sich selbst zu erfinden, das zu unterstreichen, was man hat und was man an sich schön findet. Dann folgt nämlich automatisch A wie Ausstrahlung. Nichts ist erotischer als eine Frau, die mit sich selbst im Reinen ist, die sich wohlfühlt und ihre Reize gezielt einsetzen kann. Ein Lächeln hier, ein Augenaufschlag da, Lachfalten, ein schiefer Gang – egal. Hauptsache, man steht dazu und strahlt das auch aus.

B: Beine

Für die eine verhasst, für die andere das Schönste. Beine kann man trainieren (wenn man Lust dazu hat), sie verstecken, aber in jedem Fall in High Heels stecken, um sie ordentlich zu verlängern. Ein weiterer Tipp für makellose Beine ist, sie mit Bräunungscreme einzuschmieren. Das macht sie schlanker, und kleine Dellen werden beinahe unsichtbar. Nur bitte nicht übertreiben! Sofia hat einmal eine ganze Tube verwendet. Das Resultat war, dass ihre Beine an etwas zu knusprig gebratene Hähnchenschenkel erinnerten, die auf dem Grill vergessen wurden. Kein schöner Look. Wem das aber immer noch nicht genügt, der sei mit den Worten meiner Tante getröstet: »Beine gehen ohnehin in gewissen Situationen zur Seite!«

C: Cellulitis

Hat fast jede Frau über sechzehn, mittlerweile oft auch noch früher. Viel Wasser trinken, ab und zu joggen gehen, dann sieht es schon besser aus. Alle Tänzerinnen, mit denen ich zusammengearbeitet habe, hatten Cellulitis, zumindest aber Orangenhaut (und die kam nicht von der Bräunungscreme!). Keine von ihnen war davon völlig befreit. Witzig ist, dass es die meisten Männer kaum stört, und wenn doch, dann sind das immer die Exemplare der Gattung Mann, mit denen man es auf Dauer ohnehin nicht aushält. Also bloß nicht stressen lassen!

D: Damenhaft

Zugegeben, in einem Stripklub geht es nicht immer so ladylike zu. Schließlich verbringen wir die Hälfte der Zeit halbnackt, und die andere Hälfte nutzen wir, um das Wenige, das wir am Körper haben, auszuziehen. Doch auch das kann man kultiviert gestalten. Nichts sieht schrecklicher aus als eine schöne Frau, die breitbeinig auf einem Stuhl sitzt und jedem die Farbe ihrer Unterwäsche präsentiert. Das mag dem einen oder anderen Voyeur gefallen, aber sexy ist etwas anderes. Genauso wenig ist es schön, wenn der G-String aus der Jeans guckt, selbst wenn er von *La Perla* ist. Sorry, Mädels, auf solche Dinge muss man achten, und selbst in einem Stripklub gibt es eine gewisse Etikette.

Ich erinnere mich noch an einen Kommentar von einem Gast über Maya, eine wunderschöne blonde Gazelle: »Was für ein Pferd! Und welch eine Verschwendung!« Wenn sie still stand, sah sie aus wie eine Mischung aus Gisele Bündchen und Uma Thurman. Sobald sie sich bewegte, wirkte sie wie ein Fußballer auf dem Bolzplatz. Ich darf erwähnen, dass Maya beim Strippen nicht viel Erfolg hatte und schließlich als Kellnerin in einem Kasino einen Job fand. Da war sie definitiv besser aufgehoben. Also, vielleicht sollten wir die alten Bücher unserer Großmütter über damenhaftes Auftreten und Benehmen doch noch einmal hervorkramen und zumindest überfliegen.

DD: Dekadentes Dekolleté

Kann gut aussehen, muss aber nicht. Der große Vorteil ist natürlich, dass man nicht allzu viel machen muss, um die Blicke auf sich zu ziehen. Das Silikon stellt sich quasi als Erstes vor. In einem Stripklub hat das besonders Vorteile, da viele Männer von so viel Weiblichkeit und Plastik magisch angezogen werden. Eine meiner Kolleginnen, Barbie, stand eigentlich immer nur auf der Bühne und versuchte, ihre Melonen zu balancieren, ohne dabei auch nur zu lächeln oder tänzerisch besonders begabt zu sein. Brust raus, und sofort regnete es Scheine.

E: Eleganz

Ähnlich wie damenhaft ist auch Eleganz wichtig. Selbst wenn man wie ich als Grobmotoriker geboren wurde, kann man lernen, darauf zu achten, behutsamer mit Dingen wie Kaffeetassen, Besteck und Co umzugehen. (Ist übrigens auch besser fürs Portemonnaie.) Auch das Laufen auf hohen Schuhen gehört dazu. Wenn man darin nicht so gut aussieht: üben, üben, üben! Nichts ist unschöner und peinlicher als eine Frau, die auf ihren schönen Louboutins nicht laufen kann.

Für einen richtigen Striptease sind hohe Schuhe unentbehrlich, da man dadurch eine bessere Körperhaltung bekommt und vor allem sehr sexy aussieht. Ich empfehle für das häusliche Programm die typischen Acrylschuhe mittlerer Höhe. Die sind nämlich unglaublich bequem, und wären sie nicht so verrucht, wären sie ein Traum unter jedem Brautkleid.

F: Femme fatal

Wollen wir das alle nicht manchmal sein? Zugegeben, man muss nicht in einem Stripklub arbeiten, um sich so zu fühlen, dennoch empfehle ich allen Frauen, sich mal in so einem Klub umzuschauen. Man kann sich dort unglaublich viel abgucken! Und wenn man nett und offen zu den dort arbeitenden Tänzerinnen ist, kann man auch als Frau sehr viel Spaß haben. Aber bitte kein Getuschel oder Gehässigkeiten. Das zeigt nur, wie unsicher ihr seid, und kann dazu führen, dass euer Begleiter (im besten Fall euer Liebster) besonders viel Aufmerksamkeit erfährt.

G: Geil

»Macht dich das Tanzen eigentlich geil?« Ihr glaubt gar nicht, wie oft mir diese Frage gestellt wurde. Die Antwort lautet: »Ja!« Das liegt jedoch nur daran, dass ich mich in dem Moment sexy finde – und selten den Mann, für den ich tanze, es sei denn, es handelt sich um einen nur mit knappen Shorts bekleideten brasilianischen Fußballspieler (kam leider eher selten vor).

H: Haut, Haare und Hände

Die drei Hs sind neben einem schönen Körper das Wichtigste bei einer Frau. Eine ebenmäßige Haut bekommt man durch eine gute wie gesunde Ernährung.

Haare müssen nicht unbedingt lang sein, aber gepflegt. Eine meiner Kolleginnen hatte immer ellenlange Extensions, die sie ewig bürsten musste, damit sie nicht verfilzten. Das war wirklich kein schöner Look. Dann lieber kurz geschnitten – sieht oft toll aus! Und gut riechen müssen sie, deswegen lieber ein paar Spritzer Parfüm mehr ins Haar als zu wenig.

Und zum Schluss die Hände: Nicht jede hat die Gene und vor allem die Zeit für schöne Hände. Falsche Nägel sind cool, wenn sie schön aussehen und regelmäßig erneuert werden, ansonsten bitte kurz und gut.

I: Illusion

Männer mögen Illusionen. Sie mögen es, wenn wir ihnen nette Dinge sagen, sie loben und ihnen das Gefühl vermitteln, unnahbar zu sein. Nirgendwo ist das offensichtlicher als in einem Stripklub, aber auch im wahren Leben. Viele fragen mich, warum ihre Beziehung so schnell abflaut. Häufig steige ich dann direkt mit dem Toilettenverhalten ein: Geht ihr gemeinsam aufs Klo? Duscht er, während du pinkelst? Schneidest du dir die Zehennägel vor ihm? Äh … ja. Hier ist eindeutig zu wenig Illusion im Spiel, und das Ganze wird auf einmal sehr real und leider auch sehr langweilig. Sorry, ich will meinem Mann nicht dabei zusehen, wie er seine Nasenhaare entfernt. Ich bestehe auf die Illusion, dass er immer so perfekt aussieht, wie ich ihn kenne.

Außerdem will ich das Gefühl haben, dass ich sein Ein und Alles bin, und genau dasselbe will er auch. Daher bitte nicht immer die komplette Wahrheit sagen, auch wenn man den Kellner gerade sehr heiß findet. Geht ihm sicherlich manchmal auch so, das heißt aber noch lange nicht, dass er deswegen etwas Verwerfliches tut. Also lieber die Klappe halten und genießen.

J: Justin Timberlake

Schreibt gute Songs, zu denen man sich prima ausziehen kann.

K: Konkurrenz

In einem Umfeld, in dem viele Frauen arbeiten, vermutet man immer Konkurrenz. Das ist leider auch meistens der Fall. In der Stripindustrie ist mir jedoch aufgefallen, dass die Frauen unglaublich solidarisch miteinander umgehen. Sicherlich hat das auch etwas mit den Persönlichkeiten selbst zu tun, aber es gab weniger Zickereien als in jedem Büro, in dem ich jemals gearbeitet habe. Ich würde mir wünschen, dass Frauen mehr zusammenhalten, anstatt miteinander zu konkurrieren.

An einem Abend im Golden Girls wurde eines der Mädchen von einem Gast beleidigt. Sie war noch relativ neu im Business, zog sich in den Backstage-Bereich zurück und fing an zu weinen. Nachdem sie erzählte, dass der Kerl sie als dumme, hässliche Schlampe bezeichnet hatte, rasten Mona, Saphire und noch drei weitere Mädchen los, stellten sich vor den besagten Tisch und furzten, was das Zeug hielt. Verärgert und angeekelt sprang der Kerl auf und verließ auf der Stelle den Klub. Alles brüllte vor Lachen. Sogar Sam fand das lustig. Die Anekdote mag vielleicht kindisch klingen, jedoch ist sie ein schönes Beispiel dafür, wie sehr sich die Frauen in meinem Klub füreinander einsetzten.

L: Liebe

Sehr schwer zu finden und vor allem zu halten – aber kein Ding der Unmöglichkeit. In einem Stripklub spürt man bei allen Beteiligten die ständige Sehnsucht danach. Bei den Frauen, die sich für Geld ausziehen, und bei den Männern, die dafür bezahlen, häufig in der Hoffnung, dass daraus Liebe entsteht. Ich glaube, dass sich echte Gefühle auf einem solchen Nährboden nur sehr schlecht entwickeln können. Wichtig ist, dass man zuerst sich selbst liebt, bevor man in die Welt hinausgeht und verzweifelt nach jemandem sucht. In dem Moment, in dem man glücklich mit sich selbst ist, findet die Liebe einen meist von ganz allein. Aber das passiert leider eher selten in einem Stripklub.

M: Mentaler F**k

Bei einem guten Strip ist der Blickkontakt das Wichtigste. Durch das Vorgaukeln einer Bindung zwischen der Tänzerin und dem Gast entsteht sofort eine Fantasie (für den Gast). Durch dezentes Lächeln oder Zwinkern erweckt man die Illusion einer beiderseitigen Sympathie, und schon beginnt das Kopfkino, ohne dass man dabei überhaupt ein Wort gesagt hat. Funktioniert auch ganz gut im Job. Häufig denke ich bei einer Präsentation oder einem wichtigen Gespräch vorher an etwas, das mir großen Genuss bereitet hat, und schon habe ich eine völlig andere Ausstrahlung, die meist sehr gut ankommt. Keiner kann danach genau sagen, was es war, das gefallen hat, aber jeder hat es gespürt.

N: Neid

Neid unter Menschen sollte ein für alle Mal verboten und abgeschafft werden, denn wir machen uns damit selbst klein. Leider entsteht dieses Gefühl aus Unzufriedenheit und Unsicherheit, wovon leider immer noch viele Frauen zu viel mit sich herumtragen. Wenn dir etwas nicht gefällt, dann ändere es, oder frag jemanden um Hilfe, wie man es ändern kann! Über andere zu urteilen und zu ätzen raubt nur Energie.

O: O, là là

Der O-là-là-Effekt kann gezielt herbeigeführt werden, wenn man sich in der eigenen Haut wohlfühlt. Dabei muss man weder fünfzig Kilo wiegen noch kopfüber von einer Stange hängen, wobei Letzteres hilft, sich wirklich »O, là là« zu fühlen. Dabei ist alles erlaubt: Die eine liebt Van Halen, Piercings und Tattoos, die andere weiße Baumwollunterwäsche und Blümchensex. Na und? Steht einfach dazu und werdet glücklich.

P: Pole Dance

Der Tanz um die Stange findet immer mehr Bewunderer. Man muss nicht unbedingt als Tänzerin arbeiten, um in den Genuss einer wirklich guten Ausbildung an der Stange zu kommen. Mittlerweile gibt es unzählige Pole-Dance-Schulen und Wettbewerbe, die wie Pilze aus dem Boden schießen. Es handelt sich dabei um eine sehr anspruchsvolle Mischung aus Akrobatik und Fitness, die jede Dame einmal ausprobieren sollte, gleich, ob aus Spaß oder sportlichen Gründen. Allerdings warne ich vor den Stripperflecken, die gehören, gerade am Anfang, leider dazu.

Q: Quasimodo

Es gibt Tage, an denen fühlt man sich wie der Glöckner von Notre-Dame: hässlich, bucklig und einfach nur schrecklich. Aber auch diese Tage gehen vorbei. Denkt nur mal daran, wie es wäre, an so einem Tag nackt im Rampenlicht vor Hunderten von Menschen zu stehen. Seht ihr? Also, Augen zu und durch!

R: Reich

Reich wird man vom Strippen vielleicht nicht im Sinn von finanziellem Reichtum, aber ganz gewiss reich an Erfahrungen.

S: S-Kurve

Die S-Kurve bezeichnet eine Position, in der das Verhältnis zwischen Po, Brust und Taille möglichst harmonisch präsentiert wird. Dabei muss man nicht die perfekten Maße haben, um sich in einer ansprechenden S-Kurve zu positionieren. Schultern zurück, linkes oder rechtes Bein nach vorne und den Po über das Becken nach hinten strecken. Dabei den ganzen Körper anspannen. Guckt man dann seitlich in den Spiegel, erkennt man, dass der Körper eine S-Kurve bildet (das funktioniert übrigens auch bei etwas mehr Bauch). Diese S-Kurve bildet die Basis für einen Striptease. Wenn man auf sexy tanzende Frauen wie zum Beispiel Shakira achtet, fällt auf, dass der Körper immer sehr runde, weiche, fließende Bewegungen ausübt. Das sind alles kleine S-Kurven, die perfekt aneinandergereiht werden und jeden Mann (und jede Frau) in den Bann ziehen. Gleich mal ausprobieren!

T: Tussi Total

In der Stripindustrie wird man schnell von der Femme fatale zur Tussi Total. Wie sagt meine Oma immer so schön? »Es muss alles im Gleichgewicht sein, mein Kind.« Beim Tussi-Total-Look spielt Gleichgewicht gar keine Rolle. Hauptsache, der Lipgloss klebt. Ich habe mal ernsthaft darüber nachgedacht, eine Make-up-Linie mit dem Namen »TT« zu kreieren. Gerne nehme ich Anfragen und Ideen diesbezüglich entgegen.

U: Unterwäsche

Bis heute liebe ich Unterwäsche in allen Varianten, egal, ob von *Hunkemöller* oder *Agent Provokateur*. Etwas Schönes untendrunter belebt jedes Outfit, wenn auch nur im Verborgenen. Daher geizt nie mit schöner Wäsche, denn sie wird eure Ausstrahlung verstärken, und so kann ein abgetragenes Outfit ganz schnell wieder »von innen heraus« leuchten.

V: Verkaufen

Wie wichtig es ist, sich richtig zu »verkaufen«, habe ich nirgendwo deutlicher gemerkt als in einem Stripklub. Hätte ich die Wahrheit gesagt und mich als deutsches Mädel ausgegeben, wäre ich lange nicht so interessant rübergekommen wie Juliana aus Costa Rica.

W: Weiblichkeit

Gerade für uns deutsche Frauen ein Begriff, der uns allem Anschein nach immer fremder wird. Ich finde es wichtig, dass frau sich feminin fühlt. Und das hat nichts mit dem Wunsch zu tun, sich hinter dem Herd zu verschanzen, sondern dass wir es uns wieder erlauben dürfen, weiblich zu sein – nicht immer nur hart und kämpferisch, egal, ob zu Hause oder im Job. In Deutschland wird immerzu die rückläufige Geburtenrate beklagt. Kein Wunder, wenn man bedenkt, dass die Männer zum Teil gar nicht mehr die Versorgerrolle einnehmen *dürfen* und ihren Platz in der Beziehung nicht finden. Frauen wollen sich selbst verwirklichen, und manchmal stellen sie dafür ihren Kinderwunsch hintenan, genau wie ihre Weiblichkeit. Schade, denn der Kampf mit den Männern um den Titel des »starken Geschlechts« ist wirklich mehr als überflüssig (weil wir alle doch wissen, wer in Wahrheit die Hosen anhat!).

X: X-beliebig

Bedeutet ›egal was‹, also kann ich mir einen Buchstaben aussuchen. Dann noch mal das P, es steht für Pole Passion. Im amerikanischen Klub hatten wir viele Frauen, die sehr gut an der Stange tanzen konnten, aber keine war so gut wie Pearl. Sie stammte ursprünglich aus Französisch-Guyana und war eine schwarze Amazone. Bei ihren Auftritten stockte den meisten Klubbesuchern der Atem. Zu den Klängen von Massive Attack oder Tricky kletterte sie grazil die Stange bis an die Decke hoch, um einen perfekten Spagat kopfüber zu präsentieren. Ihre Beine berührten also die Decke, und so verharrte sie viele Sekunden, bis sie schließlich wie eine Schlange sinnlich und verführerisch nach unten glitt. Ihr Auftritt an der Stange dauerte meist mehrere Minuten, und sie hätte mit ihrer Darbietung locker im *Cirque du Soleil* arbeiten können.

Y: Yakuza

Ich habe mal für einen Mann der japanischen Mafia getanzt (zumindest wurde er mir so von seinem englischen Geschäftspartner vorgestellt) und bin dabei in ein riesiges Fettnäpfchen getreten: Während die meisten Männer gerne das Geräusch von einem satten Klaps auf einen weiblichen Hintern hören, ist das in Japan komplett verpönt. Bei einer Bühnenshow für einen angeblichen Yakuza präsentierte ich einen harmlosen Klaps und blickte anschließend anstatt in ein verzücktes Gesicht auf einen leeren Stuhl. Andere Länder, andere Sitten.

Z: Zahnseide

Eignet sich hervorragend, um die Zähne zu reinigen und gehört in jeden Kulturbeutel. Beschreibt auch die Fadenbreite der zu tragenden G-Strings, wenn man ernsthaft eine Karriere als Tänzerin überlegt. Alles andere ist in den Kreisen als XXL-Schlüpfer verschrien.

16

No Me Ames

Jennifer Lopez & Marc Anthony

Strip Klubs sind eine einzige große männliche Fantasie. Nicht mehr und nicht weniger. Die Mädchen sehen perfekt aus und lösen in den Besuchern anscheinend eine höhere sexuelle Stimulation aus, als ein dreizehnjähriger Junge beim Lesen seines ersten Pornoheftchens empfindet. Aber trotzdem ist es nicht mehr als eine riesige gedankliche Seifenblase. Es tut mir leid, euch diese Illusion zu nehmen, liebe Männer, sie ist jedoch so falsch wie Pamela Andersons Brüste.

Fangen wir mit dem Licht an: Gewöhnlich wird eine Kombination aus warmen Rot- und Blautönen gewählt, die die Haut der Tänzerinnen makellos erscheinen lässt. Fünfundneunzig Prozent der Frauen profitierten davon. Ich erinnere mich an einen Abend, als eine der Scheinwerferlampen kaputt war und Sam mit anderen Lichtern improvisieren musste. Beim Vorbeigehen an der Bar hörte ich, wie zwei Anzugträger sich darüber unterhielten, dass sie in ihrem ganzen Leben noch nie so viel Cellulitis gesehen hätten. Autsch! Ich muss wohl nicht erwähnen, dass die Klubleitung sich schleunigst um eine neue Lichtmaschine kümmerte.

Natürlich waren wir alle schön, wenn das Licht unsere guten Seiten betonte. Leider schützte das aber nicht vor peinlichen Momenten, denn bei dieser Art der Betätigung auf der Bühne sah man, wenn jemand seine Tage hatte und die Schnur vom Tampon nicht richtig versteckt hatte. Es gab zahlreiche Fremdschäm-Momente, wenn Millie, Lolita oder Bambi mal wieder vergessen hatten, die Schnur abzuschneiden. Auch eine zierliche Blondine in weißem Negligé, die zu Robbie Williams' »Angels« tanzt, kann sich so einen Fauxpas nicht leisten und nur darauf hoffen, dass es auf wundersame Weise doch niemand mitgekriegt hat. Das ist der Grund, warum bildschöne Frauen, die sich elegant auf der Bühne rekeln, kurz zuvor im Backstage-Bereich die Beine spreizten, um nach der Schnur zu suchen. Während meiner Zeit als Tänzerin bemerkte ich immer wieder überrascht, wie unterschiedlich wir Frauen doch gebaut waren – obwohl wir anatomisch betrachtet »gleich« sind. Eine Fortbildung zur Frauenärztin konnte ich mir dennoch nie vorstellen.

Jede Nacht, wenn ich müde nach Hause kam, musste ich als Erstes unter die Dusche. Weil ich lieber tanzte, anstatt mich im VIP-Bereich zu unterhalten, schwitzte ich natürlich viel. Hinzu kamen die Cinderella-Schuhe aus feinstem Acryl, die ihren olfaktorischen Teil dazu beitrugen. Mein Highlight des Tages war, wenn ich aus der Dusche stieg, mir vor dem Spiegel das ganze Make-up aus dem Gesicht rubbelte und langsam wieder ich selbst wurde. Juliana landete dann pünktlich gegen drei Uhr morgens auf Feuchttüchern im Mülleimer. Sogar meine natürliche Aussprache (ohne rollendes R) kam mit dem Schlaf zu mir zurück, sodass ich am nächsten Morgen wieder komplett ich selbst war.

Eines Abends in einer Diskothek, in der ich mit Nevada unterwegs war, sprach mich jemand mit meinem Bühnennamen an. Ich erkannte den jungen Mann, für den ich vor ein paar Tagen eine Bühnenshow getanzt hatte. Mein südamerikanischer Akzent legte sich sofort auf meine vor Schock gelähmte Zunge. Paranoia ist doch immer noch die beste Freundin einer Stripperin …

Im ganzen Business ist alles nur Show – selbst der private Bereich, den die meisten von uns mit Argusaugen zu schützen versuchten. Natürlich gab es auch andere Kandidatinnen, die sich an meiner Stelle sehr gerne weiter mit dem jungen Mann aus der Diskothek unterhalten hätten. Mit Sicherheit hätten sie sich an seinen Tisch gesetzt und mit ihm geflirtet. Eines wäre zum anderen gekommen, und spätestens am nächsten Abend gäbe es im Backstage-Bereich eine Diskussion darüber, wann er nach der heißen gemeinsamen Nacht denn nun endlich zurückrufen würde.

Du dumme Nuss! Natürlich niemals. Er hat doch bekommen, was er wollte: Sex mit einer Stripperin!

Man möchte meinen, dass sich die Frauen aus der Branche mit Männern auskennen. Bei den meisten ist das zum Glück auch der Fall, aber es gab genug Mädchen, die ihren Job zu ernst nahmen. Durch die ganze Aufmerksamkeit, die ihnen zuteilwurde, fühlten sie sich wie kleine Promis. Sie sahen schließlich auch so aus! Doch leider vergaßen sie, dass nur, weil man es sich leisten konnte, zum selben Friseur wie Victoria Beckham zu gehen, man noch nicht über dasselbe Bankkonto und denselben Status verfügte. Einige der Frauen waren in ihrer Art so tragisch selbstverliebt, dass es schon fast zum Lachen war.

Zum Beispiel Lilly. Sie hieß auch mit richtigem Namen so und erzählte jedem, der sie fragte, alles über sich. Sie verbrachte Stunden damit, sich an die Tische der meist sehr jungen englischen Businesstypen zu setzen, denn sie liebte die Aufmerksamkeit und steckte jedem zweiten Typen heimlich ihre Telefonnummer zu. Dieses Verhalten war komplett untersagt und wurde mit einem Rauswurf bestraft, wenn das Management davon Wind bekam. Anfangs vermutete ich, dass sie sich mit den Männern traf, um sich zu prostituieren, aber in Wahrheit war es noch viel schlimmer: Sie glaubte wirklich, dass sie sich auf diese Weise einen wohlhabenden Mann angeln konnte. Sicherlich ist diese Praxis auf der ganzen Welt üblich, dennoch glaube ich, dass ein Stripklub der absolut falscheste Ort dafür ist. Es gibt Frauen, die haben tatsächlich so die Liebe gefunden, und sie hörten dann auch immer schnell auf zu arbeiten, aber die meisten, die sich mit den Männern trafen, wurden schamlos ausgenutzt. Lilly hatte jede Woche einen neuen Schwarm und verkündete dies jedes Mal lautstark in unserem Umkleidebereich.

»Oh, er ist so süß! Meinst du, er heiratet mich?«

»Dafür müsste er dich erst mal zurückrufen!«

Das Lachen, das dann folgte, war nie bösartig gemeint, und Lilly hatte zum Glück genug Selbstironie in ihrem dünnen Körper, dass sie meistens mitlachen konnte. Ich habe den Kontakt zu ihr verloren, Jahre später jedoch gehört, dass sie tatsächlich geheiratet hatte und ihr erstes Kind erwartete. Wer mir das erzählt hat, weiß ich nicht mehr, aber solange sie glücklich ist, stoße ich auf sie an.

Ein weiterer extremer Fall war Becky, und die kam leider nicht zu ihrem Happy End. Sie war eine natürliche Blondine aus Finnland, die wie die meisten ausländischen Frauen in unserem Klub zum Studieren nach London gekommen war, um dann festzustellen, dass hier ohne Geld nichts geht. Zu allem Überfluss lernte Becky ziemlich schnell einen Mann kennen und bekam ein Kind von ihm. Nun hatte sie zwei Probleme: kein Geld und einen Typen, der nicht gerne arbeitete. Also fing sie bei uns im Stripklub an und verdiente in relativ kurzer Zeit sehr viel Geld. Ihr Mann saß zuhause und kümmerte sich um den Kleinen, während sie Nacht für Nacht die Stange mit ihren Beinen umschlang. Das ging für ungefähr sechs Monate gut, bis Becky die typischen Anfangssymptome eines Burn-outs zeigte. Sie hatte sich über die Monate hinweg nicht genug Schutzraum aufgebaut und zu viel von sich im Klub preisgegeben. Jeder wusste von ihr, auch die Besucher, und so wurden ihre Augen mit der Zeit immer müder. Das wirkte sich auch auf ihre Performance aus. Sie strahlte nicht mehr und verdiente somit auch immer weniger.

Am Anfang trank sie einfach mehr Alkohol, um gut drauf zu sein, später nahm sie dann Kokain, erst ein wenig, dann immer mehr. Schließlich wurde sie zu einer verhärteten Frau, die regelmäßig Wutausbrüche bei der Arbeit bekam und mit ihrem Leben komplett überfordert war. Das ging so weit, dass sie sich erst von ihrem Mann trennte (eine gute Entscheidung, meiner Meinung nach) und sich dann eine viel zu teure Wohnung im Londoner Nobelviertel Fulham leistete (eine eher schlechte Entscheidung). Sie organisierte sich eine Babysitterin, die fünf Abende die Woche auf ihren kleinen Sohn aufpasste, und zum Glück war diese Frau ein Geschenk des Himmels – zumindest für Beckys Sohn. Denn sie verschloss nicht die Augen vor dem Elend und kassierte den großzügigen Lohn bar auf die Hand, sondern informierte alsbald das Jugendamt. Durch den vermehrten Drogenkonsum war Becky nicht mehr in der Lage, sich richtig um ihren Sohn zu kümmern, und schließlich wurde er ihr zeitweise weggenommen. Daraufhin fiel Becky in eine heftige Depression, und alles wurde nur noch schlimmer. Sie musste ihre schöne Wohnung aufgeben und landete am Ende in einem Heim für Asylbewerber. Madison stand in regelmäßigem Kontakt zu ihr und versuchte mehrfach, ihr zu helfen. Wir sammelten sogar Geld für sie, um ihr bei einer neuen Wohnung unter die Arme zu greifen, aber es hatte alles keinen Sinn mehr. Als sie ihren tiefsten Punkt erreichte, landete sie in der geschlossenen Psychiatrie, wo sie meines Wissens nach bis heute ist.

Sicherlich ist nicht nur das Arbeiten in einem Stripklub daran schuld gewesen, dass sich das Leben für Becky so zum Schlechten wendete. Gewisse genetische, soziale oder persönliche Voraussetzungen werden auch ihren Teil dazu beigetragen haben. Aber letztendlich begünstigt die Arbeit in der Nacht viel Schlechtes, wie zum Beispiel den Zugriff auf Alkohol und Drogen. Man muss nicht lange danach suchen, es wird einem quasi hinterhergeschmissen. Die Erfahrungen, die ich als Stripperin gesammelt habe, haben mich gelehrt, mich mental zu schützen – in jedem Job, egal auf welchem Teil der Erde. Natürlich wird man in einem Büro weniger an Alkohol oder Drogen geraten, aber der permanente Druck, der durch zu hartes Management oder fehlendes Personal ausgeübt wird, ist enorm. Kein Wunder also, dass die Zahlen der Burn-out-Erkrankten stetig steigen. Es ist auch ein Zeichen dafür, dass die Menschen gar nicht mehr wissen, wie sie Stress abbauen können. Beckys Geschichte hat mir diesbezüglich die Augen geöffnet.

Die Liebe und die Stripbranche waren und sind meiner Meinung nach also nicht unbedingt eine glückliche Kombination. Und auch ich war davon betroffen: Trotz meines heißen Jobs war ich komplett sexlos. Ich vermisste es komischerweise auch nicht. Ich war jeden Abend so »ausgesext«, dass ich tagsüber kaum daran dachte. Da ich drei bis vier Nächte pro Woche Miss Übersexy spielte, verbrauchte ich einen Großteil meiner sexuellen Energie. Juliana war komplett erfüllt – mein anderes Ich dagegen sehnte sich nach Kuscheleinheiten. Aber wo sollte ich die bloß herbekommen?

Es war paradox. Jeden Abend flirtete ich mit zum Teil sehr attraktiven Männern und wurde spürbar begehrt. Trotzdem wollte ich mich mit keinem dieser Männer treffen. Das war meine eiserne Regel. Was sollten sie von mir denken? Außerdem war ich im Klub eine andere als auf der Straße, und vielleicht gefiel ich in der privaten Rolle ja auch gar nicht. Nein, ich konnte niemanden aus dem Klub treffen, also beschloss ich, wieder mehr auszugehen. Durch meine Tanzerei war ich froh gewesen, wenn ich an einem freien Abend zuhause vor dem Fernseher bleiben konnte. Das sollte sich nun ändern. Meine Abschlussarbeit hatte ich mittlerweile abgegeben, und die Resultate kamen erst in zwei Monaten; also konnte ich es mir leisten, fast an jedem Tag der Woche abends um die Häuser zu ziehen – auf der Arbeit wie privat.

Ein Date mit Nevada war schnell organisiert. Sie fühlte sich sowieso ständig vernachlässigt und sagte, ich sei langweilig geworden. Eine langweilige Stripperin ... So eine Wortkombination gibt es sicherlich auch nicht häufig.

Wir warteten, bis es dunkel wurde, und stürmten dann in die Nacht hinaus. O geliebtes London! Ich liebe dich bei Tag und vor allem bei Nacht. In dieser Stadt gibt es wirklich nichts, was es nicht gibt. Die Klubs sind unglaublich (und damit meine ich ausnahmsweise nicht die Striplokale), und die Leute darin noch schöner und interessanter. Nevada und ich hatten eine Lieblingsbar in Soho, zu der wir immer gingen, bevor wir eine Disko besuchten. Normalerweise traf man hier ein sehr entspanntes Gemisch aus Schwulen, Medienleuten und Cityboys. Die Bar hatte im hinteren Teil ein kleines Restaurant, und an jenem Abend lud ich Nevada mal wieder zum Abendessen ein. Sie war schließlich mit dafür verantwortlich, warum es mir seit meinem Umzug nach London finanziell zum ersten Mal sehr gut ging. Bei Chicken-Tikka-Burger und Pommes frites quatschten wir und lachten viel. Ich hatte mich lange nicht mehr so unbeschwert gefühlt und war froh, endlich mal ohne meinen falschen Namen unterwegs zu sein.

Diese Leichtigkeit wirkte sich auf die Männer an den benachbarten Tischen aus. Wir blieben nicht lange allein und mussten in einem fort charmant, aber bestimmt Einladungen zum Bier ausschlagen.

Nachdem wir unsere Burger verschlungen hatten, brachte der Kellner eine Dessertplatte mit Wunderkerzen und allem Drum und Dran.

»Die haben wir doch gar nicht bestellt!«

»Die ist ja auch von dem Herrn dahinten.«

Nevada und ich drehten uns gleichzeitig in die Richtung, in die der Kellner zeigte. Dort saß ein kleiner dunkelhaariger Mann um die vierzig und prostete uns verlegen zu. Wir winkten zurück. Die Engländer sind nicht besonders bekannt für ihr gutes Essen. Gott bewahre! Zum Glück haben sie all diese Länder erobert und dadurch viele Einflüsse mit in ihr eigenes Land genommen, ansonsten würde sich die Nation nur von Fish and Chips ernähren! Vom Dessert verstehen sie allerdings wirklich etwas. Zucker, Fett und Schokolade! Muss ich mehr sagen? Auf unserer Dessertplatte präsentierten sich herrlich angerichtet ein satter Banoffi Pie, Apple Crumble mit Sahne und eine riesige Portion Vanilleeis. Nichts, was man vor einer Bühnenshow essen sollte. Aber zum Glück hatte ich vier Tage frei, also konnte ich ohne schlechtes Gewissen zuschlagen. Und der Zucker tat seine Wirkung, denn schon nach kurzer Zeit leckten Nevada und ich uns die Fingerspitzen ab und luden den Fremden zu uns an den Tisch.

Der kleine Mann stellte sich uns als Hamid aus Saudi-Arabien vor. Und spätestens, als der Champagner auf dem Tisch stand, war klar, mit wem wir es hier zu tun hatten: einem sehr reichen und sehr einsamen Mann.

Nevada übernahm wie immer das Kommando und flirtete schamlos drauf los. Hamid ging allerdings gar nicht so sehr darauf ein und blieb eher ruhig. Er sagte, er wolle gar nicht so viel reden. Er genieße einfach unsere Begleitung. Also machten Nevada und ich so weiter, wie wir begonnen hatten, quasselten, quatschten und lachten und blieben einfach zwei junge Frauen, die ihr Leben voll auskosteten. Am Ende des Abends gab Nevada Hamid ihre Telefonnummer, und er versprach, sich bald bei uns zu melden.

17

Liberian Girl

Michael Jackson

Natürlich trifft man nicht jedes Mal, wenn man ausgeht, auf einen Scheich, aber so ein Abend wie der, an dem wir Hamid kennengelernt hatten, war doch recht typisch für London. Hier zeigen die Männer gern, was sie haben, denn Geld steht in dieser Stadt an erster Stelle. Und von den Frauen wird es, seien wir ehrlich, auch so erwartet. In England käme es keinem Mann in den Sinn, beim ersten Date nicht zu zahlen und die Frau die Rechnung begleichen zu lassen – ihre eigene nicht, und erst recht nicht die gemeinsame. Er erwähnt sogar (sollte es gut laufen) spätestens beim Hauptgang in einem Nebensatz, wie hoch sein Jahreseinkommen ist und ob er in einer Eigentumswohnung wohnt. Findet ihr krass? Ja, fand ich auch, aber in London ist das ganz normal. Und es sorgt dafür, dass man sich bei einem Date noch irgendwie weiblich fühlt.

Auf der einen Seite finde ich das offensive Verhalten englischer Männer gut, da mir die deutsche Eigenart, sein Licht immer unter den Scheffel zu stellen, schon immer missfiel. Wer hat, der hat – und das soll er auch zeigen. Auf der anderen Seite reduzieren sich Frauen selbst damit, wenn sie den Männern immer nur auf den Geldbeutel schauen. Wir haben uns unsere Gleichberechtigung hart erkämpfen müssen, und wenn ein Mann die Rechnung begleicht, ist dies meistens ein sicheres Indiz dafür, dass er für denselben Job immer noch mehr Geld bekommt als seine weibliche Kollegin.

Das Ungleichgewicht, das zwischen den Geschlechtern herrscht, zeigt sich vor allem in Beziehungen, was zur Folge hat, dass sich viele Männer gar nicht mehr als Männer fühlen und Frauen ihren Kaffee beim ersten Date selbst bezahlen müssen – in ganz schlimmen Fällen sogar nach der Hochzeit, wenn eine gemeinsame Haushaltskasse doch das Selbstverständlichste der Welt sein sollte. Und auch im Berufsleben sieht man sehr selten Frauen in Spitzenpositionen, und wenn doch, dann sind die meist kinderlos. Wenn wir Frauen dieselben Jobs wie Männer ausüben, bekommen wir weniger Gehalt. Wieso? Ich denke, dass Frauen gelernt haben, aggressiver in Beziehungen, jedoch nicht beim Vorstellungsgespräch zu sein. Wir bleiben cool bei einem One-Night-Stand, aber sagen sofort ja, wenn der Chef um mehr Arbeitszeit für weniger Geld bittet. Das ergibt doch keinen Sinn.

Das Resultat dieser paradoxen Situation ist, dass die meisten von uns zuhause getrennte Kassen haben – denn die Selbstständigkeit, den eigenen Beitrag zu leisten, will sich keine Frau nehmen lassen. Doch warum soll immer fifty-fifty bezahlt werden, wenn der Mann doch mehr verdient? Viele meiner Freundinnen in Deutschland kennen dieses Szenario, und es macht mich traurig. Denn eigentlich sollte die Emanzipation ja dazu führen, dass wir Frauen gleichwertig behandelt werden.

Versteht mich nicht falsch, ich bin durchaus in der Lage, meine Rechnungen selbst zu zahlen. Ein Grund, warum ich bei meiner Suche nach einem Nebenjob ausgerechnet in einem Stripklub gelandet bin, ist sicherlich die Faszination für die Branche, aber wäre der Job nicht so gut bezahlt, dann hätte mir die erste Nacht vollkommen ausgereicht. Meine Eltern kommen aus Osteuropa, und mein Vater hat mich immer verwöhnt. Er war ganz klar der Ernährer in unserer Familie. Als sich meine Eltern scheiden ließen, lernte ich die andere Seite der Medaille kennen: Meine Mutter forderte keinen Cent von meinem Vater, denn schließlich war sie es, die beschlossen hatte, die Ehe zu beenden. Tagtäglich erinnerte sie mich daran, dass ich mich als Frau nie von einem Mann abhängig machen dürfe. Natürlich hat sie grundsätzlich recht, doch wie bei allem im Leben geht es dabei um die richtige Balance. Warum soll ich weniger verdienen, Kinder kriegen und trotzdem die Hälfte von allem bezahlen?

Ausgerechnet ein kleiner dunkelhaariger Mann aus Saudi-Arabien sollte mir darauf eine Antwort geben. Nevada ließ mich nicht in Ruhe, bis ich einwilligte, mich noch mal zu dritt mit Hamid zu treffen. Sie war neugierig auf ihn und wusste natürlich, dass er viel Geld hatte. Ich hatte den Abend mit ihm zwar ganz lustig gefunden, konnte aber nicht wirklich viel zu ihm sagen, da er ja in erster Linie nur anwesend gewesen war und nicht wirklich viel gesprochen hatte. Außerdem war ich kein Fan davon, jemanden deshalb zu treffen, weil er offensichtlich viel Geld besaß. (Ein Grund, warum ich auch nie bei der Abzocke im VIP-Bereich mitgemacht habe. Ich glaube nach wie vor an Karma und fühlte mich mit meiner rechtschaffenen Entscheidung einfach wohler.)

Hamid war es gewohnt, seine Rolle als reicher Sugardaddy zu spielen, und nach Nevadas Anruf schickte er uns einen Wagen, um uns abzuholen. Ich verfluchte Nevada innerlich, dass sie unsere Privatadresse preisgegeben hatte. Vermutlich wurde ich wirklich langsam paranoid … Da wir in einer Art Getto wohnten, in dem regelmäßige Flüge des Polizeihelikopters auf der Suche nach Kriminellen zum Alltag gehörten, machte sich Nevada jedoch keine allzu großen Sorgen darüber. Ihre letzten Zweifel verschwanden, als um sieben Uhr abends ein silberner Rolls

Royce vor unserer Tür hupte. Big T stand am Fenster und konnte seinen Augen kaum glauben.

»Mädels, jetzt habt ihr den Vogel abgeschossen! Fett! Fett! Fett!«

Hätte es damals schon Facebook und Co gegeben, wäre das Bild des Wagens sofort hochgeladen worden.

»Der Mann hat Stil«, schnurrte Nevada.

»Oder einfach zu viel Geld?«

Nevada zuckte mit den Schultern und lief direkt auf den Wagen zu. Der Fahrer stieg aus und sagte: »Hamid wartet bereits im Kasino auf Sie.«

Und so fuhren Nevada und ich zum ersten Mal in unserem Leben mit einem Rolls Royce durch die Londoner Straßen. Wir kicherten die ganze Strecke über, bis wir schließlich beim Kasino in Mayfair ankamen. Hamid begrüßte uns beinahe schüchtern und lud uns auf das obligatorische Glas Champagner ein. Wie auch beim letzten Mal war er eher wortkarg und drückte uns je 200 Pfund in Chips in die Hand, sodass wir mit ihm gemeinsam am Roulettetisch spielen konnten. Nevada war in ihrem Element und hatte eine Glückssträhne – ganz im Gegensatz zu mir, die ständig nur verlor.

Hamid saß die ganze Zeit an einem Tisch in der Nähe und beobachtete uns. Ich gab Nevada irgendwann den Rest meiner Chips und gesellte mich zu ihm.

»Warum machst du das?

Hamid sah mich fragend an.

»Warum siehst du uns nur zu und spielst nicht mit?«

»Weil ich es liebe, wenn Frauen lachen. Ich mag den Klang ihrer Stimmen. Und ich freue mich, dass ich euch eine Freude machen kann.«

Das konnte irgendwie nicht alles sein, also sagte ich ihm direkt auf den Kopf zu: »Du glaubst, dass wir nachher irgendwo mit dir hingehen, um mit dir zu schlafen. Das erwartest du doch, oder?«

Hamid guckte mich nach so viel Ehrlichkeit ernst an.

»Das ist euch überlassen. Natürlich sage ich nicht Nein, deswegen habe ich euch jedoch nicht eingeladen. Dafür könnte ich direkt in ein Bordell gehen oder mir eine Escortdame bestellen. Dies hier bereitet mir mehr Freude.«

Ich wollte wissen, warum.

»Weil ich mir mit Geld alles kaufen kann – nur echte Begeisterung nicht.«

Seine Worte klangen traurig, und auf einmal wurde mir klar, dass ich es mit einem sehr einsamen Menschen zu tun hatte. Hamid verdiente sein Geld mit Immobilien. Er kaufte Apartments in guten Gegenden und renovierte sie luxuriös, um sie dann für das Doppelte wieder zu verkaufen. Es lief ganz gut für ihn, denn er hatte Häuser in Florida, Marbella und seiner Heimat.

In den kommenden Wochen lud uns Hamid regelmäßig in Kasinos und zum Essen ein. So lernten wir viele verschiedene Orte kennen, die wir uns niemals hätten leisten können. Eines Tages rief Hamid mich an und fragte mich um Rat bezüglich guter Musik und Bücher. Er stand mit seinem Fahrer in der Oxford Street und wollte sich unbedingt neue CDs kaufen, hatte aber keine Ahnung, was gerade modern war. Da ich in der Nähe war, trafen wir uns direkt im Virgin Megastore an der Tottenham Court Road und kauften ein. Das heißt, *ich* kaufte ein, und er schleppte. Hamid hatte einen grausamen Musikgeschmack. Hätte es in London die Bravo Hits zu kaufen gegeben, stünden sie mit Sicherheit in Hamids exquisitem Wohnzimmerschrank.

Sein Fahrer und er trugen die ganzen Tüten voller CDs, Bücher und DVDs in seine Wohnung. Ich wollte ihm helfen, doch da sagte er einen Satz, den ich ganz erstaunlich fand: »Trag niemals schwere Sachen, wenn du nicht musst. Meine Kultur ist vielleicht nicht als besonders frauenfreundlich bekannt, aber für uns Araber sind Frauen ein Heiligtum. Ihr habt die wundervolle Gabe, Kinder in die Welt zu setzen, und dabei seid ihr sanft im Wesen und meist sehr schön. Bewahre dir das. Auch dein Herz. Eine Frau sollte sich auf ihren Mann verlassen können, dennoch sollte sie sich auch immer ein Stück Unabhängigkeit bewahren. Das tut beiden gut.«

Ich war sprachlos. Hamid war ein schweigsamer, stets traurig wirkender Mann. Ich wusste von einer geschiedenen Ehefrau und einer kleinen Tochter in seiner Heimat. Über private oder tief gehende Dinge sprachen wir so gut wie nie. Er führte Nevada und mich lieber schick aus und lauschte unserem Small Talk. Doch Hamid war noch nicht fertig mit seiner Lektion: »Geld ist wichtig, aber nicht alles im Leben, Juliana. Vergiss das nie. Man wird dadurch nicht glücklicher.«

Erst viel später sollte ich merken, wie recht er damit hatte.

18
Teardrop
Massive Attack

Die Ergebnisse meiner Prüfungen waren endlich gekommen. Ich hatte mein Studium mit einer guten Zwei bestanden. Was nun? Was kam als Nächstes? Ich konnte ja nicht ewig so weitermachen als Stripperin … oder etwa doch?

Wie die meisten meiner Kommilitonen freute ich mich in erster Linie über die neu gewonnene Freiheit. Keine Klausuren, keine Vorlesungen und keine lästigen Seminare mehr! Ein paar meiner Freunde von der Uni hatten sich bereits bei Firmen beworben und die ersten Bewerbungsgespräche gehabt. Andere gingen wiederum für ein Jahr auf Weltreise, bevor sie dem Ernst des Lebens begegneten. Und wie sahen meine Pläne aus? Ich wusste es, um ehrlich zu sein, noch gar nicht. Ich war sehr ehrgeizig und pragmatisch, daher brauchte ich ein regelmäßiges Einkommen – ansonsten tauchte stets mein größter Feind im Bett neben mir auf: die Schlaflosigkeit.

Also tat ich, was ich immer in Situationen tat, in denen ich nicht wusste, wie es weitergehen sollte: gar nichts. Und so vergingen weitere Wochen im amerikanischen Klub. Dieser hatte zwei Vorteile: Zum einen war er sehr beliebt und meistens gerappelt voll, zum anderen bot er ein sehr gutes Verdienstpotenzial. Allerdings war die Konkurrenz durch die anderen Mädchen enorm groß, und ich merkte schnell, dass man sich wirklich reinhängen musste, um viele Tänze zu bekommen. Das Problem dabei ist: Wer ständig brennt, brennt irgendwann aus, und auch ich fühlte die ersten Ermüdungserscheinungen. Sofia und ich versuchten daher immer, gemeinsam zu arbeiten, und liefen dann als »Double Trouble« durch den Klub. »Double Trouble« sagt man, wenn zwei Frauen zusammen für einen oder mehrere Männer tanzen, also eine Art »flotter Dreier« oder lesbische Vorführung.

»Seid ihr wirklich ein Pärchen?«, fragten uns viele der City Boys mit glasigen Augen und glänzendem Schweiß auf der Stirn.

»Natürlich.« Sofia tätschelte dann gerne meinen Hintern – und schon bekamen wir einen Tabledance. Wir nannten das Ganze auch »Chicken Dance«. Wir tanzten synchron nebeneinander, dann drehten wir uns gleichzeitig um und wackelten mit den Hintern. Es war absolut nicht erotisch und hatte auch nichts mehr mit meiner ursprünglichen Faszination, die ich dem Strippen gegenüber verspürt hatte, zu tun. Allein durch den Klub zu laufen wurde aber immer schwerer für mich. Ich spürte eine permanente Aggression in mir, mich nervten die vielen Blicke der Männer, ihre Kommentare und die sich ewig wiederholenden Fragen: »Wieso arbeitest du als Tänzerin? Du könntest doch bestimmt jeden anderen Job machen!«

Ach ja? Seit wann kennst du meinen Lebenslauf?

»Hast du einen Freund?«

Natürlich nicht! Und selbst wenn es anders wäre, ich würde dich anlügen, denn ansonsten ist die Illusion dahin, dass du mich vielleicht doch noch erobern kannst. Träum also schön weiter …

»Nein? Du hast keinen Partner? Eine so wunderschöne Frau wie du?«

Augenrollen. Ja, wieso schlafe ich eigentlich nachts allein? Egal.

»Können wir uns nicht mal auf einen Drink treffen? Ich würde dich so gerne in mein Lieblingsrestaurant einladen.«

Darauf antwortet man dann am besten zaghaft: »Wir dürfen

uns nicht mit Besuchern treffen, das wird mir vom Klub verboten. Ich verliere sonst meinen Job.«

»Wir müssen es ja niemandem sagen. Wir können uns ja einfach heimlich verabreden!«

Gähn. An dieser Stelle des Gesprächs muss man immer besonders schüchtern spielen.

»Oh, ich weiß nicht, komm doch das nächste Mal, dann überlege ich mir das.«

»Tanzt du jetzt ganz besonders für mich?«

Na klar, du bist mein absoluter Liebling, gähn.

So in etwa liefen die Konversationen ab. Durch die Größe des amerikanischen Klubs wiederholten sie sich ständig, und am Ende des Abends erreichte man den Intellekt eines Schulkindes. Es begann, mich zu langweilen, und ich sehnte mich mehr und mehr nach meinem alten Klub zurück. Da verdiente man zwar weniger, ging aber mental gesünder nach Hause.

Immer häufiger bemerkte ich eine noch nie da gewesene Müdigkeit. Der amerikanische Klub verfügte über eine riesige Fläche, und so konnten und mussten auch viele Frauen dort arbeiten. Jede Nacht standen zwischen achtzig und hundert Frauen im Saal, und keine wollte mit leeren Taschen nach Hause gehen. Also musste man sich abheben, und das ging vor allem mit einer guten Show. Neben der Hauptbühne gab es drei weitere Podien und eine Bar, auf der ebenfalls ein paar Mädchen Platz zum Tanzen hatten. Nach jedem Song wurden wir auf die jeweiligen Flächen gerufen.

»Juliana, bitte auf Podium 3.«

Trotz der vielen Frauen waren wir ständig in Bewegung – und standen unter permanenter Beobachtung. Wer etwas verdienen wollte, musste Gas geben, auf der Bühne, auf dem Podium und bei den Tabledances. Das hieß lächeln, flirten, ständige Körperspannung und stets gut drauf sein. Es war verdammt anstrengend. Und es gab kaum Zeit, um auf die Toilette zu gehen oder sich auszuruhen, und so vergingen die sieben Stunden der Schicht immer wie im Flug. Oft saß ich danach erschöpft im Taxi, gar nicht mal nur vom Tanzen, denn irgendwann hatten sich mein Körper und meine Fitness an die Anforderungen angepasst, sondern von der gespielten Heiterkeit. Immer voller Energie. Immer perfekt. Immer höflich und immer mit viel Spaß bei der Sache – egal, wie nervig der eine oder andere gerade war.

Es dauerte nicht lange, bis ich zum letzten Mal im amerikanischen Klub tanzte. Meine Bühnenshow kam zu einem Zeitpunkt des Abends, als die Atmosphäre mal wieder am Überkochen war. Ich schlug dem DJ eine Kombination aus Lenny Kravitz und Michael Jackson vor und stolzierte zu rockigen Gitarrenklängen auf die Bühne. Der Saal bebte. Ich trug ein neues Outfit: einen dunkelblauen Zweiteiler, bestehend aus knappem Top und tief geschnittener blauer Hose, die an den Seiten mit silbernen Pailletten besetzt war. Das Ganze wirkte zusammen mit meinen langen dunklen Haaren fast ein wenig orientalisch.

Während ich gut gelaunt tanzte, setzte sich ein Mann an den Bühnenrand. Die Bühne bildete am vorderen Ende einen Kreis, und um diesen waren acht schwarze Ledersessel positioniert. Wer dort Platz nahm, musste Geld auf die Bühne werfen, ansonsten wurde er von dem Sicherheitspersonal höflich, aber bestimmt zum Gehen aufgefordert. Bei diesem Gast musste ich mir jedoch keine Sorgen machen, denn es war ein Mann aus Bahrain, der regelmäßig in den Klub kam und sich ständig in ein neues Mädchen verliebte. Heute Nacht sollte ich die Glückliche sein. Er warf mir rosafarbene Scheine auf die Bühne, jeweils im Wert von 50 Pfund. Als mein zweiter Song begann, hatte ich ihn geknackt. Ich ließ die Hüllen fallen und stand schließlich mit nicht mehr als einem dunkelblauen perlenbesetzten G-String bekleidet auf der Bühne. Ich machte ein paar Bauchtanzbewegungen und ging in die Knie. Dabei ließ ich den Blickkontakt zu dem Mann nicht abreißen, und so regnete es weiter Scheine. Der DJ spielte mit und ließ den Song weit über die üblichen drei Minuten laufen – es hatte sich gelohnt, ihm regelmäßig Trinkgeld zu geben.

Kurz bevor der Song vorbei war, legte ich mich auf den Rücken und kam mir vor wie Mena Suvari in dem Film »American Beauty« in ihrem Meer aus Rosen, nur dass es bei mir rosafarbene Fünfzig-Pfund-Scheine anstelle von Blütenblättern waren. Der Song klang langsam aus, und ich schenkte meinem großzügigen Beobachter einen Luftkuss. Er gab mir ein Zeichen, dass ich danach zu ihm kommen sollte. Jackpot! Heute würde ich viel Geld verdienen.

Ich sammelte alle Scheine und den Rest meines Outfits zusammen und rannte von der Bühne. Halbnackt lief ich zum DJ und gab ihm 50 Pfund Trinkgeld, bevor ich mich in die hinterste Ecke im Backstage-Bereich verzog, um mich anzuziehen und das Geld zu zählen. Ich konnte es nicht fassen, ich hatte über zwanzig frische Scheine vor mir liegen. Das waren mehr als 1 000 Pfund! Ich stopfte das Geld in meine kleine Handtasche, die ich zu diesem Zweck immer dabeihatte. Beim Rausgehen traf ich auf Sofia und nahm sie an der Hand. Vielleicht konnte ich den Herrn aus Bahrain ja für einen »Double Trouble« begeistern.

Doch dazu sollte es nicht mehr kommen.

Als ich mich durch das Gewusel von Mädchen und Besuchern zwängte, bemerkte ich etwas in meinem Rücken. Als ob mich jemand anstarrte.

Ich drehte mich um, und in diesem Moment setzte mein Herzschlag aus.

Vor mir stand, mit überraschtem Gesicht und traurigen Augen, Hamid.

Scheiße.

Mein Herz sank in meine schöne dunkelblaue Hose, und mein Puls beschleunigte sich. Aber ich hatte keine Wahl – ich musste es ihm erklären! Ich sagte Sofia, dass sie allein zu dem Herrn aus Bahrain gehen müsse und ihn grüßen solle. Sie guckte mich fragend an, dann Hamid, dann verstand sie, dass meine Tarnung aufgeflogen war.

Hamid nahm meine Hand und führte mich in das Restaurant. Er hatte dort bereits vor einer halben Stunde an einem Tisch Platz genommen und mich von dort aus auf der Bühne beobachten können. Was folgte, war eine lange und unangenehme Stille. Juliana verschwand Sekunde um Sekunde, und übrig blieb Kathi, die beschämt zu Boden sah.

»Jetzt verstehe ich, warum du donnerstags nie Zeit hast. Warum hast du mir denn nie davon erzählt?«

»Weil ich nicht wusste, ob du das hier verstehst. Außerdem wollte ich nicht in die Verlegenheit kommen, dir einen Tanz auszuschlagen.«

Hamid lächelte. »Oh, ich bin mir sicher, ich hätte eine Menge Geld ausgeben können. Apropos, brauchst du Geld? Machst du den Job deswegen?«

Ich holte zu einem langen Monolog aus, während Hamid mir ein Glas Champagner nach dem anderen einschenkte. Ich erzählte ihm von meinem Abend mit Nevada, von meiner anfänglichen Begeisterung, wie viel Spaß ich hatte und wie sehr mir der Job half, ein halbwegs vernünftiges Leben in London zu führen. Das Einzige, das mich unterbrach, waren meine tiefen Schlucke aus dem Glas, welches regelmäßig wieder aufgefüllt wurde. Hamid ließ mich die ganze Zeit nicht aus den Augen, und so redete ich weiter und schüttete ihm mein Herz aus. Wie mich das ständige Versteckspiel belastete; dass mir das Tanzen Spaß machte, dass ich es jedoch leid war, mich zu rechtfertigen; dass ich nicht nur auf meinen sexy Nebenjob reduziert werden wollte; dass ich mir noch so viele Träume erfüllen und auf Reisen gehen wollte. Irgendwann merkte ich, wie beschwipst ich mittlerweile war, und machte schließlich eine Pause.

Hamid blieb ganz ruhig. »Ich ziehe meinen Hut vor dir. Ich kann mir vorstellen, dass dieser Job nicht immer leicht ist. Gerne würde ich dir mehr ermöglichen. Sag mir nur, wie.«

Ich traute meinen Ohren nicht. Die meisten Frauen hätten sich an meiner Stelle wohlgefühlt, als hätten sie den Jackpot geknackt – aber ich fühlte nicht so. Mich von einem Mann aushalten zu lassen, den ich nicht mal besonders anziehend fand, widerstrebte mir. Das war zu viel der Lüge, selbst für eine professionelle Lügnerin wie mich. Nun ist diese Art der Beziehung so alt wie die Menschheit selbst, und es gab sicherlich einige Mädchen in unserem Klub, die ständig auf der Suche nach jemandem wie Hamid waren. Für mich würde eine finanzielle Abhängigkeit, besonders zu einem Mann, den ich nicht liebte, jedoch einen Verrat mir selbst gegenüber bedeuten. In die Rolle von Juliana zu schlüpfen war einfach, aufregend und vor allem temporär. An der Seite von Hamid müsste ich das im übertragenen Sinn vierundzwanzig Stunden tun, vielleicht nicht bis ans Ende meines Lebens, aber doch für eine viel zu lange Zeit.

»Du brauchst dich nicht zu erklären, Darling. Das ist es, was ich dir einmal gesagt habe. Begeisterung kann man nicht kaufen, und Liebe auch nicht, zumindest nicht die Art von Liebe, nach der ich suche. Ich verstehe dich, und dafür begehre ich dich umso mehr. Daher werde ich dich heute zum letzten Mal sehen, denn es würde mir nicht guttun. Ich möchte aber, dass du weißt, dass du hier jeden Tag aufhören kannst und ich dir immer helfen werde. Egal wie. Du hast mein Wort.«

Mittlerweile liefen mir die Tränen über die Wangen. Seine ehrlichen Worte, gemischt mit dem Alkohol, hatten die Schutzmauern um mein Herz herum eingerissen, und nun floss der Kummer nur so aus mir heraus. Ich wusste, dass ich ihn nie wiedersehen würde, denn ich würde ihn niemals um Hilfe bitten können. Niemals.

Hamid stand auf und gab mir einen Kuss auf die Stirn.

»Auf Wiedersehen, Darling.«

Mein Abend war gelaufen, und mir war klar, dass ich in diesem Klub immer Gefahr laufen würde, von jemandem erkannt zu werden. Er war einfach zu kommerziell und zu populär. Und wohlfühlen konnte ich mich hier auch nicht mehr.

Als Sofia später in den Backstage-Bereich kam, wollte sie das Geld, das ihr der Mann aus Bahrain gegeben hatte, mit mir teilen. Ich lehnte ab. Sie war über meine Entscheidung aufzuhören gar nicht begeistert und versuchte mich zu überreden, noch ein paar Wochen zu bleiben. Doch ich hatte meine Wahl getroffen. Morgen würde ich Sam anrufen und ihn bitten, mich noch einmal im Golden Girls aufzunehmen.

Hamid habe ich seitdem nie wiedergesehen.

19

Love To Love You Baby

Donna Summer

Eine Woche später arbeitete ich tatsächlich wieder in meinem alten Klub. Er kam mir mittlerweile noch kleiner vor als am Anfang, aber meine Begeisterung für die Kunst des Striptease kehrte nach und nach zurück, und ich konnte wieder ruhiger schlafen.

Nevada war traurig darüber, dass wir nun keine Abende mehr mit Hamid verbringen konnten, verfolgte jedoch bald schon neue Pläne. Sie hatte jemanden kennengelernt und wollte mich nun auch endlich verkuppeln – aber so einfach war das nicht. Ich hatte schon lange niemanden mehr getroffen, der mich wirklich interessierte, und war raus aus dem ganzen Dating-Wahnsinn.

Sofia rief mich täglich an und erzählte mir, wie sehr sie mich bei der Arbeit vermisse. Wir verabredeten uns, sooft wir konnten, und so kam es auch, dass sie mich zu einer Dinner Party bei sich zu Hause einlud, um mir endlich ihren neuen Schwarm Rob vorzustellen.

Als ich bei Sofia klingelte, öffnete sie mir die Tür und begrüßte mich mit einer stürmischen Umarmung. Ich überreichte ihr zwei Flaschen australischen Weißwein und ließ mich ins Wohnzimmer führen, wo die anderen Gäste warteten: Rob, ein gut aussehender Typ namens Darren und zwei befreundete Pärchen. Ich wurde allen vorgestellt, dann zog mich Sofia am Arm in die Küche. Sie war aufgeregt und erzählte mir, wie verliebt sie sei, obwohl diese Auskunft vollkommen unnötig war: Sie strahlte übers ganze Gesicht.

»Und, weiß er von deinem Job?«

»Ja, er findet es okay, möchte aber, dass ich in einem kleineren Klub arbeite. Mal gucken, ich denke darüber nach, Sam anzurufen. Was meinst du?«

»Ja, warum nicht. Er wird dich sicher wieder nehmen!«

Gemeinsam deckten wir den Tisch und kamen dann in den Genuss eines fantastischen Dinners. Ich wurde neben Darren platziert – außer mir offensichtlich der Einzige ohne Anhang –, der an meiner Seite kaum ein Wort herausbrachte. Rob und Sofia warfen sich verschwörerische Blicke zu. Man konnte sehen, wie sie jedes Wort, das Darren und ich wechselten, mit einem zufriedenen Lächeln zur Kenntnis nahmen. Da wurde mir klar, warum ich neben Darren saß: Wir sollten verkuppelt werden!

Darren war wie Rob ein Spieler der britischen Cricket-Nationalmannschaft, höflich und sehr athletisch gebaut. Er war zwei Jahre älter als ich, sehr groß, hatte blonde Haare und warme Augen. Verkrampft versuchten wir, uns über seinen Sport zu unterhalten, aber das war gar nicht so einfach. Er wurde ständig rot, und ich hatte die Spielregeln vom Cricket noch nie verstanden (wer versteht dieses Spiel überhaupt?), also redeten wir über eine gemeinsame Leidenschaft: gutes Essen. Darren liebte exquisite Restaurants und hielt nicht viel von der Küche seiner Heimat. Unter den wachsamen Blicken von Rob und Sofia hatten wir endlich ein Thema gefunden, über das wir uns austauschen konnten.

Am Ende des Abends verabschiedeten wir uns von Sofia und Rob, und zufälligerweise standen Darren und ich auf einmal allein auf der Straße. Es kam, wie es kommen musste, und so tauschten wir unsere Telefonnummern und fuhren in getrennten Taxen nach Hause. (Was habt ihr denn gedacht?)

Das erste Date mit Darren ein paar Tage später endete fast in einer Katastrophe. Wir trafen uns in einer Bar in Soho, und schon als er reinkam, sah ich, wie nervös er war. Ich bin grundsätzlich überpünktlich, und so saß ich bereits an einem Tisch am Fenster, von wo aus man einen guten Blick auf die Eingangstür hatte.

»Hi!«

Ich gab ihm einen Kuss auf seine glühende Wange.

Als er sich setzte, riss er mit einer ungeschickten Bewegung den Pfefferstreuer zu Boden. Er tat mir fast leid, so sehr schien ihm unser Treffen zuzusetzen.

»Ups, hm ... ja, was trinken wir? Eine Flasche Weißwein?«

Oh ja, Alkohol brauchen wir beide – dringend.

Nach dem ersten Glas Wein ging es uns schon besser, aber es war klar, dass wir nicht besonders gut auf dem Gebiet des Datings waren. Darren blieb supernervös, und ich war die ganze Zeit mit meinen zwei Persönlichkeiten Kathi und Juliana beschäftigt. Als Juliana Darling war ich eine Expertin, wenn es darum ging, zu flirten und einen Mann für mich zu begeistern. Und es fiel mir unglaublich schwer, wieder ›nur‹ ich selbst zu sein. Juliana hatte meine gesamte Flirtpersönlichkeit an sich gerissen, und so tat der arme Darren zwar sein Bestes, mich wirklich kennenzulernen, hatte aber nach dem nächsten Glas Wein schon verloren, während Juliana noch nicht mal auf Hochtouren aufgelaufen war.

Als Darren mich fragte, seit wann ich Sofia kennen würde, beschloss ich, dem Ganzen ein Ende zu bereiten.

»Ich kenne sie schon eine Weile. Weißt du, wo sie arbeitet?«

Wenn es eine Steigerung von Verlegenheit gab, dann hatte Darren sie hiermit erreicht. »Ja, das weiß ich«, sagte er und schlug die Augen nieder.

»Gut. Ich arbeite da auch.« Ich ließ meine Worte wirken, dann entsandte ich ein kleines Schmunzeln über den Tisch.

»Deswegen fällt es mir auch so schwer, mich mit dir normal zu unterhalten. Sorry, ich bin einfach aus der Übung!«

Dieses Mal schenkte ich ihm ein echtes Kathi-Lächeln ohne Julianas Augenaufschlag.

»Das dachte ich mir schon«, sagte er erleichtert und zwinkerte mir zu. Urplötzlich schien alle Anspannung von ihm abgefallen zu sein. »Und wie ist das so? Ist bestimmt ein spannender Job!«

Und so erzählte ich ihm von meiner Arbeit, wie es dazu gekommen war und was Sofia und ich in den Nächten so trieben.

»Wie sind die Typen denn so?«, wollte Darren wissen.

»Meistens sehr höflich, aber es sind auch Arschlöcher dabei.«

Darren nahm einen tiefen Schluck aus seinem Weinglas und guckte mich ernst an. Dann folgte eine unangenehme Stille. Schließlich fragte er: »Wollen die nie mehr – ich meine …?«

Ich wusste natürlich sofort, worauf er hinauswollte, und war etwas gekränkt, dass er die Frage stellte.

»Du meinst, ob die Typen auch Sex wollen?«

Er rutschte unruhig auf dem Stuhl hin und her und taxierte die halbleere Weinflasche mit seinem Blick. Offensichtlich war es ihm erneut vollkommen unmöglich, mir in die Augen zu sehen.

»Ist es das, was du denkst? Bist du deswegen etwa hier?«

»Wie bitte?« Jetzt sah mich Darren erschrocken an.

Na super, das Date lief wirklich wunderbar – Juliana gab Kathi einen beherzten Tritt in den Hintern, und ich beschloss zu schweigen.

»Hey, so war das doch gar nicht gemeint! Warum sollte ich mich denn mit dir treffen wollen, wenn ich dich nicht toll fände?«

Innerlich debattierten Kathi und Juliana in aller Seelenruhe weiter, ob es nun besser wäre zu gehen oder ruhig zu bleiben. Dann traf Kathi eine Entscheidung: »Ich ziehe die Frage zurück. Es war eine dämliche Unterstellung – tut mir leid.«

Darren füllte unsere Gläser wieder auf, und ich beruhigte mich langsam.

»Natürlich darfst du solche Fragen stellen«, erklärte ich. »Es ist nur ziemlich anstrengend, dass ein Stripklub oft mit käuflichem Sex gleichgesetzt wird. Stell dir einfach eine Art Tanzshow vor, in der ich mitmache. Natürlich kommt der ein oder andere Gast auch auf dumme Gedanken, aber das können wir nicht verhindern. Wir lieben es, uns zu zeigen, und werden dafür äußerst gut bezahlt. Nicht mehr und nicht weniger.«

Mein Gegenüber schaute mir tief in die Augen und nickte.

»Ist das für dich ein Problem?«, fragte ich.

»Eigentlich nicht. Natürlich ist dein Job etwas ungewöhnlich, aber das muss ich wohl akzeptieren, wenn ich dich besser kennenlernen will.«

Wir schauten uns lange an und tranken etwas schneller als nötig unseren Wein.

»War meine Antwort falsch?«, fragte Darren unsicher.

Ich musste lächeln. Im Grunde war er ein echt lieber Kerl, und ich konnte seine Neugier verstehen. Würde ich in seiner Lage nicht auch solche Fragen stellen? Vermutlich.

»Alles okay. Wie gesagt, es kommt selten vor, dass ich mich überhaupt mit Männern unterhalte!«

Darren schaute mich fasziniert an. »Und da wird nie einer ausfallend?«

»Doch, das kommt natürlich vor. Aber wir haben Sicherheitsleute, die meistens nichts zu tun haben und darauf warten, dass sie jemanden anpöbeln dürfen.«

Darren grinste.

»Außerdem will ich das ja nicht bis ans Ende meines Lebens machen«, sagte ich. »Ich habe einen Traum. Ich will unbedingt eine Weltreise machen – und dafür brauche ich noch etwas Geld.«

»Ich finde es super, dass du ein Ziel hast«, sagte Darren, und ich war versucht, ihm zu glauben.

»Du hättest wirklich kein Problem damit? Ich meine, dass andere Männer mich nackt sehen?«

»Ich glaube nicht – und eigentlich müsste ich dann doch stolz darauf sein, so eine heiße Freundin zu haben.«

Dann grinste er wieder, und diesmal sah ich ein kleines Glitzern in seinen Augen. Vielleicht konnte aus Darren und mir wirklich etwas werden?

Das zweite Date verlief um einiges entspannter als das erste. Darren lud mich in ein schickes französisches Restaurant im Londoner West End ein, und wir verbrachten einen wirklich schönen Abend zusammen. Diesmal fuhren wir nicht in getrennten Taxen nach Hause, sondern in seine Wohnung in Fulham Broadway. Was dort geschah, überlasse ich jedoch eurer überdurchschnittlichen Fantasie …

Meine Romanze mit Darren war ein gefundenes Fressen für Nevada und Sofia. Sie zogen mich regelmäßig damit auf, freuten sich insgeheim aber sehr für mich. Und ich musste zugeben, Darren tat mir sehr gut. Einzig sein Wunsch, mich einmal im Golden Girls zu besuchen, sorgte dafür, dass erste graue Wolken im Paradies aufzogen. Es war mein Job – deswegen hatte ich auch Entscheidungshoheit. Und ich wollte nicht, dass Darren bei mir auf der Arbeit vorbeikam. Ich lungerte schließlich auch nicht bei seinen Trainings rum. Hätte ich in einem stinknormalen Büro gearbeitet, hätte er meinen Schreibtisch vermutlich nicht begutachten wollen. Und nur weil mein »Arbeitsbereich« zu diesem Zeitpunkt eine Stange war, hieß das noch lange nicht, dass ich eine Ausnahme machen wollte.

Wir verbrachten die meisten Abende zusammen, wenn er nicht gerade zu einem Match nach Sri Lanka oder Australien musste. Es war eine unbeschwerte und schöne Zeit, obwohl ich mein Herz ihm gegenüber nie ganz öffnen konnte. Er las mir jeden Wunsch von den Lippen ab und behandelte mich wie eine Prinzessin, doch so richtig wollte das Eis einfach nicht brechen. Vielleicht lag es daran, dass wir grundverschieden waren, vielleicht, dass ich um mich herum eine Schutzmauer errichtet hatte, um im Stripklub richtig funktionieren zu können. Ich habe viele Frauen gesehen, die von einer Sekunde auf die andere sehr verliebt in einen Mann sind und dann den Job hinwerfen, denn früher oder später gibt es in der Beziehung immer Probleme – vor allem solche, die mit diesem besonderen Job zu tun haben.

Auch bei Darren wurde die Eifersucht von Woche zu Woche größer. Ich bin mir sicher, dass er am Anfang unserer Beziehung vor Freunden damit angegeben hat, eine Stripperin zu daten. Die englische Presse war süchtig nach Skandalen, die irgendwelche Erotik-Models oder Stripper involvierten, und Darren war als Cricket-Spieler eine Person des öffentlichen Lebens. Daher wollte ich auch nie Darrens Freunde kennenlernen, außer natürlich Rob, aber das war etwas anderes, denn er war ja mit Sofia zusammen. Ich befürchtete, argwöhnisch von ihnen gemustert zu werden, und so ließ ich mir damit lange Zeit.

»Kannst du nicht woanders arbeiten?«

Warum sollte ich? Es war leicht verdientes Geld.

»Dein Studium hast du doch schon beendet.«

Ja, das stimmte, aber ich brauchte mehr Kohle, um mir meine lang ersehnte Weltreise endlich ermöglichen zu können.

»Dann könntest du doch wenigstens bei mir einziehen, um dir die Miete zu sparen. Was meinst du?«

Oje, nun wurde es richtig ernst! Nur wenige Monate waren nach unserem ersten Date verstrichen, und nun kam so eine Frage! Ich wusste nicht, was ich sagen sollte. Darren war ein wundervoller Mann, sehr warmherzig und aufmerksam, aber wir hatten fast nichts gemein, außer, dass wir gerne gute Restaurants frequentierten. Er verstand so gar nichts von meiner Herkunft und glaubte, Sofia wäre meine einzige Freundin, denn er hatte Nevada nur einmal kurz kennengelernt. Natürlich war das kein Zufall, sondern Absicht, denn ich wohnte zu diesem Zeitpunkt noch in einem eher schäbigen Stadtteil und Darren in einer eigenen Wohnung in einem schönen und vornehmen Viertel Londons. Da lag es nahe, dass wir uns bei ihm trafen. Nevada und Big T hätten ihn mit ihrer geballten anzüglichen Art sicherlich in Verlegenheit gebracht (allein wenn ich mir Darrens Gesicht vorstellte, wenn er Big T und seine Vorliebe für tschechische Pornografie kennenlernte ...), und so hatte es nie ein offizielles Treffen gegeben. Darren dachte sich vermutlich, dass es mir wohl unangenehm war, ihm meine Studentenbleibe zu zeigen. Er war ein großartiges Beispiel für die englische Höflichkeit: Bloß nichts direkt ansprechen!

Konnte ich wirklich mit so einem Mann zusammen sein? Er hatte eine fantastische Wohnung und war ein wunderbarer Liebhaber (grundsätzlich eine wünschenswerte Kombination!), aber er kam mit meinem Job schon jetzt nicht klar. Wie sollte das erst werden, wenn ich nachts um drei nach Hause kam – in unsere gemeinsame Wohnung? Würde er dann aufbleiben und auf mich warten, wie eine Mutter, die um ihr flügge gewordenes Töchterlein bangt? Wie würde sich das auf seinen Sport auswirken? Und was würde er seinen Eltern sagen? »Hallo Mama, hallo Papa, das ist Juliana. Sie ist Stripperin, hat aber ein abgeschlossenes Hochschulstudium.«

O Gott, das passte doch alles gar nicht zusammen!

Darrens Eifersucht war für mich Fluch und Segen zugleich. Welche Frau möchte schon, dass ihr Mann damit einverstanden ist, wenn sie mit anderen Männern flirtet? Das ist das große Dilemma aller Tänzerinnen, denn sie alle wünschen sich einen Mann, der ihren Job toleriert, ihn jedoch gleichzeitig auch hasst. Wie lange kann so etwas gut gehen? Dabei finde ich immer noch, dass das Strippen an sich harmlos ist und keine Gefahr für meine Beziehung darstellt. Ganz im Gegenteil. Ich hatte in meiner Zeit in London die Lizenz zum Flirten, und nach drei bis vier Nächten pro Woche war ich so ausgelaugt, dass ich gar kein Interesse mehr an anderen Männern verspürte. Im Klub selbst hatte ich ja eine feste Regel: Niemals mit einem Besucher ausgehen! Also war ich im Grunde genommen treuer als jede Sekretärin im Büro. Aber versucht das mal einem Mann zu erklären … aussichtslos!

Nein, ich konnte vorerst nicht bei Darren einziehen, machte ihm allerdings einen Vorschlag zur Güte: Ich würde seine Freunde und sein Cricket-Team kennenlernen – dann würden wir weitersehen. Gesagt, getan. Das nächste Match seiner Mannschaft sollte in London stattfinden, und ich war als seelische und moralische Unterstützung mit von der Partie, natürlich im VIP-Bereich. Diesmal allerdings in einer weißen Sommerhose und einem hochgeschlossenen Top, und ganz ohne die Absicht, irgendjemandem teuren Champagner anzudrehen … Als mir der Kellner mein erstes Glas Wein in die Hand gedrückt hatte, wurde ich langsam ruhiger und stellte mich den zahlreichen Freundinnen der Teamkollegen vor. Natürlich wussten alle über mich Bescheid.

Vielen Dank für die Diskretion, Darren!

Am Anfang sprach kaum eine der Frauen ein Wort mit mir, doch zum Glück floss der Weißwein in Strömen, und so langsam tauten auch die kühlen Engländerinnen auf und bombardierten mich schließlich mit Fragen über meinen Beruf.

»Warum machst du das? Wie lange schon? Macht es Spaß? Verdienst du gut? Wie sind die Männer so? Und die Frauen? Bist du deshalb so fit? Meinst du, Darren kommt damit klar?«

Tja, zumindest Letzteres kann nur er selbst beantworten!

Da mir mein Job Spaß bereitete, konnte ich nur Positives berichten, und bald schon waren die Frauen gebannt von meinen Erzählungen.

Nach dem Match ging es mit dem ganzen Team plus den aufgeregten Damen in einen Pub um die Ecke. Strippen war *das* Thema, und mir war es mittlerweile unangenehm. Darren stand mit seinen Teamkollegen etwas abseits von uns und ließ mich nicht aus den Augen. Die Stimmung war seltsam, und ich fühlte mich nicht wohl.

Am Ende des Abends verabschiedeten wir uns voneinander, und ich bekam viele Komplimente.

»Du bist viel intelligenter, als ich dachte.«

Tatsächlich? Vielen Dank!

»Und dein Englisch … Ich glaube, dass du uns mit deiner angeblichen deutschen Herkunft verschaukeln willst und eigentlich hier aufgewachsen bist.«

Harte Arbeit, Darling. Verdammt harte Arbeit!

»Darren sollte sich glücklich schätzen, eine so tolle Frau gefunden zu haben.«

Süß!

»Können wir dich mal in deinem Klub besuchen kommen? Ich würde dich so gerne mal tanzen sehen!«

Hm, eher nicht. Ich komme doch auch nicht zu deinem Marketingmeeting, oder?

Und so weiter und so weiter.

Auf dem Weg nach Hause erzählte mir Darren stolz, wie toll und hübsch und intelligent mich alle fänden. So gar nicht wie eine Stripperin … Das gab mir zu denken. Was hatte er erwartet? Und viel wichtiger: Was hatte *ich* erwartet? Wäre ich selbst offen und tolerant gewesen, wenn ich einen normalen Job hätte und mir eine solche Frau begegnet wäre?

Gute Frage. Zugegeben, man muss nicht besonders klug sein, um sich auszuziehen. Jedes dreijährige Kind kann das mehr oder weniger gut. Die Kunst des verführerischen Ausziehens liegt darin, es einfach und sinnlich aussehen zu lassen und niemals vulgär.

Der Striptease wurde durch die Tanzform »Burlesque« berühmt. Die Frauen tanzten in ihrer Unterwäsche dabei aufreizend und ironisch-distanziert zugleich. Es ging und geht beim Burlesque eher darum, eine Geschichte zu erzählen, als ein paar hüpfende Brüste zu präsentieren. Anders als bei der pornografischen Darstellung dreht sich hier alles um den »Tease«, also um die Illusion und die Fantasie, die Mittelpunkt eines mentalen F***s sind. Natürlich spreche ich hierbei nicht von barbusigen Blondinen, die ihre kleinen pinkfarbenen Dreiecke zur Musik von Jon Bon Jovi gegen eine Stange reiben (obwohl das mit Sicherheit eine Fantasie vieler Männer ist), sondern von den Frauen, die einen *richtigen* Striptease tanzen können. Frauen, die mit ihren Kostümen und der von ihnen gewählten Musik Geschichten erzählen. Frauen wie Dita von Teese oder Minsky Malone aus dem *The House of Burlesque* in Melbourne/Australien. Sie bringen Eleganz und Charme in eine Industrie, die lange Zeit komplett auf Sex reduziert wurde.

Meine Freunde und auch die Männer in den Klubs haben mich oft gefragt, was ich dabei empfand, wenn ich auf der Bühne oder für einen Fremden getanzt habe. Die Antwort war immer dieselbe: Man fühlt sich in erster Linie selbst. Für einen guten Striptease muss man eine Verbindung mit dem Publikum aufnehmen. Und das geschieht durch Blickkontakt.

Natürlich ist es eine oberflächliche Begegnung, und natürlich ist es eine Illusion. Denn zunächst einmal denke ich während des Tanzens an mich und an meine Bewegungen, an zweiter Stelle erst an das Publikum. Bei einer guten Performance zieht die Tänzerin jeden in ihren Bann und erlangt so ein Gefühl von Kontrolle. Ich habe oft für Männer getanzt, die danach nicht sagen konnten, wie mein Körper ausgesehen, welche Farbe mein G-String gehabt, ob ich wirklich komplett nackt getanzt hatte. Ein Resultat des bewusst eingesetzten Blickkontakts. Wenn man jemandem lange in die Augen sieht, kann das Gegenüber meist nicht weggucken, vor allem nicht, wenn es das Gefühl hat, begehrt zu werden. Genau diese Kontrolle macht den Reiz bei Frauen wie bei Männern aus. Wie einem Süchtigen kann es einem Mann ergehen, der sich in ein Mädchen verliebt, ohne dabei einmal mit ihr gesprochen zu haben. Durch den Blickkontakt fühlt er sich plötzlich verstanden, und das lässt seiner Fantasie Flügel wachsen. Für die Frau geht es allerdings nur um Kontrolle; den Mann oder das Publikum nimmt sie dabei kaum wahr. Deshalb sind die meisten Beziehungen, die in einem Klub entstehen, zum Scheitern verurteilt.

Und ja: Natürlich ist eine Stripperin auch eine Exhibitionistin. So, wie die Besucher eines Stripklubs auf der Suche nach visueller Stimulation sind, so sehnt sich die Tänzerin nach Begierde und Aufmerksamkeit, die, kommt man in ihren Genuss, zu einer berauschenden Symbiose führen. Die Kontrolle über die Situation, die Überlegenheit und die gute Bezahlung machen es zudem unglaublich schwer, mit dem Tanzen wieder aufzuhören, auch wenn die Frau merkt, dass das Feuer immer mehr Öl braucht, um lichterloh zu brennen. Auch ich spürte das in jener Zeit und brauchte dringend eine Pause.

20

Fallin'

Alicia Keys

Die anfängliche Begeisterung und Leichtigkeit, die ich in diesem Job verspürt hatte, ging mit der Zeit immer mehr zurück. Ich war unglaublich müde geworden. Wenn ich auf der Bühne stand, musste ich alles geben: mein Publikum verführen, meinen Körper kontrollieren und ständig die Rolle der Juliana übernehmen. Mittlerweile waren Kathi und Juliana wie siamesische Zwillinge. Sie wollten nicht ständig miteinander sein, hatten aber keine andere Wahl. Wenn ich freihatte, verbrachte ich den Tag zuhause auf der Couch, in ein Buch vertieft oder mit endlosen Runden Stand-up-Comedy im Fernsehen. Am Ende passierte es immer häufiger, dass ich keine Lust mehr hatte, mich abends aufzuraffen, um die ganze Nacht tanzen zu gehen, denn dies bedeutete auch immerzu, auf Einladungen von Freunden zu verzichten. Donnerstag, Freitag und Samstag waren nun mal die stärksten und lukrativsten Tage in meinem Job und natürlich auch sehr beliebt bei Geburtstagen, Einweihungspartys oder einem Ausflug in das Londoner Nachtleben mit meinen Freundinnen.

Ich fühlte mich mehr und mehr isoliert und ausgebrannt, und das kam Darren zugute, der nun alles auf eine Karte setzte und ständig darum bat, dass ich endlich bei ihm einzog. Er schlug mir vor, in der Eventfirma eines Freundes anzufangen, in der ein Mädchen für alles gesucht wurde. Ich dachte ein paar Tage über den Vorschlag nach, war aber schockiert, wie wenig Geld ich hier verdienen würde. Selbst wenn ich meinen Stundenlohn auf eine Vierzigstundenwoche hochrechnete, war das immer noch viel zu wenig, um anständig in London leben zu können. Von einer eigenen Wohnung hätte ich weiterhin nur träumen können. So wollte ich definitiv nicht leben, und damit war klar, dass ich weiterhin im Stripklub arbeiten würde.

Doch der Job wurde immer anstrengender. Nur wenige der Mädchen aus meiner Anfangszeit waren noch da, und nicht nur das hatte sich verändert. Es kamen immer weniger Besucher. Zusätzlich zu der ohnehin schon großen Konkurrenz durch andere Klubs hatte sich die Abzocke, die im VIP-Bereich stattfand, wohl bis in die letzte Bank herumgesprochen, was bedeutete, dass immer weniger zahlungsfreudige Gäste kamen. Junggesellenabschiede waren nun die Hauptbesucher – wer wollte schon freiwillig für eine grölende und betrunkene Masse tanzen, außer den sehr jungen Frauen? Ich war schockiert, und selbst Sam war nicht glücklich. Er gestand, dass Goldie darüber nachdachte, den Klub zu verkaufen, weil er sich den Betrieb nicht mehr leisten konnte. Was war nur in der kurzen Zeit passiert? Und wo war Goldies ganzes Geld hin?

Beide Fragen konnten schnell beantwortet werden: Gier. Schnell verdientes Geld wurde schnell wieder ausgegeben, und Goldie war da leider keine Ausnahme. Jeden Abend kamen weniger Besucher, und die Stimmung unter den Mädchen wurde zunehmend schlechter. Außerdem gab es nichts Schlimmeres, als in einem halbleeren Klub auf der Bühne zu stehen. Das Tanzen bekam auf einmal einen sehr schalen Beigeschmack. Doch wie sollte es weitergehen? Sofia hatte mittlerweile aufgehört, in dem amerikanischen Klub zu arbeiten, und ihr Studium beendet. Sie und Rob würden bald nach New York ziehen, da seine Karriere als Cricket-Spieler durch eine lange Verletzungsserie vorbei war und er in den USA einen Trainerposten an einem Sportcollege angeboten bekommen hatte.

Ich stand plötzlich wieder am Anfang: Mein Verdienst war mäßig, ich hatte nur wenige Menschen, denen ich vertraute, und alles in allem sah meine Zukunft gerade eher grau als rosig aus. Doch bevor ich den einzig vernünftigen Schritt tat und Darren wegen der Stelle als Mädchen für alles noch einmal ansprach, traf ich in Soho auf Nikita, die Frau, die einmal für mich getanzt hatte.

Sie erkannte mich sofort, und auch ich musste mich nach ihr umdrehen, als ich sie plötzlich auf der Straße traf. Ihre Ausstrahlung war auch tagsüber umwerfend. Wir begrüßten uns herzlich wie alte Freundinnen und sprachen über die Szene. Ich hatte ihr damals bereits erzählt, dass ich auch Tänzerin war und wo ich arbeitete. Sie berichtete, dass sie mittlerweile in einem anderen Klub in der City arbeitete, der zwar lange Schichten hatte, aber viel Geld abwarf.

»Komm doch mal zu einer Audition! Die suchen immer gute Mädels.«

Und nur kurz darauf bekam ich eine SMS von ihr, wann und wo ich am nächsten Tag hinkommen sollte. Es war so einfach, einen Job in der Branche zu bekommen. Da ich beim Strippen mein eigener Chef war, hatte ich immer den Rücken frei und konnte selbst entscheiden. Ich wollte meine Ersparnisse nicht anrühren, weil ich mir nichts sehnlicher wünschte, als endlich das Leben zu führen, das ich mir schon so lange erträumte. Wenn ich ehrlich zu mir selbst war, musste ich zugeben, dass ich eigentlich keine Lust hatte, in einem neuen Klub anzufangen. Aber die Stimmung und mein Verdienst im Golden Girls Klub waren mies, und ich brauchte noch ein paar Tausender, und so machte ich einen weiteren Schritt, in der Hoffnung, der Szene bald den Rücken kehren und endlich mein heiß ersehntes Ticket in Richtung Abenteuer lösen zu können.

Am nächsten Tag war mir wie immer mulmig, zumal ich schon viel Negatives über den Klub gehört hatte. Das Management war unfair, und der Klub gehörte einer der Mafiagruppen in London. Unter den sauberen Klubs rangierte er zwar noch im oberen Drittel, aber mit Sicherheit war hier nicht alles so unschuldig wie im Golden Girls!

Als ich ankam, war ich enttäuscht. Der Klub war wirklich überhaupt nicht schön und bestand aus einem mittelgroßen, lieblos eingerichteten Raum und einer kleinen Bühne. Überall standen komische Statuen herum und sollten wohl an den griechischen Himmel mit seinen Göttinnen erinnern. Das Ganze wirkte kitschig, um nicht zu sagen prollig. Die Audition wurde von einer jungen Frau organisiert, die sich normalerweise um die Buchhaltung kümmerte. Sie war forsch, aber ehrlich, und so sagte sie jeder genau, warum sie nicht genommen wurde.

»Du musst abnehmen. Du kannst einfach nicht tanzen. Und du passt hier leider nicht rein. Sorry. Die Nächste bitte!«

An mir hatte sie offenbar nichts auszusetzen, denn ich bekam den Job und konnte sofort anfangen.

Meine erste Nacht war zwar hart, der Abwechslung halber jedoch wieder sehr lukrativ. Ich verdiente fast das Doppelte von dem, was ich bislang im Golden Girls erwirtschaftet hatte. Nachdem ich um halb acht Uhr abends den Klub betreten hatte, traf ich bald schon auf Nikita und ihre Freundinnen. Stripperinnen sind normalerweise sehr kritisch, was Neulinge angeht. Man muss sich erst mal beweisen, und deswegen war es durchaus hilfreich, dass ich bereits jemanden kannte. Nikita lud mich, als wir uns fertig gemacht hatten, an ihren Tisch ein, und ich wurde den anderen Mädchen vorgestellt.

In diesem Klub gab es nur einen kleinen Backstage-Bereich und eine kleine Bühne. Das bedeutete, man musste viele Bühnenshows und Tänze direkt im Saal machen und hatte keine Möglichkeit, sich in ein Separee oder an den Bühnenrand zurückzuziehen. Das war schon etwas komisch und fühlte sich auch weniger glamourös an als im amerikanischen oder in meinem alten Klub. Dafür tanzten hier aber auch viel weniger Frauen, und das minimierte den Druck, der auf einem lastete, doch sehr.

Zwischen den Frauen aus Mexiko, Argentinien und Venezuela kam ich mir wie eine Betrügerin vor. Und das war ich im Grunde ja auch. Nikita wusste nicht, woher ich wirklich kam, und außer Sofia hatte ich das auch noch keiner meiner Kolleginnen gebeichtet. Die Mädchen machten sich oft über die plumpen Engländerinnen lustig, und ich merkte schnell, dass ich hier wegen der starken Gruppenbildung aufpassen musste. Zwar gingen die meisten Frauen friedlich miteinander um, aber es konnte schon zu Zankereien kommen, zumal in diesem Klub Alkohol und später auch Drogen freizügig verteilt wurden.

Nikita erklärte mir, dass die Besucher allesamt Besserverdiener und dazu gezwungen waren, ständig neue Getränke für sich oder die Frauen zu kaufen. Einen Drink von einem Gast abzulehnen war nicht erlaubt, aber dem Management war es egal, ob wir diesen tatsächlich tranken, solange er auf der Rechnung vermerkt wurde. Nach einer Bühnenshow sollte man also im Gastraum tanzen und dabei unentwegt Drinks bestellen – oder sich einladen lassen. Dies hatte zur Folge, dass am Ende der Nacht viele der Frauen betrunken waren und der ganze Klub sehr seltsam roch. Das lag daran, dass die meisten Frauen die spendierten Drinks bei erster Gelegenheit einfach auf den Boden oder in die herumstehenden Blumenvasen kippten. Komischerweise wurden wir von Gästen nie auf den Gestank im Klub angesprochen. Das lag vermutlich daran, dass das Parfum der Tänzerinnen alles überdeckte.

Monica, eine hübsche Mexikanerin, machte zu dem Prozedere immer eine wegwerfende Geste mit der Hand: »Den Alkohol immer schön wegkippen, wie willst du sonst nüchtern bleiben? Oder du nimmst dein Glas mit auf die Toilette und gibst es den Engländerinnen! Die lieben das Zeug.« Sie zwinkerte mir dabei frech zu, und ich mochte sie sofort.

Sobald die Türen geöffnet wurden, strömten auch schon die ersten Besucher in den Klub. Wie immer waren es City Boys in makellosen Anzügen, nur leicht zerknittert vom Bürostuhl.

»Los geht's! Showtime!«

Nikita warf sich ins Getümmel, und schon bald sah ich sie und die anderen tanzen. Es war noch ziemlich früh, und ich verstand schnell, wieso der Geldstrom hier noch nicht versiegt war: Der Klub war bereits um halb neun am Abend gerammelt voll.

Am Ende jeder Nacht war ich vollkommen erschöpft. Die speziellen Öffnungszeiten dieses Stripklubs reichten, im Gegensatz zur allgemeinen Sperrstunde, bis vier Uhr morgens, und es dauerte lange, bis ich mich an diese Zeit gewöhnte. Normalerweise wäre ich um diese Uhrzeit schon lange zu Hause gewesen, frisch geduscht und tief schlafend in meinem Bett. Wenn ich dann endlich halb tot in meinem Taxi saß, sah ich am Horizont oft schon den Morgen dämmern.

In einer Nacht – und sie sollte zu einer der schrecklichsten gehören, die ich in meiner gesamten Karriere als Tänzerin erlebte – verlangte der Fahrer der Taxifirma, mit welcher der Stripklub einen Vertrag abgeschlossen hatte, mehr Geld von mir, als wir vereinbart hatten. Ganze zehn Pfund extra wollte er für die Strecke haben. Er erzählte mir etwas von einem Nachtbonus und spekulierte wohl darauf, dass ich ihm glaubte. Ich war zwar müde, aber nicht dumm, und so fingen wir zu diskutieren an. Dabei verschloss der Fahrer per Knopfdruck alle Türen, sodass ich nicht mehr aussteigen konnte. Ich wurde panisch und hatte zum ersten Mal in meinem Leben richtige Angst. Schließlich war es fünf Uhr morgens. Zwar in meinem Viertel in Nordlondon, aber dennoch in einer menschenleeren Straße, und der Fahrer wusste, was ich beruflich machte. Ich bezweifelte, dass man meine Schreie durch die Fensterscheiben hören konnte.

»Du gibst mir das Geld. Vorher lasse ich dich nicht raus!«

In meiner Verzweiflung tippte ich unauffällig die Nummer von Big T in mein Handy ein und hoffte, dass er noch nicht schlafen oder zumindest von dem Klingeln aufwachen würde.

»Her mit der Kohle, du dumme Hure! Du hast doch sicher genug verdient heute Abend.«

Meine Angst verwandelte sich in Wut, und ich schrie, was das Zeug hielt. Wütend beschimpfte ich den Mann und trat mit aller Wucht gegen die Tür. Ich war völlig außer mir und hysterisch. Zum Glück stand wenig später Big T vor dem Wagen und machte gerade Anstalten, die Scheibe einzuschlagen, als der Fahrer endlich die Türen entriegelte. Mit einem Satz sprang ich aus dem Taxi, und Big T versuchte, den Fahrer aus dem Auto zu zerren. Alles ging so rasend schnell und musste gleichzeitig unglaublich viel Lärm verursacht haben, denn immer mehr Türen und Fenster in der Nachbarschaft gingen auf. Irgendwann ließ Big T wütend vom Fahrer ab und notierte sich das Kennzeichen, als das Taxi aus unserer Straße fegte. Ich war ihm unendlich dankbar und stand gleichzeitig komplett unter Schock. Erste Risse begannen sich in meinem sonst so harten Panzer zu zeigen.

Big T nahm mich in seine speckigen Arme und sagte kein Wort. Ich schluchzte noch, als ich bereits in der Badewanne saß und Nevada mir eine ihrer ganz speziellen selbst gedrehten Zigaretten vor die Nase hielt.

21

Too Lost In You

Sugababes

Nach dieser Episode schimpfte Darren mit mir und war überhaupt nicht glücklich, dass ich immer noch nachts arbeiten wollte.

»Wieso musstest du denn mit dem Fahrer diskutieren? Scheiß doch auf das Geld! Und warum willst du unbedingt wieder arbeiten? Ich dachte, du ziehst zu mir und beginnst ein neues Leben!«

Das klang ja alles schön und gut und wäre perfekt gewesen, wenn Darren sich als *der Richtige* für mich herausgestellt hätte, aber er war es einfach nicht. Ich fand es leichter, in einem Stripklub zu arbeiten, als bei ihm einzuziehen und mich von ihm abhängig zu machen. Heiraten wollte ich ihn nicht, und überhaupt war ich mir gar nicht mehr so sicher, ob ich noch länger in London bleiben wollte. Sicherlich würde ich irgendwann einen guten Job bekommen – einen ›normalen‹, mit festen Bürozeiten –, doch mein Lebensstandard wäre trotzdem nicht viel besser geworden. Außerdem gab es einen großen Wunsch, den ich mir erfüllen wollte: die Weltreise. Ich hatte schon eine Menge gespart, brauchte aber noch ein wenig mehr, um nach der Auszeit wieder Fuß fassen zu können. Also schluckte ich die Nacht mit dem Taxifahrer hinunter und ignorierte das nervöse Ziehen in meinem Magen. Zurück im Klub verpflichtete ich mich, vier Nächte die Woche zu arbeiten, und bat um ein anderes Taxiunternehmen.

Doch Darren setzte mich weiter unter Druck.

»Bitte, Kathi, hör doch einfach auf mit dem Job! Nimm dir

den kommenden Samstagabend frei, ich bitte dich! Am Wochenende kommen meine Eltern, und ich möchte, dass du sie kennenlernst.«

Wie bitte? Eltern kennenlernen? Er kannte ja nicht mal meine Mitbewohner!

»Ganz ehrlich, Darren, soll ich wirklich in der Eventagentur für einen Hungerlohn schuften gehen? Ich sehe da einfach keine Zukunft!«

»Darling, es wäre doch nur ein Taschengeld. Für den Rest sorge ich!«

Viele Frauen hätten an meiner Stelle dreimal in die Hände geklatscht: Ein gut aussehender britischer Profi-Sportler mit einem sehr guten Einkommen, außerdem sehr einfühlsam und mit guten Manieren war verliebt in mich und wollte für mich sorgen. Eigentlich die perfekte Kombination, nach der frau normalerweise strebt.

Tja, normalerweise. Ich aber war jung und wusste, dass er nicht das war, was ich wirklich wollte.

»Und was ist mit meiner Weltreise? Du weißt doch, dass ich noch etwas vorhabe. Ich habe schon viel gespart, aber eben noch nicht genug!«

Darren schluckte.

»Willst du denn wirklich weg? Wir haben uns doch schon so viel aufgebaut.«

Aufgebaut? Wir kannten uns gerade mal ein knappes halbes Jahr, und er wollte am liebsten Handtücher mit unseren Initialen besticken lassen! Ja, okay, vielleicht war das etwas übertrieben, doch was er sagte, schnürte mir die Kehle zu.

»Darren, ich muss diese Reise machen. Es ist mir wichtig, und ich muss dafür frei sein!«

Ich war gekränkt – immerhin hatte ich ihm schon bei unserem ersten Date von meinen Plänen erzählt, und damals hatte er es toll gefunden, dass ich ein Ziel hatte, das ich verfolgte.

Und jetzt? Jetzt war alles anders.

»Wie stellst du dir das vor? Wie lange planst du denn, unterwegs zu sein?«

Er sah mich mit traurigen Augen an, und plötzlich war mir klar, dass ich eine Entscheidung treffen musste.

»Aber das ist es doch gerade – ich weiß noch nicht, wie lange meine Reise dauern wird. Vielleicht drei Monate, vielleicht ein Jahr … vielleicht länger. Willst du wirklich so lange auf mich warten? Denk doch mal nach! Spätestens nach ein paar Monaten wirst du die Schnauze voll haben – aber davon kann ich meine Entscheidung nicht abhängig machen.«

»Und wenn du das nächste Mal einfach mitkommst, wenn wir mit dem Team wieder nach Australien oder Neuseeland müssen? Wir sind dann doch immer für mindestens zwei Wochen vor Ort!«

Ich bewunderte Darrens Mut, mich mit aller Macht von meinem Vorhaben abbringen zu wollen, und ein Teil von mir schätzte ihn umso mehr in diesem Moment.

»Das wäre nicht dasselbe, und das weißt du.«

»Dann lass es! Vergiss die Weltreise und bau dir ein Leben mit mir auf!«

Darren hatte den letzten Satz mit der Kraft der Verzweiflung ausgesprochen – und ich wusste, dass ich ihm gerade das Herz brach. Er liebte mich, aber ich konnte seine Gefühle nicht genauso erwidern. Auch wollte ich ihm keine weiteren Hoffnungen mehr auf eine gemeinsame Zukunft machen. Dafür war er ein zu lieber Kerl. Ich war sehr traurig über das, was als Nächstes geschah, wusste jedoch tief in meinem Herzen, dass es die richtige Entscheidung war.

»Du verlangst von mir, meinen großen Traum aufzugeben, um mit dir zusammen zu sein. Aber ich bin noch nicht so weit.«

Ich hatte es ausgesprochen, und ich konnte es nicht mehr zurücknehmen. Es war die Wahrheit. Wir hatten viel zu große Träume, um uns gegenseitig im Weg zu stehen.

Darren blickte lange an mir vorbei ins Nirgendwo und nickte irgendwann.

»Ja, du hast recht. Und jetzt?«

Doch wir wussten beide, dass es nicht mehr viel zu sagen gab.

Nach der Trennung von Darren konzentrierte ich mich wieder auf die Arbeit. Sechs Monate wollte ich mir Zeit geben, um eine bestimmte Summe zu erwirtschaften, und dann meine Koffer packen. Zum Glück hatten wir gerade November, traditionell einer der besten Monate in den Stripklubs, denn er bedeutet zahlungswillige Besucher in Massen. Zu dieser Zeit werden die großen Boni der Banken ausbezahlt, und das sind in der Regel riesige Summen. In der Wirtschaftssprache heißt November, dass es einen Grund zu feiern gibt, und wo kann man das besser als in einem Stripklub?

Also gingen wir jeden Morgen mit geschundenen Füßen und prall gefüllten Taschen nach Hause. Mein Tagesablauf war immer gleich: Ich stand nachmittags gegen zwei Uhr auf und aß beim Vietnamesen um die Ecke einen Teller Nudelsuppe. Danach kaufte ich etwas zu essen ein oder ruhte mich bei einem guten Buch auf dem Sofa aus. Schließlich ging es los in Richtung Klub. Morgens kam ich gegen halb sechs nach Hause, nahm meistens ein langes Bad und schlief dann vor dem Fernseher ein. Bis ich gegen zwei Uhr am Mittag aufwachte und der Zyklus von vorne begann. Sonntags und montags hatte ich frei, und an diesen beiden Tagen verbarrikadierte ich mich immer in meinem Zimmer und guckte stundenlang DVDs und Comedy-Serien. Irgendwann konnte ich selbst bei Graham Norton, Eddie Murphy und Russel Peters nicht mehr so richtig lachen. Nevada und Big T versuchten mich regelmäßig zu Ausflügen zu animieren, aber ich wollte nicht. Ich musste meine Kräfte sammeln, um mir endlich meinen großen Traum erfüllen zu können und zur Weltreise aufzubrechen. Für den Fall, dass ich mich entschloss, wieder nach London zu kommen, wollte ich genug Geld haben, um vielleicht eine kleine Wohnung anzuzahlen. Es gab Möglichkeiten, wie man sich mit nur fünf Prozent Anzahlung auf den Kaufpreis in gewisse Wohnprojekte einkaufen konnte. Es war ein hochgestecktes Ziel, doch zu diesem Zeitpunkt war ich zu stur, um wirklich auf mich aufzupassen. Mit jeder durchtanzten Nacht verschwand Stück für Stück meine Lebensfreude. Nie hatte der Ausdruck »Ich bin des Lebens müde« für mich so viel Sinn ergeben. Der Countdown tickte unaufhörlich in meinem Herzen, tick-tack, tick-tack, und ich sehnte mit jedem Tag mehr meinen Ausstieg aus der Sexindustrie herbei.

Vielleicht ist dem ein oder anderen Leser aufgefallen, dass ich das Strippen nur selten in Verbindung mit der Sexindustrie bringe und mir große Mühe gebe, beide Bereiche voneinander zu trennen. Natürlich ist das Strippen ein Teil der Sexbranche. Das Wort klingt so hart, dreckig und billig – vor allem aber nach etwas, das ich in meiner Zeit auf der Bühne nicht mit den Stripklubs, in denen ich arbeitete, in Verbindung brachte. Selbstverständlich gab es verschiedene Arten von Klubs, zum Beispiel auch die sogenannten Sportbars, für die England sehr bekannt ist und in denen Barbie ihre erste Zeit verbrachte. Eine Sportbar ist eine Art Pub, in dem ständig Fußball, Cricket, Formel 1 oder Rugby auf großen Monitoren läuft. Auf dem Tresen tanzen nackte Frauen und laufen danach mit einem Bierkrug durch die Menge, um sich ihr Trinkgeld abzuholen. Ich finde das Vorgehen unglaublich degradierend, denn es hat etwas von Almoseneinsammeln. Eine Tänzerin erklärte mir dazu einmal, dass sie die intime Atmosphäre eines kleinen Pubs der Anonymität eines Stripklubs vorziehe, denn dort arbeiteten nur etwa zehn Frauen, und es gehe sehr familiär zu. Ich fand die Vorstellung, dass sich Gäste und Tänzerinnen untereinander kannten, beinahe inzestuös, vor allem wenn man bedenkt, dass viele Frauen dort tatsächlich so lange arbeiteten, bis sie für den Job zu alt waren. Das konnte bei der einen dreißig, bei der anderen vierzig sein. Für viele der Frauen war dies aber ein entscheidender Vorteil den echten Stripklubs gegenüber, in denen die Konkurrenz sehr viel höher war und ständig junge Mädchen auftauchten, die ebenfalls tanzen wollten. Auch die Bühnenshows fanden viele Furcht einflößend, gerade vor manchmal hundert Besuchern und mehr, wie es im amerikanischen Klub der Fall gewesen war. Daher zogen einige der Tänzerinnen die dunklen Pubs vor.

Bis in die Neunzigerjahre gab es hauptsächlich diese Sportsbars, und es ist nicht weiter verwunderlich, dass sie nach wie vor einen so schlechten Ruf genießen. Ich selbst habe aus Neugier einmal so eine Bar besucht und fand daran überhaupt nichts schön. Es fühlte sich schmutzig an, und es roch auch so: nach billigen Möbeln, Alkohol und Schweiß – doch jahrelang gab es keine Alternative. Als endlich die größeren und schickeren Klubs im Londoner West End aufmachten, hatte das Strippen auf einmal Showcharakter. Die verschiedenen Bezirke hatten im prüden England sehr strikte Regeln, besonders in der Londoner Innenstadt, und trotzdem öffnete mit der Zeit ein Stripklub nach dem anderen – mit großem Erfolg. Bald gehörte es fast schon zum guten Ton, einen Termin mit Kollegen und Geschäftspartnern mit dem Besuch eines Striplokals zu verbinden. Viele der Klubs waren anspruchsvoll und stellten nur sehr schöne Frauen ein, sodass das Image der Stripperinnen aufpoliert wurde. Unter angehenden Schauspielerinnen, Musicaldarstellerinnen oder Sängerinnen war es gang und gäbe, nebenbei in einem Stripklub zu kellnern oder zu tanzen, um sich so den Tag für Auditions freizuhalten.

Kurz nach der Jahrtausendwende explodierte die Branche dann wirklich. Zeitungen schrieben wohlwollende Artikel über Frauen in der Branche, und auch unter Studentinnen wurde das Tanzen an der Stange immer populärer. Das spürte man natürlich in den einzelnen Klubs, in denen immer jüngere Mädchen tanzten. Bambi zum Beispiel wünschte sich zu ihrem achtzehnten Geburtstag Cinderella-Schuhe mit rot lackierten Absätzen und wusste zu diesem Zeitpunkt ihres Lebens schon ganz genau, in welchem Klub sie einmal arbeiten wollte. Ich fand das erschreckend, auch weil es die Industrie kaputtmachte. Auf keinen Fall möchte ich junge Frauen verurteilen, die in die Branche hineindrängen, und es gab viele, die schon sehr reif für ihr Alter waren, aber es waren allesamt Mädchen, die ihre Identität preisgaben und nicht auf sich achteten. Viele von ihnen tanzten ausschließlich der Aufmerksamkeit wegen und ließen sich ausnutzen. Dies hatte einen Einfluss auf die gesamte Industrie und den Effekt, dass die Besucher schnell von all den nackten Tatsachen gesättigt waren und sich schon bald extremere Shows wünschten.

Die Klubs wurden im Gegenzug immer gieriger und stellten viel zu viele Frauen ein, ohne dabei ihre Housefee zu senken. Dies hatte zur Folge, dass die Frauen sich neue Wege suchen mussten, um Geld zu verdienen. So zockten sie die Besucher ab, indem sie ihnen versprachen, sich später noch mit ihnen auf dem

Hotelzimmer oder in einem Restaurant zu treffen. Ich möchte nicht wissen, wie viele Männer wirklich einsam an den Hotelbars saßen und auf die Angebetete warteten. Viele von ihnen kamen dann das nächste Mal mit einem Gefühl von Hass zurück in den Klub und fingen an, die Frauen zu beschimpfen. Deswegen saß das Geld natürlich längst nicht mehr so locker wie in den Anfängen, und die Frauen mussten einiges mehr leisten, um die Gäste zu unterhalten.

In meinem letzten Klub in London rollte der Rubel noch, allerdings zahlte man dafür einen stolzen Preis. Ich kam mir vor wie in einer Fabrik am Fließband. Ich tanzte unentwegt von Tisch zu Tisch oder auf der Bühne. Dabei ging es nicht mehr um Qualität, sondern nur noch darum, mich möglichst schnell aus- und wieder anzuziehen. Es wurde für mich immer schwieriger, die berühmte Schutzmauer aufrechtzuerhalten, und selbst meine Bühnenfigur Juliana litt unter permanenten Müdigkeitserscheinungen. Hinzu kam der raue Ton des Managements. Den Besitzern war klar, dass sie eine Goldgrube betrieben und es sich leisten konnten, die Frauen zu schikanieren. Für jeden Verstoß gab es eine Strafe. Fürs Zuspätkommen 50 Pfund; wer zu betrunken war, musste eine Woche zu Hause bleiben; wer dick wurde, gleich zwei Wochen; wer an dem Tag krank war, an dem er im Plan stand, bezahlte sogar 150 Pfund, egal, ob mit Krankmeldung vom Arzt oder ohne.

So ging es auch mir an einem Tag. Ich hatte mir beim Tanzen den Knöchel verstaucht und konnte mich sehr schlecht bewegen, also ging ich zum Arzt und ließ mich für einen Tag krankschreiben. Bei meiner nächsten Schicht wurde ich vor die Wahl gestellt: Entweder ich bezahlte die Strafe, oder ich hatte ab sofort Hausverbot. Da mir bis zu meiner gewünschten Summe immer noch Geld fehlte, biss ich die Zähne zusammen und beglich die geforderte Strafe – doch die Risse in meinem Panzer wurden von Tag zu Tag größer.

Monica und Nikita versuchten mich regelmäßig abzulenken und boten mir ständig etwas zu trinken an. Das machte es aber noch schlimmer und ließ meine Wut umso mehr schäumen. Ich wusste, lange ging das nicht mehr gut. Was ich hier vorfand, hatte nichts mehr mit der Atmosphäre in meinem alten Klub bei Sam und Goldie zu tun. Sicherlich trugen die meisten Stripklubs nach außen hin eine weiße Weste zur Schau, im Hintergrund spielten sich jedoch ganz andere Sachen ab. Im Golden Girls wurde dies durch die Abzocke im VIP-Bereich deutlich. Und auch sonst gab es wohl keinen Klubbesitzer, der nicht ebenfalls ein Stück vom großen Kuchen abbekommen wollte.

In dem Klub, in dem Nikita an meinem Abend mit Nevada und Big T für mich getanzt hatte, arbeitete damals auch ein Mädchen namens Kelly. Sie hatte zu dem Zeitpunkt einen nigerianischen Freund, mit dem sie einen Riesendeal machte. Er gehörte zu einer Bande, die sich auf den Raub von Kreditkarten spezialisiert hatte, und er und seine Freunde besuchten Kelly regelmäßig in ihrem Stripklub, um mit geklauten Kreditkarten »funny money« zu erwerben. Kelly tauschte die Tanzgutscheine am Ende der Nacht gegen Bares ein und durfte von der Summe die Hälfte behalten. Das Ganze war ein so perfekter Deal, dass er erst aufflog, nachdem eine aufmerksame Bedienung die verschiedenen Namen auf den Karten von Kellys Freund zur Kenntnis nahm, mit denen er ständig bezahlte. Das Management konnte Kelly nichts nachweisen, entließ sie aber trotzdem. Zum Glück war sie schlau genug gewesen, das Geld zur Seite zu legen, um es in eine Wohnung in ihrer Heimatstadt zu investieren.

Und natürlich lief auch in meinem letzten Klub in London so einiges schief. Es dauerte einige Wochen, bis ich verstand, was das eigentliche Geschäft in diesem Klub war: der Verkauf von Kokain. Immer, wenn ein Gast um Streichhölzer bat, war dies ein Zeichen für ein präpariertes Päckchen. Das Geld für das Kokain lag am Tischrand, der Kellner steckte es unauffällig in seine Tasche und versorgte den Gast mit seinen Streichhölzern. Auch viele der Frauen waren gute Kundinnen, denn nur so konnten sie den enormen Alkoholkonsum und die langen Schichten bewältigen. Sobald ich davon Wind bekam, sah ich das Elend überall. Kaputte Menschen in einem nach schalem Champagner riechenden Gewölbekeller – widerlich!

»Juliana, Darling, in drei Wochen ist Weihnachten. Jetzt geht es richtig los! Halt noch so lange durch, du wirst es mir danken!«

Nikita versuchte mich zu beschwichtigen, als ich wieder einmal laut darüber nachdachte, die ganze Sache an den Nagel zu hängen, und so machte ich meine Augen, Ohren und mein Herz für weitere drei Wochen zu und tanzte sprichwörtlich um Kopf und Kragen. Mein Leben in diesen letzten Wochen bestand nur aus dem Klub, meinem Bett und endlosen Stunden Stand-up-Comedy auf DVD an meinen freien Tagen. Nevada und Big T waren sehr besorgt, verstanden aber, dass ich noch nicht aufhören konnte. Und ich hatte auch keine andere Wahl, denn ich mutierte zu einem regelrechten Strip-Roboter: aufstehen, essen, anziehen, tanzen, ausziehen, tanzen, anziehen, schlafen, aufstehen, essen, anziehen, tanzen, ausziehen …

In der Woche vor Weihnachten explodierte der Klub förmlich vor Gästen, und jeden Morgen schleppte ich mich mit schmerzenden Füßen und einem prall gefüllten Geldbeutel nach Hause. Ich hatte keinen Spaß mehr an der Arbeit und wollte nur noch eines: schlafen. Als endlich die zweiwöchige Pause zwischen Weihnachten und Neujahr kam, in welcher der Klub jedes Jahr schloss, war ich ein lächerlicher Abklatsch meiner selbst. Dünn, mit dunklen Augenrändern und leerem Gesichtsausdruck. Ich kämpfte gegen ein Burn-out. Doch es kam noch viel schlimmer: Ich schlitterte in eine depressive Verstimmung, die sich gewaschen hatte.

Nevada und ich verbrachten Weihnachten zusammen, sehr zum Bedauern meiner Mutter, aber ich konnte und wollte ihr so nicht unter die Augen treten. In diesen zwei Wochen nahm ich schnell sechs Kilo zu, da Nevada mich von vorne bis hinten bekochte und unterhielt. Nach dieser Zeit ging es mir zwar grundsätzlich besser, meine Batterien waren jedoch noch lange nicht aufgeladen. Ich hatte außerdem immer noch nicht die Summe erreicht, die ich meinte, haben zu müssen, und somit wusste ich, dass ich im Januar wieder auf der Matte stehen würde, sehr zur Kritik von Nevada und Big T.

Vielleicht, so muss ich heute eingestehen, hatte ich auch einfach Angst vor einer Veränderung. Es war klar, dass ich mich nun bald entscheiden musste, ob ich einen richtigen Job suchen, weiterhin als Stripperin arbeiten oder endlich auf meine lang ersehnte Weltreise gehen wollte. Was als Faszination und einfache, lukrative Geldquelle begonnen hatte, wurde mir langsam, aber sicher zum Verhängnis. Es war so leicht, mit dem Tanzen das schnelle Geld zu machen, gerade in einer Stadt wie London, in der alles so verdammt teuer war und der Kapitalismus in jeglicher Form ausgelebt wurde. Überall gab es tolle Geschäfte mit wunderschönen Kleidern, schillernde Restaurants und Bars, die entdeckt und vor allem besucht werden wollten.

Ein Sprichwort des im 18. Jahrhundert lebenden bekannten englischen Schriftstellers Samuel Johnson lautet: »If you're tired

22

Cry me a river

Justin Timberlake

In der ersten Woche im neuen Jahr war es sehr ruhig. Wir Mädchen verbrachten unzählige Stunden damit, zu quatschen und uns über unsere (wenn vorhandenen) Männer aufzuregen. Das Ganze erweckte sehr schnell den Eindruck von Normalität, und ab und zu huschte mir ein gequältes Lächeln über das mittlerweile hart gewordene Gesicht, wenn ich einen Dialog wie folgenden hörte:

»Mein Mann ist schlecht im Bett. Was soll ich bloß tun?«

»Du meinst, er leckt dich nicht? Mag er denn Sushi?«

»Nein, er hasst es. Wieso?«

»Na, dann hast du deine Antwort, warum er dich nicht leckt! Bei Männern, die keinen rohen Fisch mögen, sollte man aufpassen. Wenn sie sich *dabei* schon zieren …«

Mädchenhaftes Gekicher durchzog den kahlen und übel riechenden Klub. Eigentlich war die Stimmung zu dieser Zeit gelöst, und dennoch war mir nicht zum Lachen zumute. Und urplötzlich, an einem späten Abend mitten im Januar, erkannte ich den Klub als das, was er war: ein liebloser Keller, der als Fassade für Drogenhandel herhielt.

Selbst als Stacey, eine meiner Kolleginnen, einen Abend später mit einem Koffer voller Dildos den Klub betrat, ging es mir kaum besser. Sie betrieb mit ihrer Mutter einen Online-Versandhandel für Sexspielzeug und hatte uns schon einiges davon erzählt. Ihr Wohnzimmer in Essex quoll über von Vibra-

toren, Peitschen und Nippelklammern. Wir hatten sie so lange genervt, bis sie schließlich einwilligte und uns ihre Kollektion vorstellte, und so vibrierte es in der Umkleide bald schon an jeder Ecke. Stacey machte ein gutes Geschäft, und die Mädchen hatten etwas gefunden, was sie nachts (oder tagsüber) auf Trab hielt.

Stacey war insgesamt eine sehr interessante Frau. Ihre Mutter hatte sie sehr liberal erzogen, und sie war ziemlich esoterisch unterwegs. Sie schwor, dass sie aus der Hand lesen könne, und so legte sie an einem Abend meine Hand in ihre und sagte nach einer Weile zu mir: »Du wirst sehr bald auf eine sehr lange Reise gehen. Eine Reise zu dir selbst – und du wirst dabei die Liebe finden. Die Reise wird einige Jahre dauern, und du wirst die Liebe wieder verlieren, aber dich zurückbekommen.«

Ich war sprachlos, denn niemand wusste von meinem Vorhaben, die Welt zu bereisen, nicht einmal Nikita. Zu diesem Zeitpunkt in meinem Leben lagen meine Nerven so blank, dass mir meine gute Freundin Paranoia ständig auf der schmalen Schulter saß und ich mich niemandem gegenüber mehr öffnete. Nevada war die Einzige, mit der ich noch sprach und die durch mich hindurchsehen konnte wie durch Glas.

Nikita lachte über Staceys Vorhersage: »Ist doch toll, du wirst dich verlieben! Und wo soll deine Reise hingehen? Nach Costa Rica zurück?«

Natürlich verstand sie nicht, wie ich mich in diesem Moment fühlte, und ich weiß, dass sie Staceys Prophezeiung völlig unbedarft kommentierte. Sie schien nicht zu merken, wie sehr mir das Orakel zusetzte. Vielleicht war sie aus einem anderen Holz geschnitzt als ich und nahm sich die Dinge nicht so sehr zu Herzen. Vielleicht war ich auch schon zu lange dabei. Wieder einmal nahm ich mir vor, dass meine Tage im Stripklub ge-

zählt waren. Ich erkannte, dass ich mir zu viel zugemutet hatte und mich der totalen physischen wie emotionalen Erschöpfung näherte. Juliana fing langsam, aber sicher an, sich aufzulösen. Viele Mädchen griffen in so einer Phase zu mehr Alkohol und gerne auch zu Drogen. Das war dann stets der Eintritt in die Abwärtsspirale.

Weil ich nicht von einem auf den anderen Tag einfach so aufhören wollte, beschloss ich, den Monat noch zu Ende zu bringen und in den eingetragenen Schichten zu arbeiten – danach würde ich ganz sicher aufhören.

In den kommenden drei Wochen wurde ich zunehmend aggressiver und fing öfter an, mich ohne Grund zu streiten. Sobald mich jemand länger als nötig an der Schlange im Supermarkt oder im Bus anglotzte, verteilte ich scharfe Blicke und fluchte wie ein alter Seebär. Die ständige Aufmerksamkeit von anderen nervte mich. Privat lief ich nur noch in weiten Klamotten herum und benutzte fast kein Make-up. Nevada sprach immer häufiger mit ernster Stimme auf mich ein: »Juliana, Darling, du hast doch schon genug gespart. Mach endlich Schluss und geh reisen!«

Aber ich blieb stur.

Bis zu meinem letzten Abend, als ich auf der Bühne stand und nach dem Preis meiner benutzten Unterwäsche gefragt wurde.

»Wie viel für deinen G-String?«

»Wie bitte?«

»Der ist doch schon ein paar Stunden getragen, oder?«

Die Bühne im Klub war so klein, dass man sie eigentlich nicht so nennen durfte. Während im Hintergrund Jennifer Lopez und Marc Anthony ein Duett trällerten (ich war ja nach wie vor Juliana aus Costa Rica und musste den Exotik-Faktor am Leben erhalten), stand vor mir ein dünner rothaariger Mann um die dreißig und wagte es, mich anzusprechen. Eigentlich war das nicht erlaubt, aber es hatte bis zu dem Zeitpunkt noch keiner richtig bemerkt … oder bemerken wollen.

Ich schüttelte verächtlich meinen Kopf.

»Sorry, der ist unverkäuflich!«

»50 Pfund bar auf die Hand.«

Wenn ich ihn lange genug ignorierte, würde er dann endlich weggehen?

»Okay, ich gebe dir 80 Pfund. Was meinst du?«

Endlich hatte ihn einer unserer Sicherheitsmänner entdeckt und verwies ihn von den vorderen Plätzen.

Mir war schlecht. Eigentlich hätte ich darüber lachen sollen, denn schließlich hatten Nevada und ich schon einmal über diese Idee nachgedacht. Benutzte Schlüpfer zu Top-Preisen übers Internet verkaufen. Wir hatten sogar schon eine Internetadresse anvisiert: www.dreckigeschluepfer.com. In unserer naiven Vorstellung kauften wir uns jede Woche schöne neue Unterwäsche und verdienten uns so ein prima Taschengeld dazu.

Leider fand ich die Idee mittlerweile nicht mehr so lustig und fühlte mich selbst wie ein schmutziger, tagelang getragener Schlüpfer. Und wenn ich erst meine Unterwäsche verkaufte, was kam dann als Nächstes? Ich fing an zu zittern, und mir wurde schlecht.

Das war mein Zeichen. Ich musste sofort aufhören! Es war erst relativ früh am Abend, und trotzdem konnte ich es nicht mehr aushalten. Überall sah ich, was hier wirklich abging: Männer, die Streichholzschachteln mit Kokain darin bestellten; Frauen, die ihre Drinks auf den Boden schütteten oder sich auf der Toilette mit Drogen vollstopften.

Wo war ich nur gelandet?

Nevada hatte recht. Ich brauchte gar nicht mehr Geld. Meine Geldkassette in dem Tresor bei Selfridges war mittlerweile gut gefüllt, und ich konnte schon jetzt meine Reise beginnen, auch wenn ich eigentlich erst im Sommer loswollte. Ich ging schnurstracks in die Umkleide und zog mich um. Selbst meine Kolleginnen konnten mich nicht mehr von meinem Vorhaben abbringen.

»Juliana, Darling. Überleg dir das! Wenn du jetzt gehst, kannst du nie wieder hier arbeiten. Du weißt doch, wie die hier ticken!« Nikita hatte den Arm um mich gelegt und bot mir ein Glas Wodka an, das ich jedoch angeekelt ablehnte.

»Wirklich, Juliana, versteck dich einfach in der Umkleide. Wir geben dem DJ Bescheid und zahlen ihm etwas, damit er dich nicht mehr auf die Bühne holt. Wenn dich die Manager suchen sollten, bist du halt auf Toilette. Das wird gar nicht auffallen. Ruh dich aus, bevor du so schnelle Entscheidungen triffst!«

»Es war der Rothaarige, stimmt's? Wir gehen gleich zu ihm und werden Jamil bitten, ihn rauszuwerfen!«

Bevor ich sie aufhalten konnte, rannte Stacey wütend in Richtung Klub. Ich war gerührt von der Anteilnahme der Mädchen und gleichzeitig sauer, dass sie sich so schikanieren ließen. Sam hatte jede von uns nach Hause gehen lassen, wenn sie sich nicht gut fühlte, und niemals gab es eine Drohung, dass man nicht zurückkommen konnte. Ich wusste, wenn ich mich in meiner momentanen Verfassung vor irgendwem erklären müsste, würde ich anfangen zu weinen, und das wollte ich auf gar keinen Fall. Das Management würde mich niemals schwach sehen, die Genugtuung würde ich ihnen nicht geben!

Immer mehr Mädchen kamen in die Umkleide und wollten mich aufhalten. Mir war bis zu diesem Zeitpunkt gar nicht be-

wusst gewesen, dass mich alle so gernhatten. Stacey stürmte nach kurzer Zeit wieder in den Umkleidebereich und verkündete, dass der Rothaarige den Klub hatte verlassen müssen. Wenigstens in dem Fall war das Management loyal.

»Aber bevor er gegangen ist, habe ich noch einen kräftigen Furz neben ihm abdrücken können!« Stacey grinste triumphierend, als sie das sagte. Die Mädchen klatschten Beifall. Mit letzter Kraft erklärte ich, dass ich gehen müsse, und hinterließ allen, die mir schreiben wollten, meine E-Mail-Adresse.

»Wo gehst du denn jetzt hin?«, fragte Nikita traurig.

»Nach Hause und danach auf eine sehr lange Reise.«

Ich wurde von allen umarmt, bis schließlich einer der Manager in der Tür stand: »Was ist hier los? Warum seid ihr nicht im Klub?«

»Sorry, das ist meine Schuld. Ich kündige, und die Mädchen wollten sich von mir verabschieden.«

»Dann hau endlich ab und halt den Betrieb nicht auf!« Er knallte die Tür zu, und die Mädchen begaben sich nervös zurück in den Gastraum.

Als ich in normalen Klamotten durch den Klub zum Ausgang ging, hielt mich niemand auf oder fragte nach meinem Vorhaben. Nur Jamil, unser Türsteher, wollte wissen, was los war.

Als ich es ihm gesagt hatte, nickte er.

»Gute Entscheidung. Das sind alles Arschlöcher da drin. Viel Glück! Du machst das schon. Wenn du den Laden hier überstanden hast, überstehst du alles im Leben!«

Ich lächelte ihn müde an und ließ mich fest in den Arm nehmen. Sobald ich im Taxi saß, schossen mir die Tränen in die Augen. Ich schluchzte unaufhörlich, bis mein somalischer Taxifahrer besorgt in den Rückspiegel guckte.

»Alles in Ordnung? Ist etwas passiert? Kann ich helfen?«

»Bitte fahren Sie mich nur nach Hause. Danke.«

Er ließ mich während der langen Fahrt kaum aus den Augen, und als ich ihn bezahlte, gab ich ihm 50 Pfund Trinkgeld.

»Bitte, behalten Sie den Rest.«

»Aber wofür denn nur?«, fragte er mit großen Augen.

»Dafür, dass Sie gefragt haben. Danke.«

Nachdem ich so lange gezögert hatte, aus dem Geschäft auszusteigen, ging nach meinem Abgang im Klub alles sehr schnell. Ich sortierte mein Hab und Gut auf zwei Stapeln: die Dinge, die ich nicht mehr brauchte, und die, die mir am Herzen lagen. Am Ende hatte ich sechs Umzugskartons voll mit Büchern, Wäsche und Kleidern, die ich in der Nähe meiner Wohnung einlagern ließ. Da ich nur wenig Platz brauchte, war die Jahresmiete dementsprechend billig. Den Rest meiner Habseligkeiten verschenkte ich an Nevada und meinen Bekanntenkreis.

Eine unglaubliche Leichtigkeit durchzog meinen Körper. Es stimmte wirklich, was in all den Ratgeberbüchern stand: *Simplify your life*! Mach dein Leben leichter! Genau das tat ich, und am Ende blieben nur ein gepackter Reiserucksack und ein Flugticket übrig.

Mein letzter Abend mit Nevada und Big T sollte tränenreich werden und nach hausgemachter karibischer Bowle schmecken, Big Ts Spezialrezept. Am nächsten Morgen gab ich Nevada einen Kuss und fuhr mit dem Taxi zum Flughafen. Mein erster Stopp war Thailand, von wo aus ich meine Weltreise beginnen wollte. Sofia und Rob waren mittlerweile nach Brooklyn gezogen, und ich hatte versprochen, sie am Ende meiner Reise dort zu besuchen. Wer weiß, vielleicht konnte ich dort einen Neuanfang wagen und würde meine große Liebe finden, wie von Stacey prophezeit. Ich war bereit. Mein Herz sehnte sich nach einem Platz, an dem es sich ausruhen durfte, nach Sonne, Meer und einem starken Cocktail.

Als ich am Sicherheitscheck in London Heathrow stand, die Gürtelschnalle meiner Jeans öffnete und meine Schuhe auszog, musste ich schmunzeln – und einmal mehr ließ ich die Hüllen fallen. Wenn auch diesmal ganz anders als normalerweise. Stacey hatte mir prophezeit, dass ich eine lange Reise machen und dabei eine große Liebe finden würde. Zwar hatte sie auch erwähnt, dass diese Liebe enden würde, aber immerhin würde ich wieder lieben. Und wenn ich ehrlich war, dann fehlte mir dieses Gefühl. Ich war bereit für etwas Neues und Großes in meinem Leben. Und wer weiß, vielleicht würde ich tatsächlich jemanden kennenlernen …

Der Sicherheitsmann schob mir meinen Rucksack zu, den er gerade auf Herz und Nieren überprüft hatte, und riss mich aus den Gedanken. Als mein Blick auf den Gepäckscanner fiel, musste ich grinsen. Was die Leute vom Bodenpersonal wohl denken würden, wenn sie meinen roten Pailletten-BH bei einer Kontrolle fanden? Ich hatte es nicht übers Herz gebracht, ohne eines meiner Lieblings-Outfits zu verreisen. In Australien, so hatte ich mir sagen lassen, sollte es ja auch tolle Stripklubs geben. Und man konnte nie wissen, wann einen die Lust packte, sich wieder einmal professionell auszuziehen.

Epilog

Meine Zeit als Stripperin in London hat mir bis auf das letzte Kapitel sehr viel Freude bereitet. Ich habe in einer Zeit mit dem Tanzen angefangen, in der Stripklubs noch relativ neu und populär waren. Sie können prollig, aber auch elegant sein, daher sollte man vorsichtig sein, bevor man alle Frauen, die darin arbeiten, in dieselbe abgenutzte Schublade steckt. Viele der Mädchen, die ich in meiner Zeit als Tänzerin kennengelernt habe, sind ganz normale Frauen aus stinknormalen Familien, die wie ich vom Striptease fasziniert waren und den Job als Chance betrachteten, um ihre Träume zu verwirklichen.

Am Anfang hatte das Tanzen noch viele Vorteile, denn es lag an uns selbst, wie oft wir arbeiteten und wie viel Geld wir verdienen wollten. Es verlieh uns unglaublich viel Freiheit, und wir konnten uns auf die wesentlichen Dinge konzentrieren, wie einer künstlerischen Berufung nachzugehen, uns voll und ganz um unsere Kinder zu kümmern oder uns neben unserem Hauptjob etwas dazuzuverdienen. Ich habe einige Frauen in den Klubs kennengelernt, die ihr Studium mit einem Master oder Doktor beendeten. Dabei habe ich verstanden, dass das Äußere recht wenig über das Innere aussagt – besonders im Berufsleben. Oder konnte es wirklich sein, dass mir die Bankberaterin von irgendwoher bekannt vorkam? Die Extensions waren einem konservativen Bob gewichen, doch das Leuchten in den Augen war einfach zu verräterisch. Und sah ich da nicht noch ein wenig Glitzer auf der Haut? Das Sprichwort, das kann ich heute bestätigen, sagt die Wahrheit: »Du kannst ein Mädchen zwar aus dem Stripklub rausholen, aber den Stripklub nicht aus dem Mädchen.«

Das Tanzen bot uns einen berauschenden Lifestyle, ich will es jedoch auf keinen Fall romantisch verklären. Ich habe über die Jahre viele gesehen, die an der Industrie und den immer härter werdenden Bedingungen zerbrachen. Anfangs hatten sie noch unschuldige Gesichter voller Lebensfreude, später mutierten sie zu harten, verbitterten Frauen, die sprichwörtlich nicht von der Stange loskamen. Einige von ihnen wurden drogenabhängig, andere endeten in der Prostitution. Die Stripindustrie verlangt einen starken Charakter und stetige Selbstreflexion. Wenn man sie richtig nutzt, kann sie einen weit bringen, aber sie kann auch großen Schaden zufügen. Ich bin vor allem Sam sehr dankbar, dass er mein erster Manager war und mir den wertvollen Tipp gab, niemals als Kathi aufzutreten. Dieser Rat hat mich immer beschützt und tut es auch heute noch.

Trotz der vielen negativen Seiten habe ich mehr Positives über meine Zeit als Stripperin zu berichten. Ich habe viele starke Frauen und liebenswerte Männer kennengelernt. Die Industrie hat mir beigebracht, für mich selbst einzustehen. Und ich habe erfahren, wie wichtig weibliche Loyalität ist. Viel zu oft habe ich gesehen, dass Frauen in ständiger Konkurrenz zueinander stehen, egal, ob im Job oder in einem anderen Bereich. Ich werde die Hoffnung nicht aufgeben, dass sich dies irgendwann ändern wird und wir erkennen, wie viel Potenzial wir gemeinsam haben.

Während meiner Zeit als Tänzerin habe ich viele verschiedene Menschen kennengelernt, aus unterschiedlichsten Ländern und Berufssparten, was mir beigebracht hat, mich auf mein Bauchgefühl zu verlassen. Das Strippen hat mein Selbstbewusstsein gestärkt, und das Resultat ist, dass mich heute kein Mann im Anzug mehr verunsichern kann. Ganz im Gegenteil, meine Arbeit als Tänzerin hat mir gezeigt, dass sich in einem Anzugträger genauso viel oder wenig wie in jedem anderen Mann verbirgt, wenn ich mich ausziehe (und dabei selbstverständlich Blickkontakt halte). Heute denke ich oft daran, wenn ich in ein Meeting oder in ein Kundengespräch gehe, in welchem mich Männer mit etwas zu großem Selbstwertgefühl erwarten. Wenn ich auf einen sehr arroganten Vertreter dieser Gattung treffe, dann stelle ich ihn mir gerne in roter Damenunterwäsche vor, während ich ihm, in mein Catwoman-Outfit gekleidet, mit der Peitsche meiner lesbischen Freundin den Hintern versohle. Diese Vorstellung amüsiert mich dann immer ungemein, und ich bin mir sicher, dass diese Ausstrahlung nicht unbemerkt bleibt.

Die Kunst der unmoralischen Verführung übt vermutlich bis ans Ende der Zeit eine Faszination auf Frauen wie auf Männer aus – umso mehr, wenn es in einem eleganten Ambiente geschieht. Frauen wie Dita von Teese und Minsky Malone haben einen großen Beitrag dazu geleistet, dass die Industrie in einem glamouröseren Licht erstrahlt, und ich bin stolz und dankbar, eine kleine Rolle in der großen Show gespielt zu haben.

Seit meiner Weltreise glaube ich tatsächlich an Wahrsagerei und lasse mir in regelmäßigen Abständen die Karten legen. Stacey hat mit allem, was sie prophezeite, recht gehabt. Meine Reise ging tatsächlich viel länger, als ich dachte, nämlich insgesamt vier Jahre. In dieser Zeit hielt ich mich in Australien auf, arbeitete wieder als Tänzerin und verliebte mich in einen Mann, der mir indirekt half, endgültig aus der Stripbranche auszusteigen.

Die Zeit in London war eine der schönsten und schwierigsten in meinem Leben. Das Tanzen in Australien war noch einmal etwas ganz anderes, noch weiblicher, noch freier und trotzdem stets mit viel Distanz. Ich habe dort die Bekanntschaft von wundervollen Frauen gemacht und vor allem sehr viel über mich selbst gelernt. Die Liebe zu dem Mann endete tatsächlich mit vielen Tränen, war aber gleichzeitig das Beste, das mir je passieren konnte.

Mittlerweile lebe ich mit meinem Mann in Deutschland und arbeite im Vertrieb – wo eine ehemalige Tänzerin bestens aufgehoben ist.

Werde Teil der Bastei Lübbe Welt
You Tube
www.luebbe.de
Lesen, rezensieren, Bücher gewinnen
Lerne Autoren, Verlagsmitarbeiter und andere Leser kennen